古代歷史文化 研究輯刊

二五編

王明蓀 主編

第10冊

隋唐海上力量與東亞周邊關係

張曉東 著

國家圖書館出版品預行編目資料

隋唐海上力量與東亞周邊關係／張曉東 著 -- 初版 -- 新北市：
花木蘭文化事業有限公司，2021〔民 110〕
序 2+ 目 4+202 面；19×26 公分
（古代歷史文化研究輯刊 二五編；第 10 冊）
ISBN 978-986-518-312-7（精裝）
1. 海軍 2. 隋唐史
618　　　　　　　　　　　　　　　110000151

ISBN-978-986-518-312-7

9 789865 183127

古代歷史文化研究輯刊
二五編　第十冊　　　　　　ISBN：978-986-518-312-7

隋唐海上力量與東亞周邊關係

作　　者　張曉東
主　　編　王明蓀
總 編 輯　杜潔祥
副總編輯　楊嘉樂
編　　輯　許郁翎、張雅淋　美術編輯　陳逸婷
出　　版　花木蘭文化事業有限公司
發 行 人　高小娟
聯絡地址　235 新北市中和區中安街七二號十三樓
　　　　　電話：02-2923-1455 ／傳真：02-2923-1452
網　　址　http://www.huamulan.tw 信箱 service@huamulans.com
印　　刷　普羅文化出版廣告事業
初　　版　2021 年 3 月
全書字數　174087 字
定　　價　二五編 15 冊（精裝）台幣 45,000 元　　　版權所有・請勿翻印

隋唐海上力量與東亞周邊關係

張曉東 著

作者簡介

張曉東，男，1977 年生人，籍貫山東威海。華東師範大學歷史學系 08 屆史學博士畢業，現任上海社會科學院歷史研究所副研究員、碩士生導師，上海鄭和研究中心兼職助理主任，察哈爾學會研究員，中國魏晉南北朝史學會理事，專攻漕運史、軍事史、海洋史與當代海權問題研究，曾撰寫專著《漢唐漕運與軍事》，《漢唐軍事史論集》，作為第一負責人翻譯《哈佛中國史》唐史分冊，發表論文七十餘篇，在雜誌、報紙、網媒等媒體發表時政評論三十餘篇。

提　　要

　　東北亞地區在歷史上就通過海上絲綢之路開展和平友好的經濟文化交流與往來，但也發生過軍事衝突與戰爭。朝鮮半島是東北亞地區的戰略重心，而朝鮮半島西南部及其周邊海域在軍事上更是戰略樞紐所在。在古代，甚至在近代，海上力量有助於改變和維持東北亞地區地緣政治的平衡，在和平時期也可充當維護和平與安全的重要手段。隋唐時期以遼東領土爭端為導火索引發了隋唐王朝和高句麗的長期戰爭，史稱「東征」。戰事逐漸擴大到了整個東北亞地區，涉及所有主要國家。而高句麗滅亡後，唐朝和新羅又因為朝鮮半島主導權和領土歸屬而發生唐新戰爭，算是東征的後一個階段。東征軍事行動是分海陸兩個戰場展開的，都達到了一定的激烈程度。海上發生的軍事行動本是陸地軍事行動的戰略側翼，但常常在戰爭中轉化為決定性的戰線。由於天然的地緣特徵，隋唐時期的海上軍事力量在東征戰爭和東北亞周邊關係中發揮了重要的戰略作用，影響戰爭勝負和周邊外交成敗。新羅海上力量一度是維護東方海上絲綢之路和平繁榮的重要因素。在唐朝後期，新羅將領張保皋的海洋經略活動表明合作型海權的發展可以為海上和平秩序的進步和雙贏作出貢獻。此外，從中國古代海軍史的發展階段來看，隋唐王朝的海軍具有鮮明的時代特徵，在歷史上具有特殊的地位與影響。

本書稿的基礎係上海市社會科學規劃辦 2015 年度資助一般課題項目《隋唐海上力量與東亞周邊關係》結項成果，2019 年結項，經過了擴充與修訂，項目號為 2015BLS006

序

嚴耀中

　　學者多認為古代中國只有水師而無海軍，這主要是因為水師在歷史上所發揮的實際作用主要在於在統一中國或平定內亂過程中，尤其是分裂時期，特別是北方政權對於秦嶺、淮河以南地區開展軍事行動要動用水上兵力，導致史料中出現水軍或水師的發展記錄。至於在古代對外關係中動用海上力量的現象則比較少見，張曉東的《隋唐東征和海洋經略》一書抓住了其中難得的案例。在弄清史實的基礎上，該書展開了多方面的思考和敘說。

　　現代所謂的「海上力量」主要是指海軍，其中包含作戰與力量投送兩大功能，不過在古代中國的絕大多數時段裏不存在這樣的力量形式，這是因為海上力量的強弱有無取決於國家的戰略定位。古代中國各個皇朝在國家安全和戰略上的關注重點一是國家政權之安全，二是社會經濟的穩定無虞。一方面，對中原皇朝構成嚴重威脅的只有北方的游牧民族，故而著力經營西域可以從側面削弱來自北方游牧民族的威脅，而在其他方向就不大需要很多的戰略投入。另一方面，王朝政權經濟和財政的基礎主要在於農業，商業只是一種補充，更不用說海外貿易是否能夠帶來值得關切的財政貢獻。同時，商品經濟的發展一定會衝擊以等級制為基礎的政治體制，故爾重農抑商成了傳統的治國之策，此外歷代王朝也很警惕發展海外關係所可能導致的種種「副作用」，所以在近代之前史書所記載的各種政治討論中幾乎見不到有關設置國家海上力量對國家利益進行相應保護的建議。

　　《隋唐東征和海洋經略》的作者則注意到了一個例外，即隋與盛唐時代的一些統治者在經濟穩定發展和北方強敵威脅這兩個問題暫時解決的情況下，能抱有在濱海地域開邊拓疆，對外推行王道的宏願。以朝鮮半島為主要

舞臺的前後百餘年外交和軍事關係史，就是與此相關的典型事例，海上力量在其中所扮演的角色往往起著重要的作用，從而在史冊上留下了可供參考的珍貴一頁。該書於此不僅較為全面地敘述了這個時段裏隋唐王朝海上力量的方方面面，還引用境外史料對朝鮮半島上幾個政權的海上力量進行了討論，使讀者對這段歷史能夠有全方位的瞭解。

在該書中，作者出於通古今之變的意願，尤其在各章的「小結」裏，以現代的地緣政治的理論、話語、和概念去闡釋這段歷史，從而遵循啟迪智慧的史學功能。鑒於海洋經略對當代東北亞關係的整合、理順有著十分重要的現實意義，該書為此提供了一面歷史的鏡子，所以對此有興趣的讀者或許可以從中得到一些益處，特此為序。

嚴耀中

於 2020 年 1 月 12 日

目
次

第一章 緒 論

「史例可以說明一切問題，在經驗科學中，它們最有說服力，
尤其在軍事藝術中更是這樣。」──克勞塞維茨

一、學術綜述

　　本書「隋唐時期的海上力量與東亞周邊關係」研究的是隋唐時期海上軍事力量在東亞周邊關係中起的作用及兩者的關係，借暨運用軍事學和地緣政治學理論方法進行研究是本著作的特點。

　　選擇這個問題進行研究的原因一是因為筆者在 2015 年之前已經開始的關於隋唐東北亞海洋軍事史的研究的繼續，作為漢唐軍事史和漕運史研究者，筆者在 2013 年開始涉足隋唐東征軍事史研究，在 2015 年以前已經發表了關於這一領域的若干論文；二是因為筆者對東北亞歷史相關的戰略理論問題產生興趣，進行深入思考，東北亞地區特別是朝鮮半島的戰略現實，包括近年來筆者對甲午海戰中中日武器裝備比較問題和海洋地緣政治問題的研究，都在提醒筆者思考東亞是否存在古今一致的地緣原理。

　　隋唐對外關係研究和東征史研究都有著豐富的研究成果。東征，又被稱為征東，是指隋唐王朝和高句麗、新羅之間開展的戰爭，是隋唐東亞周邊關係中的大事，但是從海上角度開展的研究在 2015 年之前非常薄弱，但是經過筆者的觀察研究發現海上力量發生了巨大作用，不容忽視。

　　以往涉及隋唐時期東亞地區海上力量的研究，主要是包括以下的幾個方面內容。

　　首先，隋唐東征史上不僅發生了長期的陸上戰爭，期間還有不少海戰和

海上後勤運輸活動發生，對於海上力量的組成研究是一個繞不開的重要問題。

　　熊義民的論文《從百濟之役看唐初海軍》〔註1〕分析了規模、技術、裝備、戰術等四個方面的相關面貌。但考察海上力量還應包括基地和造船業和兵將人員構成等。石曉軍的論文《唐日白江之戰的兵力及幾個地名考》〔註2〕和韓昇的專著《東亞世界形成史論》〔註3〕以及相關論文〔註4〕分析了參戰兵力。韓國學者李相勳對伎伐浦水戰的新羅參戰船數作出研究。〔註5〕軍事將帥用人問題和軍事體制的關係很大，受不同歷史因素的影響，而隋唐東征的水師組織特點這一問題在過去缺少研究。隋唐時期的海上水軍並非常備軍，因此其將領、兵員的專業素質包括海戰指揮能力究竟如何也是一個重要問題。本人的論文《唐朝前期的海上力量與東亞地緣政策》〔註6〕、《隋唐東征將帥的才能素質與戰爭成敗》〔註7〕曾對隋唐海運與海軍的組織體制的一些內容和將帥素質做過探究。

　　其次，隋唐海上力量的作戰運用和相關戰略問題，是反映古代東北亞海上力量及其重要戰略作用的關鍵所在。

　　有關隋唐東征戰史的專著如劉炬、姜維東的《唐征高句麗史》〔註8〕和喬鳳岐的《隋唐皇朝東征高麗研究》〔註9〕，楊秀祖的《高句麗軍隊與戰爭研究》〔註10〕等都是很好的學術研究成果，其分析重點都是陸戰為主，而諸家論文多集中於戰役效果的分析，只有少數涉及水陸作戰配合的問題，因此對東征海戰的價值評價過低。軍事科學院編著的《中國軍事通史》〔註11〕的唐代部

〔註1〕熊義民：《從平百濟之役看唐初海軍》，王小甫主編《盛唐時代與東北亞政局》，上海：上海辭書出版社，2003年版。

〔註2〕石曉軍：《唐日白江之戰的兵力及幾個地名考》，《陝西師範大學學報》1983年第3期。

〔註3〕韓昇：《東亞世界形成史論》，上海：復旦大學出版社，2009年版。

〔註4〕韓昇：《白江之戰的唐朝兵力》，見《海東集》，上海：上海人民出版社，2009年版，第159頁。

〔註5〕李相勳：《羅唐戰爭期伎伐浦戰鬥和薛仁貴》，《大丘史學》總第90輯，2008年。

〔註6〕張曉東：《唐朝前期的海上力量與東亞地緣政策》，《國家航海》第4輯，上海：上海古籍出版社2013年版。

〔註7〕張曉東：《隋唐東征將帥的才能素質與戰爭成敗——以跨海作戰為中心的考察》，《史林》2014年第1期。

〔註8〕劉炬、姜維東：《唐征高句麗史》，長春：吉林人民出版社，2006年版。

〔註9〕喬鳳岐：《隋唐皇朝東征高麗研究》，北京：中國社會出版社，2010年版。

〔註10〕楊秀祖：《高句麗軍隊與戰爭研究》，長春：吉林大學出版社，2010年版。

〔註11〕軍事科學院編：《中國軍事通史》，北京：軍事科學出版社，1998年版。

分也論述了唐麗戰爭的作戰過程，包括對作戰指導得失的評價，但未對戰略全局做出深入分析。

已有的相關研究一致高度評價由唐高宗發動的百濟之戰的戰略意義。《劍橋中國隋唐史》〔註 12〕與國內學者的成果普遍認為唐朝評定百濟的跨海戰略的決策和執行是在唐高宗時期。拜根興的專著《七世紀中葉唐與新羅關係研究》〔註 13〕中指出永徽初年唐朝計劃滅百濟，而到永徽末年戰略得以形成。堀敏一在專著《隋唐帝國與東亞》中指出唐朝向新羅承諾出兵的時間是貞觀二十三年，〔註 14〕而本人認為唐太宗戰略計劃實際有更早的醞釀，曾在論文《唐太宗與高句麗之戰跨海戰略——兼論海上力量與高句麗之戰成敗》〔註 15〕中借助古代新羅史料分析此一問題，並分析了百濟的地緣樞紐位置輔助論證戰役戰略意義。

唐新戰爭是高句麗滅亡後發生的又一次重要戰爭，期間有多次海戰發生，這些海戰與戰爭勝負的關係很密切，但是缺少研究。研究唐新戰爭的學者少有重視海軍的作用。關於唐新戰爭中的伎伐浦水戰戰役，韓國學者高度評價其價值，如李相勳研究了新羅水軍將領施得的官銜、所領船隊數量等問題，認為戰艦在百艘以內〔註 16〕，他還認為伎伐浦水戰是唐軍與親唐百濟人撤離之戰。但是《三國史記》明確提到新羅組建一百艘戰船的常備化水軍，顯然他的觀點缺乏突破意義。韓國學者李鍾學認為伎伐浦水戰中的唐軍應為補給船隊，而徐榮教則在論著中論證唐軍是通過海路補給的遠征軍。〔註 17〕李相勳認為是唐朝在百濟的駐屯軍隊和百濟故土殘留的軍隊，後者包括百濟遺民和反新羅人士。〔註 18〕中國學者拜根興則認為新羅作戰對象為唐朝設立的熊津都督府的百濟系統的殘餘軍隊，且主張唐軍主力撤出半島即是從買肖城之

〔註 12〕〔英〕崔瑞德編：《劍橋中國隋唐史》，北京：中國社會科學出版社，1990 年版。

〔註 13〕拜根興：《七世紀中葉唐與新羅關係研究》，北京：中國社會科學出版社，2003年版。

〔註 14〕〔日〕堀敏一著，韓昇編，韓昇、劉建英譯：《隋唐帝國與東亞》，昆明：雲南人民出版社，2002 年版，第 46 頁。

〔註 15〕張曉東：《唐太宗與高句麗之戰跨海戰略——兼論海上力量與高句麗之戰成敗》，《史林》2011 年第 4 期，第 42 頁。

〔註 16〕李相勳：《羅唐戰爭期伎伐浦戰鬥和薛仁貴》，64～67 頁。

〔註 17〕徐榮教：《羅唐戰爭史研究》，韓國東國大學校博士論文，2000 年，第 105 頁。

〔註 18〕李相勳：《羅唐戰爭期伎伐浦戰鬥和薛仁貴》，64～67 頁。

戰開始。韓昇教授的專著《東亞世界形成史論》〔註19〕指出唐朝放棄在朝鮮半島的政治目標決定了唐新戰爭結局。韓國學者金善昱的博士論文〔註20〕也持此一觀點。本人曾作論文《唐朝前期的海上力量與東亞地緣政策》〔註21〕從軍事地理和戰役、戰略、地緣政策等角度分析唐新戰爭，得出海戰所起作用對於唐新戰爭全局更為關鍵的結論。

再次，隋唐東征前後海上力量運用與外交活動及國際海洋權力的關係。

這部分的研究相對薄弱，如海權問題和地緣政策缺少專題研究和理論借鑒。隋唐王朝東亞政策的成敗和海上力量興衰的關係很大，例如唐朝在朝鮮半島取得的領土上推行羈縻體制需要軍事力量的後盾，特別是在著名的白江海戰結束後東亞地區戰略形勢發生重要扭轉，而海上力量對於貫徹隋唐地緣政策的支撐作用卻在不久之後受到忽視。拜根興的專著《七世紀中葉唐與新羅關係研究》研究的是唐朝和新羅的國際往來，國內的論文如孫光圻的《公元8～9世紀新羅與唐的海上交通》〔註22〕同樣也是卓越的論述。韓國學界高度關注張保皋的歷史事蹟，成立像「張保皋大使海洋經營史研究會」這樣的組織。日本學者鬼頭清明的專著《日本古代國家的形成與東亞》〔註23〕，日本學者堀敏一的專著《隋唐帝國與東亞》，韓國學者全海宗的專著《韓中關係史研究》〔註24〕都是對東亞國際關係史研究的優秀著作，但以往的研究對於海上戰爭和地緣政治戰略問題的關係少有分析，其中也缺乏從海權理論角度的研究。本人的論文《唐朝前期的海上力量與東亞地緣政策》、《張保皋的海上活動與唐代東北亞地緣博弈》、《唐代後期的海上力量和東亞地緣博弈》〔註25〕等對東征活動前後海上力量對東亞國際關係和海洋秩序的影響

〔註19〕韓昇：《東亞世界形成史論》，上海：復旦大學出版社2009年版。

〔註20〕金善昱：〔《隋唐中韓關係研究——以政治、軍事諸問題為中心》，臺灣大學博士論文，1973年。

〔註21〕《國家航海》第4輯，上海：上海古籍出版社2013年版

〔註22〕孫光圻：《公元8～9世紀新羅與唐的海上交通》，《海交史研究》，1997年第1期。

〔註23〕〔日本〕鬼頭清明：《日本古代國家的形成與東亞》，東京：校倉書房1976年版。

〔註24〕〔韓國〕全海宗《韓中關係史研究》，首爾：一潮閣，1970年版

〔註25〕張曉東：《唐朝前期的海上力量與東亞地緣政策》，《國家航海》第4輯，上海：上海古籍出版社，2013年版；張曉東：《唐代後期的海上力量和東亞地緣博弈》，史林2013年第2期，《中國社會科學文摘》2013年第10期摘引，題為《張保皋的海上活動與唐代東北亞地緣博弈》，2013年10月1日。

作了探索，並提出張保皋海洋活動具有海權性質這一理論認識。

　　總而言之，以往學者研究結果的特點，一是東征戰史研究集中於唐麗之戰策略和效果分析較多，對唐新戰爭關注相對較少，而對跨海戰略成敗和唐新戰爭勝負還需深入研究認識，且已有的相關論文往往陷入局部分析，二是以往的研究成果缺乏從國際關係角度對東亞海上力量的作用作系統研究和長時段研究，少從戰略地理角度分析其所具有的地緣政治作用，對於海上力量對比變化及對戰事、國家安全和地緣格局的影響缺乏研究。

二、相關理論問題

　　今天所稱的東北亞地區在地理學上是指包括從蒙古高原到日本列島的廣大地區，甚至包括俄羅斯聯邦的遠東地區，而在其中朝鮮半島、日本列島和中國東北地區是最重要的組成部分，因為人口規模最為密集，經濟生產也最為發達。在近現代國際關係史的習慣使用中，東北亞一詞一般主要是指中國、日本、朝鮮三個國家，有時也包括蒙古和俄羅斯遠東地區。在古代時期，東北亞地區國際交流的上層結構是圍繞一個依照理想理念來組織的封貢制政治體系展開，下層結構則是以古代絲綢之路的交通交流為依託來展開。由於地理特性的影響，海上絲綢之路是東北亞重要的國際交流途徑。古代絲綢之路溝通著東西方，溝通著廣大的歐亞大陸及其周邊，它由多條不同的海陸分支通道構成，而這些通道有著不同的歷史稱謂和學術名稱，包括草原之路、陶瓷之路、茶馬古道、南方絲綢之路等等，溝通著各個重要地區。在東北亞地區，自古以來航海就是國際間最重要的交通方式，東北亞地區的最重要的國際通道應屬海上絲綢之路的重要分支「東方海上絲綢之路」，航海力量在地區的歷史上曾發揮過巨大作用。

　　隋唐作為一個中國古代的斷代歷史階段，長達三百年以上，是古代東北亞周邊關係和古代朝貢體系重要的歷史發展階段。在此期間中國中央王朝和東北亞地區的民族、政權之間關係密切而複雜，經歷了曲折的演變，既有長期的和平往來交流並結出碩果，也有激烈的政治博弈和軍事衝突並形成格局。

　　東北亞地區具有從亞洲大陸東部沿海向太平洋第一島鏈過渡的海陸地理特徵。當今三個東北亞核心國家是中國、朝鮮和日本，中國東部瀕臨西太平洋的幾個邊緣海，朝鮮半島則自中國大陸的邊緣延伸向東方海洋，三面都被海洋環抱，而日本列島則處於西太平洋第一島鏈的中間偏北。海洋交流活動

是隋唐時期連接東北亞各個民族的重要紐帶，國際往來在很大程度上主要依靠海上交通與交往，唐朝、新羅和日本在隋唐時也一度構成過海陸地緣政治的三角關係。因此，即使在隋唐時期，海上力量也發揮過相當的戰略作用和政治影響，這是歷史的必然。

進一步地來看，東北亞地區自古就是中國國家利益關涉較多的周邊地區，特別是近現代動盪的國際關係史更加證明了這一地區是我國國家安全利益攸關的區域，從甲午戰爭、日俄戰爭到抗日戰爭和朝鮮戰爭，歷史表明東北亞地緣政治的風吹草動都有可能把中國的核心利益捲進去。其實，即使在古代，這一周邊關係的地緣特徵也很強烈，東北亞地區的歷史發展同樣是與中國密切相關。東北亞周邊關係是古代中國中央王朝對外關係的重點，這是因為古代周邊國家當中與中國國家交流最為深刻者莫過於日本和朝鮮，而彼此文化影響最大的恐怕也是中國和東北亞地區。古代日本和古代朝鮮半島的政權都是朝貢體系中最重要的成員國之一，此外中國東北地區在隋唐時期還曾存在不同民族建立的政權，如渤海國，後來不少成為中國的一部分。古代中國中央王朝和東北亞地區、民族、國家之間的關係曾經構成了波瀾壯闊的歷史畫卷。古代中國王朝處理周邊對外關係很多時候是放在朝貢體系的框架中進行的，而這種周邊關係包括朝貢制下「國際關係」的構建和發展經歷了複雜曲折的政治史進程。軍事是政治的工具，回顧政治史，在歷次戰爭中，海上力量顯然在東北亞地區的戰略博弈中起過重要作用，不僅近代的甲午戰爭和日俄戰爭，古代的隋唐東征同樣證明著這一點。

筆者使用的「海上力量」一詞是約定俗成的特定詞語。廣義而言，海上力量包括了航海力量的全部，不僅僅是軍事力量和官方手段，也包括民間的海上經濟力量。狹義的「海上力量」指海上軍事力量，在軍事學語境當中海上力量一般就是海上軍事力量的簡稱、簡述，而在形容古代的語境中，海上軍事力量就是海軍的另一種表達。海上力量，無論狹義還是廣義，代表了一種戰略力量的存在，同時也意味著一種政治博弈的重要工具與手段。根據當今地緣政治學的一般理解，海上力量是海上權力的重要基礎和來源，海上力量強大者必可掌握海上權力，甚至包括海權，影響海陸地緣政治的天平向有利於自己一方傾斜。海上力量的歷史作用與戰略影響之所以得以發揮出效用，不僅是因為國際間海洋紐帶的存在，也與地理環境特徵中的地緣條件有關。在戰爭爆發的時候，海上力量是戰敗敵國，維護自身安全的重要戰略手段，

而在和平時期海上力量也可以是維護和平與安全的重要手段。在東北亞地區，自古以來就依靠海上絲綢之路開展國際間的和平友好的經濟文化往來，也存在軍事衝突與國際戰爭，因此海上力量的作用從來都是重要的。隋唐時期是海上絲綢之路重要的發展階段，在這一階段東北亞各國不僅開展了密切的和平交流往來，還取得了海上航運和造船的重大發展，此外，隋唐時期因為遼東問題曾經引發長期的征東戰爭，包括高句麗之戰和唐新戰爭，在戰爭過程中海上軍事力量發揮了重要的戰略影響。

　　縱觀隋唐帝國與東北亞周邊關係的歷史，海上力量的重要影響不容忽視。筆者希望通過本書的研究可以拓寬隋唐史課題研究，豐富充實其東北亞周邊關係史研究，從海洋史角度填補相關研究空白並提出新的觀點認識，包括首次運用地緣政治學家麥金德和斯皮克曼等人的海陸二分法與馬漢的海權理論對隋唐東北亞各國海洋活動及其實踐成敗提出分析認識，對新羅張保皋海洋活動的海權性質予以認識，能夠促進對古代中國以及古代東北亞的海軍史研究，填補隋唐部分薄弱的一頁，對影響隋唐海上力量發展的經濟和社會、制度等因素和古代海權難以發展的原因做出更多的詮釋，力圖用地緣政治學和軍事學理論方法研究海戰和海上力量的歷史，對隋唐東征的戰略全局和歷次重要戰役的過程、結果等具體問題提出新認識，對海上力量在其中所起的重大戰略作用予以肯定，對於古代海上力量在周邊關係中，包括在國家安全、領土歸屬、外交博弈、區域歷史走向中的重要意義及其關係提出新認識。筆者希望本書研究所產生的現實意義在於通過研究海權、制海權、海上力量如何對周邊關係發生作用，揭示古今地緣特徵的相似點，對於更好地開展海上活動，維護國家利益產生價值，希望對當前處理國際海洋問題提供借鑒，有所幫助。

第二章　隋朝海上力量的形成與高句麗之戰

　　「希臘歷史學家修昔底德（Thucydides）有一句名言，即，恐懼、榮譽和利益是國家行動的原動力。」〔註1〕

　　軍事是政治的工具。軍事活動是附屬於政治活動的。隋唐時期的東征戰事是隋唐東亞周邊地區發生的最大的軍事活動和地緣政治活動，是發生在隋唐中央王朝和朝鮮半島的幾個政權之間的戰爭，它的起因是東北亞周邊政治矛盾發展的深刻結果。東征戰爭的第一個階段是高句麗之戰，在隋朝、唐朝與高句麗之間進行，與第二個階段的唐新戰爭相比，也可以說是互為獨立的戰爭。但是高句麗之戰的隋唐兩階段間存在較長的停戰間際，因此也可看成隋麗戰爭和唐麗戰爭兩個階段。隋朝的海上軍事力量因隋麗戰爭而形成和發展。從史料來看，朝鮮半島上的三個政權在隋朝時期應該都沒有海上部隊出現，也沒有關於海上作戰發生的史料。隋朝試圖在政治上壓服高句麗，四次用兵，但是最終卻迎來軍事與外交的雙重失敗。

　　隋朝發動東征是為政治目標，即為使高句麗在朝貢制宗主面前臣服和解決遼東主權問題服務，因此總的戰略目標應為給予高句麗沉重的軍事打擊，迫使其作出重大政治妥協。隋朝實行了海陸兩路出擊的作戰戰略。作戰的歷史過程反映出隋朝對海上力量的戰略作用重視不足，不僅在海上力量的建設和運用上存在問題，在軍事戰略目標的認定上也不科學，對重要鄰國百濟的

〔註1〕吉原恒淑，詹姆斯・霍姆斯：《紅星照耀太平洋》，北京：社會科學文獻出版社，2014 年版，第 213 頁。

外交也不成功。作為高句麗之戰的主要領導人，四次軍事行動的三次發起人，隋煬帝在決策上負有不可推卸的責任。

一、隋朝東北亞政策與高句麗之戰的起源

隋唐王朝的建立結束了魏晉南北朝三百多年的長期分裂局面，重建了一個大一統的帝國。新生的帝國與周邊世界之間的關係如何理順就成為隋唐外交的重點，朝貢體系的重構和疆土歸屬的劃定成為必然。朝貢體系可以在古代歷史條件下解決東亞國家間關係的各種問題，包括如何以和平相處的方式解決國家安全，即宗主國和藩屬國之間可以和平友好往來，開展交流，取得諒解，通過經濟文化交流獲得發展的動力。朝貢體系內各國家彼此之間達成有關重大政治問題的一致認識，認同朝貢制交往原則，是體系得以構建的前提。朝貢體系所經歷的歷史變動以體系內最大國家和宗主國中國的影響為最大。像魏晉南北朝這樣較長的歷史變動階段，期間朝貢體系也發生大的變化。中國在歷史上發生分裂動亂，而同時周邊的民族和政權有的卻也可能處於內部矛盾較小的興起階段，這時候所產生的疆土控制變動就可能在下一個統一王朝建立的時候成為中外關係和周邊關係的重要的政治問題。高句麗是從漢朝遼東地區少數部族勢力發展而來的割據政權，「完全擺脫了中原政權的領導，變為地方割據政權……事實上，高句麗從建國到滅亡，始終與中原政權保持著臣屬關係。」〔註2〕雖然割據，從未獨立是高句麗政權在當時的實況。魏晉南北朝時期的動亂導致遼東地區逐漸成為高句麗的領地。當隋朝建立之後，高句麗已經成為海東強國。隋朝沒有想立即滅亡高句麗這個政權，反而是把它先當成藩屬國對象對待，於是解決高句麗——遼東問題，必然從理順朝貢制宗藩關係和遼東領土歸屬兩個角度進行，很遺憾的是高句麗決心佔有遼東，並且利用隋朝和突厥等的矛盾做東北亞地區的區域霸主，對朝貢要求陽奉陰違，隋朝與高句麗之間最終被迫訴諸武力，這就導致了高句麗之戰的發生。高句麗之戰，也稱為平定高句麗之戰，可以分為隋朝階段的高句麗之戰和唐朝的唐麗戰爭兩個階段。引起隋朝高句麗之戰，或稱隋麗戰爭的具體原因包括高句麗對隋朝的政治抗拒，以及高句麗對隋朝邊疆的侵擾。前者主要是高句麗一面對隋朝提出

〔註2〕苗威：《試論隋與高句麗戰爭》，《延邊大學學報（社會科學版）》，2000年第3期。

的遼東主權要求予以拒絕，一面又對隋朝的朝貢體系宗主地位陽奉陰違，後者則體現在高句麗對遼河流域的軍事爭奪。

隋朝於開皇九年（589 年）滅亡南陳，實現初步一統，而高句麗平原王為此而備戰，甚至派人到中原招募能工巧匠來加強軍事工業，力圖控制北方部族，準備防禦。隋朝朝野上下對統一的呼聲很高，「開皇之末，國家殷盛，朝野曾以遼東為意。」隋文帝賜高句麗王以璽書，指出平原王「雖稱藩附，誠節未盡」，指責其「驅逼靺鞨，固禁契丹」，「修理兵器，意欲不臧」，提出「許王自新耳」。〔註3〕平原王很快病逝，開皇十一年隋朝對多次來朝貢的嬰陽王予以冊封安撫。〔註4〕但在開皇十八年（598 年），高句麗對遼西地區卻主動採取了軍事進攻行動：「王率靺鞨之眾萬餘，侵遼西，營州總督韋衝擊退之。」〔註5〕隋文帝因之下詔廢黜高句麗王高元的官爵，同時發動討伐。

隋朝要通過軍事行動擊敗高句麗和收回遼東，一要有強大的兵力，二要有適合的戰略。雖然隋朝國力強盛，在隋煬帝引發嚴重內亂以前，軍事力量佔優勢，但是在特定的地理環境用兵需要相適應的戰略戰術。由於海陸地理條件的限制，東北亞地區的作戰環境有其客觀特點，海陸都是重要戰場。此外，《孫子兵法》云：「上兵伐謀，其次伐交」，有時外交是戰爭的重要輔助手段。總的看，隋朝的戰爭戰略是以收復遼東，擊敗高句麗為目標，以海陸夾擊為手段，但是無論作戰還是外交，隋朝都遭遇了嚴重的失敗。

二、隋文帝東征與海上遠征的首次失利

隋朝在高句麗之戰中對海上力量重視不足，不僅在運用上存在問題，在戰略目標的認定上也不科學，對百濟的外交也不成功。隋文帝出兵高句麗，耗費不小，基本沒有解決任何問題。

首先看在戰略上隋文帝採取的是海陸兩路出兵，但他對於作戰困難估計不足，也顯示出海上風浪是跨海東征的限制因素。

開皇十八年（598 年）隋文帝發動對高句麗的遠征，是年正月隋文帝下詔：「其江南諸州，人間有船長三丈已上，悉括入官。」被搜羅的大批大船可以為組織水師之用。開皇十八年二月隋朝出兵三十萬伐高句麗，分海陸兩路

〔註3〕《隋書》卷八一，北京：中華書局 1973 年版，第 1815～1816 頁。
〔註4〕《三國史記》卷二〇，長春：吉林文史出版社 2003 年版，第 243 頁。
〔註5〕《三國史記》卷二〇，第 244 頁。

進兵。由於運糧困難,陸軍一路在攻克武厲城不久後中途而廢,〔註6〕只行軍到柳城一帶,遠距遼河五百餘里,〔註7〕而海路一軍「自東萊泛海,趨平壤城,遭風,船多飄沒,無功而還。」〔註8〕

隋朝為何從海陸兩路進兵?可從三個角度解釋。首先是地理的原因,朝鮮半島是亞洲大陸向東的自然延伸,朝鮮半島和中國的東北地區在陸上毗連,但是從半島南部到遼東半島,再到華北地區形成了一個新月弧形,這個弧形陸地環繞著黃渤海整體水域。朝鮮半島地形狹長,古有「三千里錦繡河山」之美稱,自半島中南部旅行到華北地區的陸路比較長,繞行較遠,因此跨黃渤海的航行,特別是沿著山東半島和遼東半島之間的島鏈,也是自古以來的便利交通方式。自魏晉南北朝時期朝鮮半島三政權和中國南北皇朝的往來已經通過海上航線頻繁地進行,隋朝考慮利用海洋出兵遠征是自然而然的。其次是歷史借鑒,西漢和十六國時期的後趙都曾對朝鮮半島發動作戰行動,都曾從海上出師,西漢的海上軍事力量還曾取得相當的戰績,後趙石虎也曾借助海島遠征高句麗,這些歷史也會提醒隋文帝君臣。最後應是出於戰略的考慮。軍事作戰理應集中作戰力量,但是兵力佔優勢的一方可以考慮以分兵的辦法實施牽製作戰甚或鉗擊,前提是不違反主力集中的原則,達到迫使敵軍分散或是陷入顧此失彼的不利局面,這也符合中國古代兵學中的「奇正」原理,詳見後面的章節考證。

漢武帝是在元封二年(前109年)發動對衛氏朝鮮政權的作戰,採取分兵兩路的辦法,西漢樓船將軍楊僕從山東半島出發跨過海洋,而左將軍荀彘走陸路「出遼東」。〔註9〕西漢的形勢和隋朝有個很大的不同就是遼東地區主要掌握在漢朝手中,衛氏朝鮮作為一個華夏移民建立的政權,國力態勢遠弱於後世的高句麗。楊僕指揮的七千部隊無需穿越敵國半境,從較近的海岸線登陸後很快就打到朝鮮都城王險城下,起初他由於兵力有限被擊敗,而荀彘一路也缺乏進展。〔註10〕但是不出一個月,兩路軍便實現了南北夾擊圍城。〔註11〕至次年夏天,城中朝鮮人殺王出降。〔註12〕從歷史記載看,西漢伐朝

〔註6〕《隋書》卷二,北京:中華書局1973年版,第43頁。
〔註7〕《隋書》卷四〇,第1173頁。
〔註8〕《隋書》卷六五,第1525頁。
〔註9〕《資治通鑒》卷二一,北京:中華書局1956年版,第685頁。
〔註10〕《資治通鑒》卷二一,第687頁。
〔註11〕《資治通鑒》卷二一,第688頁。
〔註12〕《資治通鑒》卷二一,第689頁。

鮮並沒有水戰發生，想必衛氏朝鮮沒有值得一提的水軍。漢軍楊僕指揮的海上一路不必費力奪取制海權，其所起戰略作用不在於水戰本身，而在於登陸之後形成與遼東出發的陸路軍實現夾擊態勢，分散朝鮮的兵力並實現優勢圍攻。漢朝比衛氏朝鮮國強大，出動軍隊在數量上佔據優勢，當然不畏懼分散兵力，而要以偏師牽制和分散敵國有限的兵力。對於隋朝而言，其面臨形勢與漢朝有所異同，隋朝的國勢也遠較高句麗為強，兵力上也可佔優勢，造船與航海能力比漢朝還有很大提高，但是高句麗與衛氏朝鮮相比在戰略態勢上最大的不同是其經營遼東已逾百年，基礎深厚，戰場的主勢遠優於衛氏朝鮮。

　　隋文帝此次作戰失敗的原因非常重要，因為這會成為之後拖杳漫長的隋唐東征的先例和教訓。

　　隋文帝出動的兵力並不少，應該能在數量上佔據上風，根據史籍記載高句麗兵最多時也不過有所謂「勝兵三十萬」。隋帝國的陸路方面軍遇到的困難是雨季漲水，糧食不濟，疾疫流行。三十萬大軍的運糧壓力應當不小，在大運河重新被隋煬帝開通以前，向遼東出兵的運輸成本還是很高的，估計隋文帝對此準備工作不足。海路遠征軍的戰略目標是平壤，也就是高句麗南部，造成失敗的原因是海上的大風。這些是來自地理環境的客觀因素，但也暴露出隋文帝對作戰的困難估計不足。相關史料也顯示出風浪是跨海東征的重要的限制因素。比如《隋書東夷傳》記載隋朝向南的平陳戰爭中曾有戰艦一艘漂流至海東身冉牟羅國，歸國途中經過百濟，得到百濟厚資遣送。這也說明當時航海能力的技術侷限與環境影響。「我國近海屬於東亞季風區」，「它是亞澳季風系統中一個相對獨立的季風系統」。〔註13〕在黃海東海水域中，在四月到七月初，中國沿海盛行的是西南季風，適合起帆北去朝鮮半島或日本，而返航的最佳時期多在八月底九月初之後，那時候中國沿海多為西北風，是冬季風，〔註14〕日本九州島沿海一帶則多為東北風。夏末秋初的中國沿海是颱風盛行不利航行的時期。從海陸夾攻的需要看最四五月份無疑是隋唐用兵最佳季節時期，因為這時候海軍可以順利順風出師，同時還可以有一個較長的時期有利於進攻方向的持續作戰和持續補給。

　　除了海洋，遼東陸戰也有季節性因素限制，海陸的寒暑季節大體平行，正如陳寅恪先生所指出的：「中國東北方冀遼之間其雨季在舊曆六七月間，而

〔註13〕王穎主編：《中國海洋地理》，北京：科學出版社 2013 年版，第 115～116 頁。
〔註14〕王穎主編：《中國海洋地理》，北京：科學出版社 2013 年版，第 116 頁。

舊曆八九月至二三月又為寒冬之時期。故以關中遼遠距離之武力而欲制服高麗攻取遼東之地，必在凍期已過雨季未臨之短時間獲得全勝而後可。否則，雨潦泥濘冰雪寒凍皆於軍隊士馬之進攻餱糧之運輸已甚感困難，苟遇一堅持久守之勁敵，必致無功或覆敗之禍。」〔註 15〕所謂「凍期已過雨季未臨」即指傳統農曆三月至六月之間，然而這僅僅是遼東陸路作戰的有利時期，海路作戰有利時段是（公曆）四五月至七月，因為「夏季風開始於 4 月中旬以後」，等到「6 月偏南風遍及整個中國近海及日本海」，〔註 16〕因此「冬季盛行偏北向的風浪，夏季盛行偏南向的風浪，」〔註 17〕海陸行動兩者的最佳重合期其實就是一年當中最好的晚春到夏初季節。在這段時間內如果不能迅速取得戰略推進，隋軍和後來的東征唐軍就會面臨海陸兩軍的配合困難，同時還有陸軍的行進與補給困難。反之，高句麗守軍只要在這段時間裏有機會堅守住重要的陣地，就有可能迎來轉機。

對於古代遼東半島所存在的東西遼澤地理特徵，喬鳳岐有很好的考證，〔註 18〕隋文帝出兵在於舊曆二月，冬季風尚未結束，戰船頂風遠征並非有利，而天氣也尚未轉暖，隋兵在遼東陷入寒冷沼澤的環境困境，後勤與交通都不是最佳季節。筆者認為這說明隋朝的決策者與指揮官對於海洋甚至遼東都不夠熟悉和瞭解，此外也可能有技術原因，即隋朝的戰船建造存在技術問題，不能順利按時抵達指定或合理的作戰地點，總之當時隋朝水師沒有達到滿足跨海作戰的能力。寒冷雨季對作戰的阻礙是很嚴重的，在中外歷史上不乏案例，比如拿破崙遠征俄國和希特勒進攻蘇聯都曾碰到過早的寒冬，導致戰略上的挫折。近代的技術手段遠比古代豐富尚且如此，何況中古時期。

隋朝水軍的組建也存在著相當的問題。統一以前的隋朝及其前身北周王朝已經有了強大的內河水師，人員以北方人為主，曾與南陳政權、南方叛亂豪雄和南方的林邑國交戰。從隋軍戰史看，隋朝對水軍的戰略運用多實行水陸兩路夾攻。楊素、劉方、陳稜三個將領先後指揮了跨海平叛、遠征林邑、遠征琉球三次涉及海戰的作戰。北周王朝建德年間楊堅曾率水軍三萬破北齊軍隊於河橋。〔註 19〕隋朝為了平定南陳，於巴蜀地區發展水軍，當時楊素所部有巴蜒卒

〔註 15〕陳寅恪：《唐代政治史述論稿》，上海：上海古籍出版社 1982 年版，第 120 頁。
〔註 16〕王穎主編：《中國海洋地理》，北京：科學出版社 2013 年版，第 116 頁。
〔註 17〕王穎主編：《中國海洋地理》，北京：科學出版社 2013 年版，第 137 頁。
〔註 18〕喬鳳岐：《隋唐皇朝東征高麗研究》，第 65～72 頁。
〔註 19〕《隋書》卷一，北京：中華書局 1973 年版，第 2 頁。

千人「乘五牙四艘，以柏檣碎賊十餘艦」，〔註20〕即楊素以巴地水軍順流南下取勝。隋朝海上航行的部隊的出現是在楊廣指揮的平陳作戰中，當時隋朝組織了出海後再南下包抄江南地區的水軍，由將領燕榮率領進入長江口，再進入太湖作戰，實際沒有海上作戰的記錄。〔註21〕隋朝滅亡南陳後，南陳的地方豪強不服統治，發動了範圍廣泛的叛亂，於是楊素奉命二次下江南平叛，也自海上遠航至泉州，閩地的豪族「自以海路艱阻，非北人所習，不設備伍」，結果沒有料到楊素很快便「泛海掩至」，叛黨散入海島溪洞，楊素指揮所部水陸追捕，於是「江南大定。」〔註22〕隋水軍戰勝南朝水師足以證明其作戰素質不低，但那都是內河部隊與內河作戰為主，不能說明隋朝水軍的強大。平定南陳之後隋朝對南方航運力量進行了政策壓制，禁止建造和沒收大船，如上文所引開皇十八年正月隋文帝下詔把（江南）船長三丈已上悉括入官。〔註23〕此政策可謂「一石二鳥」，一方面限制了地方造船，另一方面也為官軍充實了征東的船隻。南方的航運能力和軍事優勢將被中央而不會被地方掌握。〔註24〕南北朝時期南方王朝和海外的交流很密切，跨海航運能力很強，應當有很多的大型海船和技術人員。隋文帝平陳之後和曾經和南方遙遠的林邑國開戰，遠征軍由京兆人劉方任統帥，並動用了嶺南欽州和歡州的軍隊自陸路進攻，由上開府秦雄和兩地刺史負責指揮，而劉方自率水軍去比景登陸。劉方一路取勝，只有陸戰的事蹟發生，並無水戰發生。〔註25〕海路僅起到奇正兩路分進合擊的戰略部署目的，並沒有海戰發生。以上涉及水軍和海洋的隋朝戰史顯示出在隋文帝時期隋朝水軍雖然具備航海遠征以及登陸投送的能力。但是除船隻外，作戰人員並不依賴南方水鄉提供，隋朝水軍其實並不具備海戰實戰的經歷和經驗。

隋文帝東征高句麗，指定的陸路指揮官是漢王楊諒和王世積，「並為行軍元帥」，應該也就是總指揮官，左僕射高潁擔任漢王長史，應當為漢王指揮權的重要助手甚至重要顧問、監護者。海上一路征東的主將為周羅睺，本是南朝將門世家之後，驍勇善戰，是降隋的南陳水軍將領。〔註26〕周羅睺出任水

〔註20〕《隋書》卷四八，北京：中華書局1973年版，第1283頁。
〔註21〕《隋書》卷六一，北京：中華書局1973年版，第1464頁。
〔註22〕《隋書》卷四八，北京：中華書局1973年版，第1285頁。
〔註23〕《隋書》卷二《高祖紀下》，中華書局1973年版，第43頁。
〔註24〕王仲犖：《隋唐五代史》上冊，上海：上海人民出版社2003年版，第51頁。
〔註25〕《隋書》卷五三，北京：中華書局1973年版，第1358頁。
〔註26〕《隋書》卷四五，北京：中華書局1973年版，第1239頁。

軍總管,應為海路方面軍指揮官,帥軍自東萊泛海往平壤,「遭風,船多飄沒」,無功而還,次年轉調西北守邊。〔註27〕

關於隋朝水軍組織和建設的資料不多,隋文帝時期的更少,因此要進一步評價分析只能結合唐朝的情況來進行整體分析,在下文會予以總結交代。本章要指明的是隋文帝時期隋朝本無常備海軍,完全是根據作戰需要臨時組建海上作戰部隊,且水戰並非這支部隊的主要功能,其主要功能是登陸敵人後方,對高句麗造成牽制和夾擊。

兵法云:「上兵伐謀,其次伐交。」可是隋文帝的討伐缺乏外交上的充分準備,基本上是以隋朝自身力量獨立開展對高句麗的戰爭,並沒有找到和動員任何其他盟友。開皇十八年(598年),百濟國王扶餘昌遣使來隋朝談判和試探,「請為軍導」,隋文帝卻沒有抓住時機建立聯盟或是對高句麗造成牽制。以後歷史的發展表明,在高句麗可以全力應對的局勢下,由於種種條件,即使強大的隋朝軍隊也不能做到一蹴而就的迅速取勝。高句麗軍並不弱小,而遼東戰場利守不利攻,高句麗軍的戰場優勢很強,而且隋軍的後勤供應壓力很高。因此隋朝遠征軍必須在一定程度上依賴海路的進軍和供給。

三、隋煬帝三征高麗與海上力量的初步發展

繼文帝之後,隋煬帝沒有放棄解決遼東和高句麗問題的努力,連續東征三次,每次都親率陸軍主力自遼東進攻,別遣水軍自萊州出發,但其行事粗率,始終沒能從海上給高句麗的後防側翼以必要壓力,結果無論在軍事還是外交都缺乏成果。隋煬帝發動了三次大規模東征,均以失敗告終。隋朝因此損兵折將,民不堪重負,再加上其他內部問題的壓力,大亂以致亡國,煬帝在歷史上也留下了窮兵黷武的壞名聲。總結隋煬帝的成敗,會發現隋煬帝出兵也分海陸兩翼,其失敗原因複雜而耐人尋味。

「兵馬未動,糧草先行。」隋煬帝開通大運河的努力首要應是為了鞏固統一成果,但在相當程度上也是為了征伐高句麗服務,這裡一定有吸收隋文帝東征失敗教訓的因素在。筆者曾有多年研究漕運的經歷,近年又曾研究海權,並注重海權和陸權的比較研究,認為中國古代的漕運功能非常強大,大一統體制下的統治者發展漕運有著多重考慮,包括為在古代農牧民族間因傳統陸權引起的鬥爭提供物質資源和技術手段的支撐,而這種傳統陸權不僅是

〔註27〕《隋書》卷六五,北京:中華書局1973年版,第1525頁。

國家內部統一權的地緣權力表現形式，也是古代國家權力向外自然伸展和對外鬥爭的表現形式。開通大運河漕運系統，有助於國家獲得在邊疆地區集中資源和人員的技術手段，這種手段可以為抵禦外部威脅和實現對外敵優勢的國家安全需要服務，也可以為邊疆駐軍解決後勤補給，客觀上甚至可以形成對周邊的強大的陸權對外輻射。

　　大業四年（608年）隋煬帝徵發民百餘萬開通永濟渠，把黃河流域和遼河流域之間的交通大大加強，為在靠近遼河流域的河北地區重鎮涿郡集中物資和人員提供了便利。大業七年（611年）元弘嗣奉隋煬帝之命到山東半島監造船隻三百餘艘，〔註28〕從後來隋煬帝出動的跨海部隊數量來看，這些船隻應當主要還是戰船而不是運糧船，見下文分析。

　　大業八年（612年）正月，隋煬帝出兵一百十三萬三千八百人，號稱二百萬，運送給養的人員比軍隊多一倍。〔註29〕隋朝從南方徵調的水軍人員數量應至少有七萬之眾：「先是，詔總徵天下之兵，無問遠近，俱會於涿。又發江淮以南水手一萬人，弩手三萬人，嶺南排鑹手三萬人，於是四遠奔赴如流。」〔註30〕這些弩手應當也是在水軍船上作戰的。隋煬帝出兵數目過大，並非作戰實際所需要，因此韓昇教授認為他是希望通過一次耀武揚威來威嚇敵國請降以快速結束戰爭，然而是非所願。〔註31〕筆者認為其實這也就說明了隋煬帝並未認真地從戰爭戰略的角度看待東征作戰問題。

　　除去最高指揮者的剛愎自用因素，〔註32〕從隋軍作戰戰略角度看，海陸兩軍作戰並不協調，犯了戰略上的嚴重失誤。是年直到五月季風強勁，海上部隊

〔註28〕《隋書》卷七四，第1701頁。

〔註29〕《資治通鑒》卷一一，第5660頁。

〔註30〕《資治通鑒》卷一八一，第5654頁。

〔註31〕韓昇：《東亞世界形成史論》，北京：復旦大學出版社2009年版，第190頁。

〔註32〕隋煬帝對隋麗戰爭的失敗負有多重責任，前輩學者如金毓黻先生、岑仲勉先生都對其戰略領導頗有批評。金毓黻先生認為「一曰萬乘親征，遙為指揮。二曰未立統帥，事權不一。三曰勞師遠襲，饋難繼。其四則敵勢方強，無隙可乘是也。」（金毓黻：《東北通史》，五十年代出版社，1981年6月翻印，第1頁）岑仲勉先生則認為「以如許之眾，鈐轄之遠，而欲發縱指示，一切操於日事玩樂之獨夫，根本已構成必敗之條件。」（岑仲勉：《隋唐史》上冊，中華書局1982年5月版，第68頁。）隋煬帝自大失誤，對戰敗肯定負有多重責任，因此對於戰爭失敗的原因分析，從不同角度也可以得出不同結論，單一角度的解釋都會是單薄的，筆者也是從自己的觀察角度去解讀這場戰爭的成敗。

才順風順利參戰，但是由於海上航行的優勢，來護兒反倒繞開敵軍，領先在遼東的陸上方面大軍，先行到達作戰目標，可謂「走得晚」卻「到的早」。然而由於隋煬帝缺乏成熟周密的計劃，來護兒不待大軍會合，就犯了躁進的毛病。指揮官來護兒帥江、淮水軍遠征部隊「舳艫數百里，浮海先進，入自浿水，去平壤六十里，與高麗相遇，進擊，大破之。」來護兒打算乘勝攻城，其副手「副總管周法尚止之，請俟諸軍至俱進。」來護兒不從，「簡精甲四萬」，打到城下，高句麗伏兵平壤城的郭內，來護兒所部入郭後俘掠，以致不成部伍，於是遭遇伏兵，致使來護兒大敗，士卒生還者不過數千人。高句麗軍追殺至海邊，「周法尚整陣待之」，高句麗軍撤退，於是「護兒引兵還屯海浦，不敢復留應接諸軍」。〔註33〕海上一路方面軍進攻的目標是高句麗都城平壤無疑，進軍的路徑是自海上入浿水，威脅高句麗後方的都城。來護兒沒有與陸路大軍匯合，又在平壤城下中了埋伏，當然變成孤軍深入的狀態。來護兒攻擊平壤城之前，周法尚予以勸阻，請他等待「諸軍」，這應該是指的隋煬帝陸路進軍的各路遠征大軍。來護兒的損失不小，四萬人只剩千人，但這是來護兒軍紀不嚴導致，並非作戰能力不及人。來護兒有輕敵的一面，似乎也與隋煬帝一樣浮躁。來護兒雖然戰敗，其部下還有周法尚部實力保存，兵力仍有數萬，尚可一戰。來護兒並未因此退兵，而是駐紮海邊渡口，仍然可以分散掉高句麗數萬兵力，構成牽制敵軍部分兵力的目的。因此來護兒所部的存在與作戰不能說沒有意義，高句麗的王都外郭被侵入，對人心士氣不能沒有打擊影響。

從月份和季節來看，氣候條件對來護兒部隊的物資補給和人員補充依然是有利的。但關鍵是隋煬帝的陸路大軍沒有造成足夠的打擊與威懾，過早貽誤戰機。仍然是在六月，來護兒後退不久，高句麗派遣大臣乙支文德來詐降和試探、麻痺，隋軍陸路糧盡的情況已經發生，〔註34〕乙支文德順勢開始「疲軍」戰術。〔註35〕有趣的是，不僅各自兵敗，海陸兩路的將領開始出現相互觀望。陸軍大將宇文述最遠進軍到離平壤城三十里之地，見到「士卒疲弊，不可復戰」，「又平壤城險固，度難猝拔，遂因其（乙支文德）詐而還。」〔註36〕秋七月高句麗軍自後擊隋軍，「諸軍皆潰」。「來護兒聞述等敗，亦引還。」〔註37〕宇文述距離

〔註33〕《資治通鑒》卷一八一，第 5663 頁。
〔註34〕《資治通鑒》卷一八一，第 5664 頁。
〔註35〕《資治通鑒》卷一八一，第 5665 頁。
〔註36〕《資治通鑒》卷一八一，第 5665 頁。
〔註37〕《資治通鑒》卷一八一，第 5665 頁。

平壤城其實尚有距離，但也並不遙遠，與來護兒入郭作戰不可同日而語，宇文述是因為糧盡而畏懼繼續作戰。筆者認為來護兒的兵敗不是完全失敗，因為他應該還可以從海路得到補給和增援，不需要太多即可部分地重振聲威，而陸路的退卻是不可避免的真正的失敗。

由於遼東陸路進軍的主力大軍退兵過早，使高句麗在正面戰場實際沒有得到足夠大的壓力，因此來護兒一路單獨繼續作戰效果不可能很大。隋煬帝的出兵戰略似乎是兩路人馬應最終會師於平壤城下，但是海路孤軍進軍過快，而陸路出兵草率以致用兵失敗，糧乏是一個重要原因。隋煬帝出於耀武揚威的想法而過多地出動軍隊，企圖嚇倒對方使之投降了事，結果引起運輸困難，甚至迫使士兵在途中自行運糧，導致不堪重負的軍人丟棄大批軍糧。〔註 38〕煬帝過度自信，以為單憑大軍示威可以迅速取勝，海上沒有有效配合，竟使三十萬大軍陷沒於敵境，〔註 39〕毫無疑問是草率行事。

隋煬帝用兵吸取了隋文帝的一部分教訓，包括海路出兵時間的選擇和改善後勤補給條件，但是他明顯的戰略失誤包括，一是雖修大運河而出兵過多，以致後勤負擔不能減輕反而加重，二是雖然海路出師時間根據季節合理安排，但與陸路方面軍不能同時出動，也不能如期匯合，無法有效形成鉗擊攻勢，以致給敵人以集中兵力防禦的機會，三是外交始終以孤立姿態進行。這一切說明隋煬帝沒有做到認真研究用兵方略。

大業九年（613 年），隋煬帝再次出征，令來護兒自東萊入海攻平壤，〔註 40〕由於後方有楊玄感作亂於黎陽，來護兒部只能回師參與平叛，未能出海。

次年，隋煬帝第三次用兵東征，終於小有收效，使高句麗在疲弊之下稱臣，而海上作戰目標由前兩次的以平壤為目標轉為遼東半島，海上部隊也有一定作戰成就，然而當來護兒有所進展時，陸軍主力卻已經根據隋煬帝的命令開始罷兵。〔註 41〕

公元 614 年三月煬帝駕臨涿郡，七月至遼東懷遠鎮，同月來護兒部登錄遼東半島，打到卑奢城（即卑沙城），《隋書》卷 62《來護兒傳》記載：「高麗

〔註 38〕《資治通鑒》卷一八一，第 5664 頁。
〔註 39〕《資治通鑒》卷一八一，第 5666 頁。
〔註 40〕《資治通鑒》卷一八一，第 5672 頁。
〔註 41〕《資治通鑒》卷一八一，第 5691 頁。

舉國來戰，護兒大破之，斬首千餘級。將趣平壤，高元震懼，遣使執叛臣斛斯政，詣遼東城下，上表請降。」有學者認為隋煬帝第三次出兵已經是挽回政治顏面為主，即不把徹底擊敗高句麗和收回遼東作為目標，而改為希望達成名義上的降服，〔註42〕所以，隋煬帝會在高句麗遣使的情況下草草收場。可是來護兒面對作戰進展的良好形勢不肯無功而返，圖乘「高麗實困」進圍平壤，此次來護兒一定憋足了復仇的心性，雖然斬首數量有限，但是形勢其實很有利。煬帝遣使持節召喚來護兒一路，來氏的部屬都怕違旨而提出反對，於是八月班師。

如果來護兒保持進攻或有小勝之機，而且確實「高麗亦疲弊」，〔註43〕可此次作戰的路線與前次不同，來部登陸遼東半島只具有在遼東戰場側翼支持遼東陸路方面軍的戰略意義，也就是說海陸兩方向的隋軍實際都是進入遼東戰場作戰，對隋軍而言，這樣做的好處在於可以給遼東高句麗軍事力量給予夾擊和最大壓力，不好之處在於高句麗軍隊從遼東半島南端和遼河沿線後撤之後便可集中力量在縮短的防線上進行內線作戰，並無後顧之憂。即使來護兒部不撤，繼續從遼東半島向平壤進軍，仍然路途遙遠，沿途城防重重，且遼東陸軍也是強弩之末，來護兒孤軍取勝的可能性不大。這反映出隋煬帝的一個戰略失誤，把「鉗擊」的效果變成了「集中」，「鉗擊」的鉗口開的小了。原因可能是隋煬帝吸取前次作戰經驗教訓，認為只有在遼東打疼高句麗和取得戰果才是決定性的，況且隋煬帝不是想解決全部問題而只是想迫使高句麗臣服。

高句麗在遼東地區的防禦體系非常嚴密，有不少山城關隘構成數道防線，喬鳳岐論述其可以分為遼東、新城、建安城三個防區。〔註44〕其中的建安城，被唐太宗稱之為「險絕」，而遼東半島南部近海的城池也都很險固，如卑沙城。對高句麗來說固守遼東固然是最具有戰略意義的，但是高句麗和隋朝都在遼東集中兵力，豈不成了以數量為標準，以逐個城壘攻防戰為作戰方式，開展純粹的實力對決與消耗戰？這毫無戰略智慧可言。

隋煬帝最初期望高句麗臣服，並解決遼東問題，但是最後如果以引誘和消滅集中在遼東的高句麗軍主力為主要目標就會陷入類似總體戰的陷阱。由

〔註42〕 袁剛：《隋煬帝傳》，北京：人民出版社2001年版，第582頁。
〔註43〕 《資治通鑒》卷八二，5691頁。
〔註44〕 喬鳳岐：《隋唐皇朝東征高麗研究》，第58～61頁。

於初次用兵的嚴重失誤，浪費了寶貴的資源和時間，煬帝的戰略目標和戰略計劃被迫逐漸脫節了。

隋煬帝三次出兵耗費巨大，可作戰效果都很有限。海陸兩路配合作戰效果很差，首戰兩軍失期，糧盡退兵，第三次則海進陸退，自我拋棄戰果。

無論是海陸作戰的配合還是對半島外交，隋煬帝都很失敗。其實早在公元 598 年百濟朝貢時，便建議與隋朝結盟，「請為軍導」，〔註 45〕竟遭文帝拒絕。隋煬帝沒有爭取到朝鮮半島南部的小國來形成對高句麗的戰略牽制和政治包圍。煬帝也沒有跨海出兵到半島南部或讓百濟、新羅出兵和配合的計劃，說明他盲目自信。如在公元 611 年，即隋煬帝首次出兵的前一年，百濟使者國智牟到隋朝詢問再次用兵時間，隋朝才派尚書起部郎席律到百濟與之共同策劃，新羅同時也派使請兵，隋在兩年之後才派人回使。當然隋朝對高句麗的討伐會因此和半島三國的關係糾纏在一起，但是隋朝和百濟或是新羅並沒有結成實際的聯盟或是開展相呼應的軍事合作，結果百濟沒有提供隋朝有效支持，而新羅更沒提供牽制作戰之類。這說明隋煬帝對百濟、新羅的戰略需求僅限於政治形式，並沒有把高句麗的實力看得很重。高句麗以兵侵掠，逼百濟屈服。新羅企圖襲取百濟控制的漢江流域出海口，尋求外援，要打通和中國的聯繫，但既無軍事上的成功，也無隋朝的配合，結果在朝鮮半島上陷入孤立。〔註 46〕朝鮮半島三國關係變化有利於高句麗專心北邊防禦，隋朝四次軍事打擊雖使最終使高句麗國力凋敝，高句麗也無力趁隋亡唐興之際統一半島，使自身已經占優的半島鼎立格局延續到貞觀年間。

四、小結

隋朝的高句麗之戰名正言順，卻以失敗結局。西漢武帝時期曾經自海上出兵遠征朝鮮半島，當時西漢水軍已經經歷了戰爭包括航海作戰的歷練，曾長期為平定南方的越人國家作戰，較快地平定了朝鮮。如果說隋文帝時期的海上戰略經驗不夠充分的話，隋煬帝時期肯定也沒有認真總結和研究，因此缺少了海陸全局的戰略視野，然而這對東北亞戰爭來說是必要的。

隋煬帝對於水軍的運用效果僅僅是戰術層面上的。相比較古代陸軍，組建戰於海上的隋朝水軍耗費了當時的大量資源，即使在古代海軍相對於陸軍

〔註 45〕〔日〕掘敏一著，韓昇編，韓昇、劉建英譯：《隋唐帝國與東亞》，第 23 頁。
〔註 46〕韓昇：《東亞世界形成史論》，第 211 頁。

也是有較高技術含量的軍種，對武器裝備和補給的經濟技術要求更高，機動性更強，而其機動性和戰略能力與陸軍卻存在著本質的區別，可是隋煬帝竟然只能從戰術層面上運用它，把它作為一支側翼戰術力量使用。高句麗在隋朝的東北亞戰略格局中當然具有特殊重要地位，但在戰爭開始之後，通過軍事力量運用和外交的積極效度，可以看出隋朝的戰略關注焦點完全被定格在高句麗一家頭上，隋煬帝實際不具有對東北亞的全局性戰略思考，忽視百濟和新羅的重要性。中國古代的君王較少有對海洋戰略形勢有深刻的理解，或者說他們總希望把戰略精力保持在廣闊大陸上，隋煬帝的戰略思維毫無疑問也帶有強烈的大陸色彩，不善於運用海上力量和結合海陸全局思考。

　　從隋煬帝對高句麗作戰的動員規模來看，隋朝擊敗高句麗不存在資源和人力方面的困難，但是隋煬帝的不理智導致全局性的戰略失誤。這種失誤不僅對隋朝，也對唐朝留下了深刻的消極影響。隋朝因為這場高句麗之戰耗損巨大國力，引發社會矛盾，隋朝晚期的變亂對社會經濟傷害很大，即使在唐朝建立之後也需要很長時間來休養生息，唐初要花費一段時間才可以重新凝聚足夠大的資源和能力來解決遼東問題，結果中華帝國為遼東爭端和高句麗問題付出的資源和代價遠超過解決問題的實際需要。如果隋朝皇帝善於運用合適的戰略，在隋朝高句麗之戰有可能就順利結束，不必使隋唐國家的幾代人長期受戰事拖累。隋煬帝在決策中的盲目、自大，造成外交和軍事的雙重失利，不僅不能順利平定遼東和高句麗，甚至還動搖了國家的根基，負有重大的歷史責任。隋麗戰爭也並非完全沒有積極的戰略後果，如果沒有這場戰爭對高句麗的打擊，可能高句麗當政強人泉蓋蘇文已經發動對針對百濟、新羅的半島統一戰爭，一旦半島被高句麗囊括，周邊地緣問題將會更難應對。

第三章　唐麗戰爭與唐朝海上力量

「太宗似乎像天命所歸的人物，對他而言似乎沒有事情是不可能的，他是社會的拯救者，也是統一與和平的恢復者。……他在學校與行政上的功績，與在戰爭中的勇敢是同樣重要的。他的征戰與統治所維繫的長久和平孕育出來的藝術與文學，是這個朝代威名遠播的原因。他的個性是如此的強悍有力，他影響了所有與他相處過的人物，並且成為一個後代子孫眼中的傳奇人物。在中國的皇座上，無人可與之相提並論。」──西方學者菲茨傑拉德（Fitzgerald，C.P）《天子：唐朝建立者李世民傳》

「千真萬確的是，只有掌握制海權的國家才有高度的行動自由，並且能夠根據自己的意願，發動規模想多大就多大、想多小就多小的戰爭，而那些依仗陸上力量的強國面對巨大的海峽時，經常望海興歎。」──弗朗西斯·培根〔註1〕

制海權與海上力量事關國家興亡，關乎國家安全及外交成敗。繼隋朝用兵失敗之後，唐朝運用海上力量促成跨海遠征百濟的軍事行動，成功奪取東北亞地區的戰略主動權，其中成敗經驗非常值得深入研究。至今學術界對高句麗之戰的研究不少，多對戰役本身及其對東北亞政局及相關國家歷史進程的影響發表議論，對唐軍軍事力量本身研究不多，且中外學者多認為對戰爭成敗影響最大的「跨海平百濟」是在唐高宗時期作出的決策，至今對於唐太

─────────────
〔註1〕〔英〕朱利安·S·科貝特：《海上戰略的若干原則》，上海：上海人民出版社，2012 年版，第 33 頁。

宗所起的決策作用仍需給予應有的評價，這是論述的重點問題。

對於平定高句麗之戰包括跨海平百濟戰役的戰略決策及成敗，以往學術研究體現出四個核心問題與本章主題相關。

一是隋唐海陸兩路作戰配合的效果問題，如楊秀祖認為隋軍戰略呆板、戰術笨拙，水陸配合不佳，補給不足，隋朝內部矛盾和高句麗的頑強抵抗都是東征失敗的原因；〔註 2〕于賡哲認為貞觀十九年的戰役作戰中唐軍以速戰速決為目標，因早寒使陸路糧運艱難，而不得不以穩紮穩打、步步為營為戰法，遂無法成功，而在這次戰役中海軍僅僅是陸軍偏師，在遼東半島南部登陸，沒能充分發揮海軍職能；〔註 3〕熊義民從海軍規模、裝備、技術、戰術四方面論證，高度評價唐初海軍的作用，〔註 4〕指出：「對於唐朝來說，參戰的雖然主要是陸軍，但海軍的作用也至關重要，因為要渡海作戰，離開海軍卓有成效的配合和作戰，陸軍再強大，也無用武之地。」〔註 5〕但是，唐代海軍的戰略運用和海軍戰略地位的階段性變化還需要予以更多的研究以明瞭歷史面貌。

二是跨海作戰的戰略目標問題，喬鳳岐認為大業十年隋朝改變水陸平壤會師的方略，水軍改在遼東半島登陸，標誌隋唐東征高麗由直取平壤到先攻打遼東的方針轉變與確立。而攻佔百濟，是唐朝對高麗用兵的重要一環，是從南北對高麗全境形成夾擊之勢，和隋朝以水陸兩路直取平壤的軍事部署有著明顯不同。〔註 6〕其關於隋朝戰略的解讀有矛盾之處，如果唐軍把作戰方針由平壤轉為遼東，那麼怎麼解釋攻打百濟是「用兵的重要一環」？唐軍跨海作戰的戰略目標的認定和變化還需要理清線索。

三是隋唐戰略的變化過程，包括跨海平百濟戰略決策的形成。張國亮認為唐軍善於靈活調整戰略，在唐麗之戰初期唐太宗親征，其間的作戰採取攻城掠地、穩紮穩打的作戰方法，導致兵力的分散、消耗，喪失作戰時機，而唐

〔註 2〕楊秀祖：《隋煬帝征高句麗的幾個問題》，《通化師院學報》1996 年 1 期。
〔註 3〕于賡哲：《貞觀十九年唐對高麗的戰爭及其影響》，陝西師範大學碩士學位論文，2000 年。
〔註 4〕熊義民：《從平百濟之役看唐初海軍》，王小甫主編《盛唐時代與東北亞政局》，上海：上海辭書出版社 2003 年版。
〔註 5〕熊義民：《從平百濟之役看唐初海軍》，王小甫主編《盛唐時代與東北亞政局》，上海：上海辭書出版社 2003 年版。
〔註 6〕喬鳳岐《隋唐皇朝東征高麗研究》，第 194～195 頁。

高宗平定百濟有利於南北夾擊高句麗。〔註7〕劉炬、姜維東的《唐征高句麗史》在記敘戰爭過程的同時對交戰雙方的政治背景都做出了探討，認為貞觀十九年戰役中唐太宗令水軍攻打遼東而非平壤，沒有發揮作用，貞觀二十二年唐太宗沒有同意新羅提議先滅百濟，是因為唐與百濟不存在實質矛盾，實力也不足控制海東局勢，需要制衡新羅。〔註8〕高宗東征百濟完全是錯誤的戰略選擇，結果只有新羅得利。〔註9〕拜根興認為南北夾擊高句麗戰略的形成和執行是兩回事，唐高宗永徽初年產生滅百濟的想法，到永徽末滅百濟南北夾攻高句麗戰略最終形成，自顯慶四年開始實施，〔註10〕這一構想的形成「即是唐朝征伐高句麗戰鬥的需要，滅亡百濟，而新羅自始至終派使赴唐單方面的言辭，即新羅的請兵乞師使節的活動亦起到了相當的作用。」〔註11〕以上兩種觀點都有可商榷之處。喬鳳岐認為唐太宗時期調解百濟與新羅矛盾失敗，到高宗時出兵為新羅解圍，在多次調解失敗後，「最終促使唐朝與新羅的軍事聯合」，指出是在唐高宗與朝中大臣經過討論確定的出兵百濟。〔註12〕日本學者堀敏一在《隋唐帝國與東亞》一書中指出「唐朝承諾出兵百濟」，與新羅結成對百濟同盟是在貞觀二十三年唐太宗接見新羅使者金春秋的時候，〔註13〕而筆者認為唐太宗的戰略計劃實際還有更早的醞釀，這可以借助古代朝鮮史料作進一步研究。

　　四是平定百濟的戰略作用。《劍橋中國隋唐史》有比較直接具體的軍事角度考察結論，認為唐高宗擊敗高句麗有兩個有利條件，一是其內部生亂，二是「佔領了可從海上得到供應的百濟作為基地，便能迅速打擊高麗的心臟地帶，開闢第二條戰線。」〔註14〕但是唐朝如何認識和逐步調整跨海進攻的戰略，在其論述中沒有得到體現。喬鳳岐認為平百濟之戰使之成為唐朝作戰基

〔註7〕張國亮：《唐征高句麗之戰的戰略研究》，吉林大學碩士學位論文，2008年，第16頁。

〔註8〕劉炬、姜維東：《唐征高句麗史》，長春：吉林人民出版社2006年版，第213頁。

〔註9〕劉炬、姜維東：《唐征高句麗史》，第239頁。

〔註10〕拜根興：《七世紀中葉唐與新羅關係研究》，第189頁。

〔註11〕拜根興：《七世紀中葉唐與新羅關係研究》，第256頁。

〔註12〕喬鳳岐：《隋唐皇朝東征高麗研究》，第155～156頁。

〔註13〕〔日〕堀敏一著，韓昇編，韓昇、劉建英譯：《隋唐帝國與東亞》，昆明：雲南人民出版社2002年版，第46頁。

〔註14〕〔英〕崔瑞德編：《劍橋中國隋唐史》，北京：中國社會科學出版社1990年版，第254頁。

地，解除新羅所受威脅。〔註15〕

以上研究均未從制海權理論角度對海上力量的作用充分研究，而對至關重要的跨海平百濟戰略的出臺、實施的歷史真相還需要進一步認識，對其意義也還有進一步認識的餘地。高句麗之戰涉及整個東北亞地區，各次海陸作戰都有一定的重要影響，而制海權因素和海上力量對戰事的影響極其關鍵。

一、唐初中外關係與唐麗戰爭的爆發

公元618年唐朝建立，之後首先忙於完成對中原內地的統一。唐高祖李淵對東亞外交採取不偏不倚的姿態。百濟首先進貢唐朝，並得到冊封，從此採取積極進貢的態度，唐高祖以為不必如此頻繁隆重，降低雙方交往的程度，可是百濟有自己的戰略目的，希望借助唐朝牽制高句麗，減輕自身壓力，因此不聽勸告堅持進行。〔註16〕但由於當時唐朝與百濟的戰略利益不同，對外政策並不合拍，唐朝不能提供太多百濟需要的政治支持，百濟只好又逐步轉為與高句麗結盟，甚至納質日本。〔註17〕唐高祖武德六年（623年）朝廷「以天下大定，罷十二軍。」開始息兵養民。隋末以來的內亂戰火基本平息，而此時中原大地滿目瘡痍，北方還有突厥汗國在虎視眈眈，唐高祖還顧不上處理前朝遺留的對外問題，對於朝鮮半島三國政權採取賜封與安撫為主的政策，不追究歷史問題。武德七年（624年）二月「高（句）麗王建武遣使來請班曆。（唐朝）遣使冊建武為遼東郡王、高麗王；以百濟王扶餘璋為帶方郡王，新羅王金真平為樂浪郡王。」〔註18〕到武德七年唐朝才平定了南方割據者杜伏威的餘黨，而武德八年突厥造成紛擾的邊患突然出現，朔方地區還有突厥扶持的梁世都傀儡政權存在，唐朝皇位繼承之爭在內廷逐漸發酵，到武德九年發生玄武門之變。很顯然，在高祖時期唐政權是沒有精力處理遼東問題的，最終高句麗之戰的重啟只能等待唐太宗來執行。武德九年百濟和新羅來使控訴高句麗「閉其道路，不得入朝。又相與有隙，屢相侵掠」。「新羅佔領漢江和朝鮮南部的任那，與百濟、高句麗和日本的關係緊張。」〔註19〕

〔註15〕喬鳳岐：《隋唐皇朝東征高麗研究》，第161～162頁。
〔註16〕張日善：《百濟與中國的關係》，延邊大學碩士學位論文，2001年，第16頁。
〔註17〕張暾：《唐朝與高句麗、百濟關係的惡化及其原因》，《北方文物》2008年第2期。
〔註18〕《資治通鑒》卷一九〇，第5976頁。
〔註19〕韓昇：《東亞世界形成史論》，第219頁。

這說明高句麗在趁機向南壓迫弱小鄰國，甚至圖謀一統朝鮮半島。唐高祖因國力有限，放棄了出兵良機，等到了貞觀十六年高句麗和百濟已經結成針對新羅的政治聯盟，「以絕新羅入朝之道。」〔註20〕如果歷史照此趨勢發展下去，有可能新羅首先在半島消失，而再過一段時間百濟被高句麗吃掉也是有可能的。

武德九年（626年）發生玄武門之變，唐太宗即位。太宗即位後當年，「新羅、百濟、高（句）麗三國有宿仇，迭相攻擊；上遣國子助教朱子奢往諭指，三國皆上表謝罪。」〔註21〕太宗時期對半島的初步交往也逐漸展開，但當時還是西北突厥對唐朝造成的邊防壓力最大。貞觀三年（629年），唐太宗擊破突厥，是年十二月突厥「突利可汗入朝」，「靺鞨遣使入貢」，太宗得意曰：「昔人謂禦戎無上策，朕今治安中國，而四夷自服，豈非上策乎！」〔註22〕是年閏月，西南地區的南蠻別種東謝、南謝酋長來朝，「是時遠方諸國來朝貢者甚眾」，〔註23〕貞觀四年（630年）二月李靖率唐軍破頡利可汗於陰山。三月唐太宗稱天可汗。唐朝外患壓力大大減輕，國力強大，可以向外自由選擇方向投射。可是唐朝當時也存在反對重啟高句麗之戰的呼聲，有大臣認為：「兵者兇器，戰者危事，不得已而用之。」〔註24〕

貞觀五年（631年）秋八月唐朝「遣使詣高麗，收隋氏戰亡骸骨，葬而祭之。」唐朝開始加強對遼東問題的戰略關注，這一信號傳遞出來。〔註25〕是歲，新羅國善德女王登基，新羅統治集團出現重組和加強的趨勢，半島局勢也有新的變化出現。

不久，唐太宗共對高句麗發動三次用兵，期間海上部隊的作用愈益突出，其中重大的戰略突破是依靠海上遠征實現的，且唐朝開始糾正隋朝的草率做法，海上用兵的戰場呈逐步南移的傾向，由遼東半島移到鴨綠江流域和百濟。以黃渤海海港和島鏈為基礎的海上基地也得到充分的利用和發展，這是唐太宗善於利用和發展海上力量的表現。歷史證明，太宗的戰略視野絕不僅侷限於遼東戰場。

〔註20〕《唐會要》，上海：上海古籍出版社2006年版，第2026頁。
〔註21〕《資治通鑒》卷一九二，第6030頁。
〔註22〕《資治通鑒》卷一九三，第6067頁。
〔註23〕《資治通鑒》卷一九三，第6068頁。
〔註24〕《舊唐書》卷六六《房玄齡傳》，北京：中華書局1975年版，第2466頁。
〔註25〕《資治通鑒》卷一九三，第6087頁。

二、跨海平百濟戰略的提出與唐初水軍戰略地位的提升

跨海平百濟的戰略及其作戰行動造成了東北亞戰略局勢的重要變化，對於高句麗之戰走向的影響非常重要。這一戰略最初是由唐高宗實施的，但卻是由唐太宗最早提出的，可是太宗沒來得及施行。

唐太宗出兵直接起因是貞觀十七年（643 年）新羅使者奏百濟奪取四十餘座城池，且聯合高句麗「謀絕新羅入朝之路」，請求唐朝提供軍事援助。〔註26〕唐太宗告訴來使自己有可供選擇的三策：

> 我少發邊兵，總契丹、靺鞨直入遼東，爾國自解，可緩爾一年之圍。此後知無繼兵，還肆侵侮，四國俱擾，於爾未安，此為一策。我又能給爾數千朱袍丹幟，二國兵至，建而陳之，彼見者以為我兵，必皆奔走，此為二策。百濟國負海之險，不修機械，男女分離，互相燕聚。我以數十百船，載以甲卒，銜枚泛海，直襲其地。爾國以婦人為主，為鄰國輕侮，失主延寇，靡歲休寧。我遣一宗支，以為爾國主。而自不可獨往，當遣兵營護，待爾國安，任爾自守，此為三策。爾宜思之，將從何事？〔註27〕

據此筆者認為唐太宗實際上提出了跨海平百濟這一戰略。從他的口氣判斷，他認同第三策是長久可行之策，即唐軍自海上進攻百濟。此時太宗已經意識到跨海襲百濟是一良策，認為百濟與唐對立，除了天險以外沒有海上防禦能力，登陸極易。但是同時唐太宗提出派李氏宗親至新羅為國王，這應該是指的唐新和親，即李氏親王與新羅女王結婚，還要派遣唐朝軍隊護送前往。三策均未實施，與新羅使者應對無措有關，新羅方面大概只想到請唐朝由北向南進攻高句麗，沒能想到可以跨海襲百濟開闢第二戰場，也擔心被唐以「假途滅虢」的方式控制，歷史證明這是一個戰略貽誤。其實唐太宗不會真的寄希望於新羅把國王換成唐朝皇親，之所以這樣提出是外交上討價還價和試探的技巧。新羅使臣毫無準備，不知道該如何應對，錯過了良機。這是隋唐首次提出跨海平百濟戰略，只因新羅無應對而放棄執行。於是這一良策被擱置。

利用黃渤海間的島嶼作為東征基地，這在中國海上歷史上是很重要的戰略舉措。近代海權論之父、戰略家馬漢指出「一個國家的地理位置不僅能有利於集中它的部隊，而且還要能為對付敵人的可能進攻，提供作戰活動的中

〔註26〕《資治通鑒》卷一九七，第 6204 頁。
〔註27〕《三國史記》，長春：吉林文史出版社 2003 年版，第 68 頁。

心位置和良好的基地的戰略優勢。」〔註 28〕「如今靠近敵軍或靠近要進攻的目標的地理位置的優越性，比不久以前在被稱之為破壞貿易的作戰活動中顯得尤為重要……」〔註 29〕這都是戰略卓識。早在十六國時期，後趙政權就在島上駐軍，屯田海濱，通過海運建立糧儲。〔註 30〕隋唐時期山東半島的海港和鄰近的海島正是可資利用的良好的海上基地。西漢、隋朝都曾把山東半島的港口作為東征基地。在遼東半島與山東半島之間存在一串島鏈，包括長山列島等，其中有很多較大的島嶼，環境優越，有淡水和林木，屏蔽渤海灣的開口，形成自內海通往黃海的大門，也可以充作自海上進攻朝鮮半島和遼東半島的跳板。群島在秦漢時期已經成為「循海岸水行」的航線標誌，但漢朝伐朝鮮和隋朝東征都沒有利用島嶼作基地的記錄。貞觀十七年（643 年）唐太宗遣韋挺於河北徵糧，貯於營州，又令蕭銳於河南諸州運糧入海。次年蕭銳奏稱：「海中古大人城，西去黃縣二十三里，北至高麗四百七十里，地多甜水，山島接連，貯納軍糧，此為尤便。」太宗詔從之，「於是自河南道轉運米糧，水陸相繼，渡海軍糧皆貯此」。〔註 31〕海上的補給基地於是建立，可以減輕陸路自河北向遼東的運糧負擔。《元和郡縣圖志》一書講「大人故城在縣北二十里，」「新羅、百濟往還，常由於此」〔註 32〕。也就是說，這個島嶼是隋唐中國與東北亞之間「循海岸水行」航行路線的必經要地。三國時期曹魏司馬懿討伐遼東公孫淵，「造大人城於登州西，運糧船從此入。」而據登州府志記載，砣磯島上還有唐代東征海上一路的將領張亮所立的紀事碑記載了軍事史蹟。〔註 33〕今碑文內容不傳，但是碑名尚在。唐軍海上一路的總出發點是山東半島的萊州登州等重要港口，而《新唐書地理志》記載入四夷路有七，其二為「登州海行入高麗渤海道」，而砣磯島等海島也是航線必經。

　　貞觀十八年（644 年）唐太宗首次出兵東征。張亮統領水上一路，「領將軍常何等率江、淮、嶺、硤勁卒四萬，戰船五百艘，自萊州泛海趨平壤；」海上作戰目標仍為遼東半島南端，陸路一路則以李勣為遼東道行軍大總管，率

〔註 28〕馬漢：《海權對歷史的影響》，解放軍出版社 1998 年版，第 40 頁。

〔註 29〕馬漢：《海權對歷史的影響》，第 41 頁。

〔註 30〕張曉東：《漢唐漕運與軍事》，上海：上海書店出版社 2010 年版，第 160 頁。

〔註 31〕《冊府元龜》卷四九八，北京：中華書局 1982 年版，第 5966 頁。

〔註 32〕《元和郡縣圖志》卷一一，北京：中華書局 1983 年版，第 313 頁。

〔註 33〕《光緒增修登州府志》卷六五《金石上》，《中國地方志集成》《山東府縣志輯》第 48 冊，南京：鳳凰出版社 2004 年版，第 327 頁。

六萬軍隊趨遼東。〔註34〕出兵數量看似共十餘萬，其中陸路六萬，而海上出兵「帥江、吳、京、洛募兵凡四萬，吳艘五百」。〔註35〕但是，喬鳳岐根據《唐會要》《新唐書》對戰爭結束時有關死傷的記載考證為陸路十萬，水軍七萬，〔註36〕他對陸路軍的數量統計較為合理。水軍人數為七萬還是四萬的數字差異見下文討論。筆者贊同這樣的結論，否則不僅是以區區六萬之眾去遼東正面戰場攻城掠地，反而水軍一路人力超過皇帝御駕親征的陸軍，就不合理了，依據也見下文水軍兵力考證。

唐朝水軍一路兵力來源比較廣泛，南北方都有。「江、吳、京、洛」是可以籠統包括「江、淮、嶺、硤」的，江吳之兵恐為南方水兵，與「江、淮、嶺、硤」地域來源可以對應，似應包括主要的航行技術人員，範圍包括江淮地區和嶺南在內的長江中下游，京洛之兵應為北方招募的軍人，似應為登陸後作戰主力。《資治通鑒》貞觀十八年（644年）十一月條記載這批部隊中包含「長安、洛陽募士三千」，〔註37〕喬鳳岐認為這三千人「可能負擔著登陸以後攻城掠寨的任務」，〔註38〕未知依據，此外他認為四萬作戰人員當中剩餘的三萬餘人來自長江流域，筆者認為此僅僅是可能性。

《唐會要》記載海上一路出兵有七萬人，則勁卒為四萬，可以對應上文史料的募兵數量，而水手、運丁等輔助人員數量則為三萬〔註39〕，這樣才合理。此次出征，唐軍預先將黃河以南產糧漕運入海，命專使提前組織漕運，且七月就開始在長江中游造船：「敕將作大監閻立德等詣洪、饒、江三州，造船四百艘以載軍糧。」〔註40〕三個州皆為鄱陽湖流域的造船業中心，屬唐朝江南西道管轄，此地素有「舟船之盛，盡於江西」之稱。唐朝時期的當地江船大的可載八九千石，而且存在發達的航運技術。〔註41〕此次戰役專用運糧船恐不下四百，載糧或不下三百萬石，而戰船不下五百，戰船平均載兵百人，戰船加上海上運糧船有九百之多，兵員水手七萬，可見唐軍海師部隊規模強大，不亞於前代。

〔註34〕《舊唐書》卷一九九上，中華書局1975年版，第5322頁。

〔註35〕《新唐書》卷二二〇，中華書局1975年版，第6189頁。

〔註36〕喬鳳岐《隋唐皇朝東征高麗研究》，第127頁。

〔註37〕《資治通鑒》卷一九一，第6214頁。

〔註38〕喬鳳岐著：《隋唐皇朝東征高麗研究》，北京：中國社會出版社2010年版，第127頁。

〔註39〕《唐會要》，卷九五，第2021頁。

〔註40〕《資治通鑒》卷一九七，第6209頁。

〔註41〕《唐語林校證》卷八，北京：中華書局1987年版，第727頁。

可是海陸兩支兵究竟存在如何的關係？這是觀察唐太宗此次出兵用兵戰略的關鍵。唐太宗在戰前曾經說過：「高（句）麗地止四郡，我發卒數萬攻遼東，諸城必救，我以舟師自東萊帆海趨平壤，固易。然天下甫平，不欲勞人耳。」〔註42〕看來太宗認為遼東陸路進軍可以是用來牽制高麗主力，而以海上方面軍為奇兵登陸直搗空虛的高麗都城。但實際的實施，究竟那邊是取得突破的方向大概也可隨機應變，具體可見後面章節中唐太宗和李衛公的戰略研討。從糧運的角度看，唐軍海上一路登陸成功以後，補給供應純粹依靠海運。一旦高句麗被南北牽制，又有登陸點提供橋頭堡，海運不可能遭受侵擾，除風浪外沒有其他消極影響因素。永濟渠到遼東的糧運，路程漫長，到遼東後改由車運牛運，隋煬帝時甚至出現過軍人人力運輸，運輸成本大大高於海運。水運畢竟擁有運量大，成本低的特點，如唐軍能在敵境取得橋頭堡陣地，則糧運成本遠低於從單純從遼東陸路進攻。但是首征的唐軍海上一路並沒有像唐太宗所說的向西朝鮮灣沿岸登陸進攻高句麗後方的平壤，而是從遼東半島南端黃海一側的卑沙城登陸然後向西北方的建安城進軍，以圖以最短路線實現兩路會師，更像是隋煬帝第三次進軍方略的重演，而不像隋煬帝第一次用兵的方式，這當然有利於遼東陸上正面戰場的順利推進，而且風險小，但是高句麗卻可以集中兵力於遼東地方，使其後方免於受牽制。唐太宗自誇的「固易」在隋煬帝的失敗教訓面前稍顯單薄，還需實踐考驗。

貞觀十八年（644年）五月唐軍攻克遼東城，七月「李勣進軍攻安市城，至九月不克，乃班師。」〔註43〕唐軍野戰表現出色，但攻安市城久不下，而高麗也在邊城儲糧可作長期防禦。唐軍因糧盡和冬季到來而退兵。〔註44〕單純從遼東陸路正面進攻的不足是不需要再次證明的，而海上張亮部取得的戰果也很有限：

「自東萊渡海，襲沙卑城，破之，俘男女數千口。進兵頓於建安城下，營壘未固，士卒多樵牧。賊眾奄至，軍中惶駭。亮素怯懦，無計策，但踞胡床，直視而無所言，將士見之，翻以亮為有膽氣。其副總管張金樹等乃鳴鼓令士眾擊賊，破之。」〔註45〕

〔註42〕《新唐書》卷二二〇，第6187頁。
〔註43〕《舊唐書》卷三，第57頁。
〔註44〕張曉東：《漢唐漕運與軍事》，第166頁。
〔註45〕《舊唐書》卷六九，第2516頁。

此次唐太宗親征，寧志新將其作戰進程劃分為五個戰役，實際只限於陸軍一路。唐軍一共攻陷高句麗十座城池，陣亡四萬餘眾，徙三州戶口入中國，但是海襲一路，統帥非人，戰略意義也很有限，主要在於打開了從卑沙城一路進襲鴨綠江流域的道路卻未有機會深入而已。《唐會要》卷 95 的高麗條稱「張亮水軍七萬人，沉溺死者數百人。」〔註46〕《新唐書》卷 22《東夷傳》高麗條稱「船師七萬，物故亦數百。」看來張亮部的作戰損失也有限。

高句麗山城即使在近海一帶同樣是強固難攻，如《資治通鑒》稱卑沙城「其城四面懸絕，唯西門可上。」〔註47〕張亮打到卑沙城之後，繼續向北「進兵屯於建安城下」。〔註48〕張亮進軍方向與隋煬帝三次東征時派出的來護兒部有所不同，張亮向北進軍，與陸路一路相匯合，而來護兒則是由卑沙城向鴨綠江及以南的方向進軍，即使與陸路大軍會師也是以平壤為計劃中的最終目標。這也反映兩次用兵的戰略差異，張亮所率唐軍在戰略上僅僅是為在遼東半島完成海陸兩方向的鉗擊服務，而儘管隋煬帝第三次出征心中在賭高句麗是否稱臣降服給他面子，已經不期盼多麼壓倒性的軍事勝利實際發生，來護兒第三次所率領的隋軍矛頭仍是遙遙指向高句麗心腹重地，行動上算是為實現對高句麗全局的兩方向鉗擊而服務，這是前後兩次作戰戰略的差異，也說明唐朝此時的海上戰略行動尚不及隋朝的程度，屬於尚未完全放開的狀態。估計隋朝失敗的教訓的確使唐朝有所謹慎。

三、唐太宗後期的兩棲襲擾戰與戰略調整

唐太宗意識到自己同樣也不可能速勝高句麗，於是很快作出戰略調整。貞觀二十一年（647 年）唐朝君臣通過朝議定計以襲擾戰取勝：「今若數遣偏師，更迭擾其疆場，使彼疲於奔命，釋耒入堡，數年之間，千里蕭條，則人心自離，鴨綠之北，可不戰而取矣。」騷擾戰仍採用海陸鉗擊的方式，戰略目標在於削弱高句麗的抵抗能力。這是唐太宗二打高句麗。是年三月，唐朝以牛進達為青丘道行軍大總管，「發兵萬餘人，乘樓船自萊州泛海而入。」又以李世勣為遼東道行軍大總管，「將兵三千人，因營州都督府兵自新城道入。兩軍皆選習水善戰者配之。」〔註49〕喬鳳岐認為三千人是李氏從內地帶來，不包

〔註46〕《唐會要》卷九五「高麗條」。
〔註47〕《資治通鑒》卷一九七，第 6220 頁。
〔註48〕《舊唐書》卷六九《張亮傳》，第 2516 頁。
〔註49〕《資治通鑒》卷一九八，第 6246 頁。

括邊境營州的軍隊，因此陸路一路不止三千人。〔註 50〕筆者同意這三千人應當是少量精銳部隊，因為騷擾戰不是決戰，對兵力數量要求不高。陸軍一路仍然是從遼東陸路進攻，水軍偏師一萬從山東半島萊州出發，借初發的季風揚帆北上實施海上攻擊，兩路人馬都配以「習水善戰者」，足見唐軍對水戰的重視在上升。史言「遣慣習滄波，能以少擊眾者而配隸焉」，〔註 51〕這種作戰部隊可以適應兩栖作戰的需要，且可以少勝多，具有很強的戰鬥力，類似今天的海軍陸戰隊或兩栖戰特種部隊，作戰機動性強，以致高句麗守軍「多棄城而遁」。《冊府元龜》卷 985《外臣部・征討第四》記載「秋，七月，牛進達、李海岸入高麗境，凡百餘戰，無不捷，攻石城，之。進至積利城下，高麗兵萬餘人出戰，海岸擊破之，斬首二千級。」在作戰不斷收效的同時，九月太宗命江南宣、潤、常、蘇、湖、杭、越、臺、婺、括、江、洪十二州造船 350 艘。〔註 52〕此次作戰，唐朝的海陸兩方面軍各自為戰，並沒有謀求在某地實現戰略會師，也不追求深入和長期作戰，將領可以根據作戰需要自由發揮指揮才能。襲擾戰的軍糧供應主要仍由海上漕運解決，如兵部員外郎裴明禮負責「運糧遼碣」。〔註 53〕很快這種戰略便有一定收效，是年年末高麗王使其子入朝謝罪。

　　貞觀二十二年（648 年）太宗發動了在其統治期內對高句麗的第三次集中作戰，以薛萬徹將兵三萬餘人自萊州泛海。〔註 54〕此次海上進軍係唯一作戰方式。和前一次相比，海上部隊兵力由萬人增加到三萬，進攻目標更向南傾斜，從朝鮮半島西朝鮮灣沿岸與遼東半島之間的鴨綠江口直接登陸發起進攻。泊灼城主所夫孫率萬餘人拒戰，被薛萬徹擊潰，唐軍乘勝圍城。「高麗遣將高文率烏骨、安地諸城兵三萬餘人來援，分置兩陣。萬徹分軍以當之，鋒刃才接而賊大潰。」〔註 55〕薛萬徹部進攻作戰的預期較佳效果應為沿鴨綠江隔斷高句麗後方本土與遼東之聯繫，實現前後夾擊遼東的高句麗主力，但是孤軍一旦屯兵於堅城之下，就要面臨多處敵兵來援的險境，可實際上想取得決定

〔註 50〕喬鳳岐：《隋唐皇朝東征高麗研究》，第 145 頁。
〔註 51〕《冊府元龜》卷九八五，第 3951 頁。
〔註 52〕《資治通鑒》卷一九八，第 6249 頁。
〔註 53〕周紹良：《唐代墓誌彙編》，麟德 026《輕車都尉強君墓誌銘並序》，上海：上海古籍出版社 1992 年版，第 413 頁。
〔註 54〕《資治通鑒》卷一九八，第 6252 頁。
〔註 55〕《舊唐書》卷六九，第 2518 頁。

性勝利也不太可能,也非唐朝用兵的初衷。但是,通過戰略試探和實戰鍛鍊,唐軍海上部隊的戰鬥力和經驗都在逐步提高,如果與薛萬徹部規模相似的部隊再次出現在鴨綠江口周邊,而同時有陸路大軍發起對遼東地區的突擊,打擊效果將會很不一樣,高句麗會有大的潰敗。唐人杜佑在書中稱鴨綠江「高麗之中,此水最大,波瀾清澈。所經津濟,皆貯大船,其國持其為天塹,水闊三百步。」〔註56〕這主要說的鴨綠江下游的寬度,但也說明水軍可以在一定程度上自海入江進腹地航行或作戰。

在襲擾戰繼續進行的同時,唐太宗下令南方繼續造船、招兵,北上海島建立軍事儲備:「又命江南造大船,遣陝州刺史孫伏伽召募勇敢之士,萊州刺史李道裕運糧及器械,貯於烏胡島,將欲大舉以伐高麗。」〔註57〕烏胡海是當時對遼東半島和山東半島間大片海域的稱謂,跨今天的黃渤兩海,當渤海灣口一帶。這裡分布著廟島列島和長山列島共同構成的島鏈。唐軍不少北上大船是由江南越州都督區建造的:「越州都督治大艎偶舫以待。」〔註58〕「越州都督府及婺洪等州造海船及雙舫千一百艘」,當時所造之海船、大船一般「大者或長百尺,其廣半之」,運輸量可觀不說,造船數量和規模都遠遠超過隋朝。唐朝在島上建立鎮戍,如烏胡戍:「烏胡島上二戍,皆唐太宗征高麗所置,後遂為鎮。」〔註59〕又有大謝戍係同時設置的軍事據點,〔註60〕登州當地也設立了軍鎮蓬萊鎮。這些建立海上基地的舉動證明作戰重心由陸路向海路發生更多的傾斜,海路作戰的戰略地位在上升。

貞觀二十二年(648年)新羅使再次見太宗求救,說百濟「攻陷數十城」,使新羅面臨滅亡危機,請求唐朝「借天兵翦除兇惡」,「太宗深然之,許以出師」。〔註61〕太宗決心準備跨海出征百濟:「議以明年發三十萬眾,一舉滅之」。〔註62〕日本學者鈴木英夫認為「唐與新羅同盟把百濟也列為攻擊對象」。〔註63〕這是唐太宗計劃中的第四次東征作戰。這次唐新雙方可以順利

〔註56〕《通典》卷一八六,中華書局1984年版,第992頁中。

〔註57〕《舊唐書》卷一九九上,第5326頁。

〔註58〕《新唐書》卷二二〇,第6195頁。

〔註59〕《道光重修蓬萊縣志》卷二,《中國地方志集成》《山東府縣志輯》第50冊,南京:鳳凰出版社2004年版,第38頁。

〔註60〕《太平寰宇記》卷二〇,北京:中華書局2008年版。

〔註61〕〔高麗〕金富軾著,孫文範等校勘:《三國史記》,第70頁。

〔註62〕《資治通鑑》卷一九九,第6258頁。

〔註63〕〔日〕掘敏一著,韓昇編,韓昇、劉建英譯:《隋唐帝國與東亞》,第46頁。

達成合作協議可能也和新羅派遣的使者素質有關。這次的使者是朝鮮史上赫赫有名的新羅國太宗武烈王金春秋，史稱「春秋公」。此人在貞觀二十二年已經成為當時新羅國上層貴族的實力派代表人物，後來推動所謂「三韓」的兼併事業，挑起唐新戰爭，頗富謀略和才智，能夠審時度勢地以出使全權與唐太宗達成合作協議，可謂不辱使命。

因此唐朝甚至從遙遠的巴蜀地區造船運糧：「遣右領左右府長史強偉於劍南道伐木造舟艦，大者或長百尺，其廣半之。別遣使行水道，自巫峽抵江、揚，趣萊州。」〔註64〕蜀人難以承擔，改讓蜀人出資雇用潭州人造船，又改為官費。〔註65〕跨海行動實際已經啟動，但次年唐太宗病逝，以致計劃延誤。唐太宗時期對海上力量之發展、利用遠勝於隋朝，且建立了海上基地、水師以及漕船隊，而水軍經過作戰鍛鍊，南移作戰重心，不斷取得經驗，為唐高宗跨海平百濟打下基礎。唐高宗時代的東征作戰也繼續了襲擾戰的形式，可是隨著時間進展，決戰的時刻日益接近，襲擾戰不再可能繼續作為主要作戰方式。

四、唐高宗執行「跨海征百濟」戰略及其地緣戰略意義

唐初的地緣政治形勢的一個重要變化是百濟不但繼續與中國做對，甚至充當聯絡媒介，加強了高句麗、日本和本國的三國聯盟，孤立並包圍親近唐朝的新羅。《三國史記‧百濟本紀》記載公元653年百濟與日本兩國通好，且自公元646年開始中止了對唐朝的朝貢活動，形成了一條戰略聯盟鏈，把新羅和唐朝分隔開來，故此唐朝是否能夠控制百濟成為扭轉軍事地緣形勢的關鍵。唐高宗本希望與日本、新羅聯盟，即動員各國共同與高句麗作對。高宗於永徽五年（654年）接見日本使者，勸慰其幫助新羅抵抗百濟和高句麗，〔註66〕然而日新存在矛盾，不能結盟。〔註67〕則唐朝對百濟的外交手段失敗，唯有訴諸武力一途可行。

唐高宗時唐軍不但在遼東繼續對高句麗作消耗戰，同時繼續在海上駐軍、建倉、儲糧，為遠征做準備。顯慶五年（660年）唐將蘇定方率大軍十二萬餘人和戰船近兩千多隻渡海攻打百濟，〔註68〕從山東半島的成山頭出發，首先

〔註64〕《資治通鑒》卷一九九，第6258頁。
〔註65〕《資治通鑒》卷一九九，第6262頁。
〔註66〕《唐會要》卷九九《倭國》，第2099頁。
〔註67〕〔日本〕堀敏一著，韓昇編，韓昇、劉建英譯：《隋唐帝國與東亞》，第45頁。
〔註68〕喬鳳岐：《隋唐皇朝東征高麗研究》，第157頁。

「至（百濟）國西德物島」，赴熊津江口（今仁川一帶）登陸，然後一路進軍旗開得勝：

> 定方升東岸，乘山而陣，與之大戰，揚帆蓋海，相續而至。賊師敗績，死者數千人，自餘奔散。遇潮且上，連舳入江，定方於岸上擁陣，水陸齊進，飛楫鼓譟，直趣真都。去城二十許里，賊傾國來拒，大戰破之，殺虜萬餘人，追奔入郭。〔註69〕

蘇定方登陸的地點其實就是今天韓國的仁川一帶，也是上個世紀發生的朝鮮戰爭中美軍統帥麥克阿瑟選擇的登陸地點。當地海灘有著高崖且有大片泥濘地段，麥克阿瑟的登陸部隊曾經受困於高崖和泥灘，從日本購買了大量的梯子來幫助士兵從船上登岸，蘇定方的部隊也遭遇了泥濘的情況，可見古今地理條件的一致性不容忽視。其戰略計劃也有相似之處，麥克阿瑟通過登陸仁川在北朝鮮軍隊之後方開闢登陸橋頭堡和第二戰場，截斷敵軍後方交通線，從而扭轉了釜山周邊堅守的陣地在敵軍面前的困境。從史料記錄來看，百濟人沒有對唐軍登陸做任何有效攔截，蘇定方部沒有進行任何海戰就順利實現登陸。未能實現兵法所云的最佳攻擊方式「半渡而擊之」，是百濟的戰略失誤。蘇定方部登陸後順利擊敗敵軍，水陸並進。新羅以大船一百艘載精兵五萬與之會合。〔註70〕除此五萬人外，新羅還有其他部隊由國王金春秋直接帶領，見下文，因此唐新聯軍估計至少超過十八萬，很快進入百濟都城，降俘百濟君臣。

對於百濟來說，最佳的應對效果是將唐軍阻止於海上，擊敗之，使之無法登陸，其次是在登陸過程中挫敗唐軍，最次才是在百濟土地上擊敗唐朝和新羅的軍隊。但是百濟無海軍，無法做到第一個目標，而百濟的國力與蘇定方大軍的對比懸殊也不足以完成最後一個目標，最佳的辦法無非是趁唐軍登陸未已之際設法用計予以沉重打擊，但是百濟偏偏做不到。

當初在唐軍到來的消息出現後，百濟君臣急忙計議對策，有人主張乘唐軍遠來勞困，於登陸之時急擊之，唐軍敗走後，新羅人「則必疑懼而不敢銳進。」也有人認為唐兵「意欲速戰，其鋒不可當也」，主張在登陸後堵塞唐軍繼續進軍之路，先使偏師擊破新羅軍，折其銳氣，然後伺便而戰。〔註71〕百

〔註69〕《舊唐書》卷八三《蘇定方列傳》，第 2779 頁。
〔註70〕《三國史記》，第 494 頁。
〔註71〕《三國史記》，第 330 頁。

濟王不知所從。前一種意見主要在於先擊敗唐軍，後一種意見在於先擊敗新羅軍，都有集中兵力對敵各個擊破的意思，都有一定合理性，都主張組織唐軍與新羅軍的會合。但是問題在於以百濟的實力是否可以擊敗由身經百戰之老將蘇定方所指揮超過十萬的唐朝大軍？即使換成傾國出動超過五萬的老對手新羅軍，百濟是否可以保證獲勝？擊敗五萬新羅軍之後，必有折損的百濟軍是否可以保留能對抗唐朝十多萬大軍的實力？

百濟大臣佐平興首同樣主張阻止唐新兩軍的會合，不令唐軍進入內河，但是他並不主張和敵軍進行速決戰：「白江、炭峴，我國之要路也。一夫單槍，萬人莫當，宜簡勇士往守之。使唐兵不得入白江，（新）羅人未得過炭峴，大王重閉固守，待其資糧盡，士卒疲，然後奮擊之，破之必矣。」他的意見重點在於借險要之地扼守，不但阻止唐軍和新羅軍會合，還有要通過堅守來拖垮敵軍的計謀，這倒像是和高句麗的遼東防守戰略如出一轍。只有這種意見適合百濟國力的實際，是不得已的上策，或者說是下策中的上策。但是傳來消息說唐羅兵已過白江、炭峴，百濟乃發死士五千，企圖決死一戰，而唐羅合兵御熊津江口〔註72〕，大敗百濟軍。之所以百濟君臣無人主張自海上攔阻登陸，是因百濟無堪用之海軍，故唐軍順利登陸，避免海戰與搶灘戰，而白江險狹，百濟不能及時設伏以待，遂使唐軍長驅而入腹心，否則歷史發展應該會稍有不同。

龍朔元年（661年）四月，唐朝開始嘗試發動對高句麗的最後決戰，南北「三十五軍水陸分途」，大舉進攻高句麗，蘇定方部自南方的百濟出發攻打平壤，〔註73〕「屢戰皆捷，遂圍平壤城。」〔註74〕七月一度包圍平壤，而遼東陸路的唐軍也於九月渡過鴨綠江。此時唐軍圍攻平壤的季節已經將近最為不便的冬季，軍糧不繼使得持久圍攻成為不可能，看來滅亡高句麗的時機還不成熟。但是，相信這樣的圍攻已經給高句麗人心以巨大威懾與撼動。

唐軍打下百濟，主要是為了解救新羅和取得南方橋頭堡，對於治理百濟的準備很有限。百濟的殘餘勢力反唐作亂，聯絡日本倭國，迎請故王子扶餘豐歸國，使當地形勢緊張，這是對唐軍能否有效佔領百濟的考驗。新羅解決了自身的安全危機，卻不提供給恩人盟友有效支持。參與平壤圍攻戰的蘇定

〔註72〕《三國史記》，第331頁。
〔註73〕《唐會要》，上海：上海古籍出版社2006年版，2023頁。
〔註74〕《資治通鑒》卷二〇〇，第6325頁。

方大軍自陸路走遼東歸國，高句麗肯定在唐軍撤退後恢復對朝鮮半島北部的控制，於是留守百濟當地的少量唐軍與國內的聯繫只能依靠海上：「又遣來去運糧，涉海遭風，多有飄失。」〔註75〕百濟唐軍處在反唐的殘餘勢力、高句麗和日本的包圍中，十分危險，戰果有喪失的可能。唐高宗一度想撤軍放棄百濟。正如近代美國軍事學家馬漢曾指出：「如果一支入侵的陸軍處於敵對人民包圍之中，並且又受到來自海上的威脅，就會陷入絕境。」〔註76〕唐軍進入百濟雖然名義正當，但卻在面臨著馬漢所說的類似境遇。留守百濟的唐軍指揮官劉仁軌是個有戰略遠見的軍事家，他上表指出：

> 陛下若欲殄滅高麗，不可棄百濟土地。餘豐在北，餘勇在南，百濟、高麗，舊相黨援，倭人雖遠，亦相影響，若無兵馬，還成一國。既須鎮壓，又置屯田，事藉兵士，同心同德。〔註77〕

劉仁軌顯然把控制百濟作為最終取勝的保證。唐高宗被他打動，回應他的求救。龍朔二年（662年）唐朝廷增發沿海地區部隊，遣孫仁師淄、青、萊、海各州之兵七千浮海赴熊津。九月，唐軍與百濟亂黨約請的高句麗、日本援兵遭遇，發生著名的白江之戰，成為推動歷史發展的輝煌戰例。〔註78〕

白江之戰，又稱為白村江之戰，白江大海戰，是在白江江口進行的海戰，唐朝劉仁軌指揮的水軍是取勝主力。當時唐朝糧船裝載著來自山東半島的軍糧，通過熊津江和白江運往駐紮在周留城的唐軍。日本干涉百濟，出兵超過三萬，可能有一百七十餘艘戰船，〔註79〕但遭遇全軍覆沒式的敗績。此次戰役之後，高句麗和日本被新羅和唐朝佔領下的百濟分隔開來，唐朝一方因此可以自由選擇進攻方向。高句麗徹底陷入了戰略包圍，新羅獲救而免於亡國。唐軍不僅獲得從南面進攻高句麗的基地，也擁有與日本進行軍事較量的基地。從百濟越過對馬海峽去日本列島的最短距離為67公里，唐軍的勝利無疑給了日本強大的戰略威懾。日本懼怕唐軍乘勝入侵，在九州的外島佈防，「又於築紫築大堤貯水，名曰水城。」直到翌年八月仍在繼續築城。〔註80〕好在唐朝

〔註75〕《舊唐書》卷八四，第2794頁。
〔註76〕馬漢：《海權對歷史的影響》，第53頁。
〔註77〕《舊唐書》卷八四，第2794頁。
〔註78〕《舊唐書》卷一九九，第5332頁。
〔註79〕韓昇：《白江之戰的唐朝兵力》，《海東集》，上海：上海人民出版社2009年版，第159頁。
〔註80〕韓昇：《東亞世界形成史論》，第276頁。

並沒有興趣攻打日本，在百濟作戰活動的重點只是平定朝鮮半島高句麗。日本見大勢如此，也放棄對抗政策，主動向唐朝求和。東亞地區的戰略樞紐與制海權為唐朝掌握，成為東亞國際關係史的歷史重大轉折。

有關於白江之戰的戰略歷史意義，的確是值得深究和全面認識的。這是被稱為「中日第一戰」的戰役，有唐朝、日本、百濟等國的軍事力量同時捲入的戰爭。白江之戰的影響很大，迫使日本退出朝鮮半島，放棄干預，同時加快內政改革，而受到日本控制和支持的百濟反叛力量也因此迅速衰敗，不再成為阻礙唐朝控制百濟進軍基地的障礙，唐朝對百濟的控制終於落到實處，對高句麗作戰的橋頭堡因此穩定下來。但若是說白江之戰奠定了東亞格局，未免言之太早，因為白江之戰只解決了唐朝在東北亞的地緣戰略優勢和對百濟一國的有效控制，而朝貢體系和羈縻體制在東北亞地區除了新羅和百濟之外並未順利建立，特別是高句麗尚未平定。其實即使在高句麗被平定之後，還有一場唐朝和新羅之間爭奪半島主導權的戰爭，唐新戰爭的結果才是之後長達上百年的東北亞領土格局和朝貢體系定型化的開始。

龍朔三年（663 年），也就是白江之戰的同年，唐高宗因戰事持久不絕，民力負擔過重而「詔罷三十六州所造船」。〔註81〕如果結合前述唐高宗產生想放棄百濟的想法來看，唐朝因軍事活動所受到的社會經濟壓力應該很大，在是年前後可能接近臨界點。唐太宗時的造船活動自洪江饒三州始，當時的記錄是三州造船四百艘計，若以此為標準則此時唐高宗治下三十六州造船可有四千八百艘，當然各州的造船能力未必都能與三州相比看齊，但造船總數必頗為客觀。史料云唐軍在海上「戰溺死者甚眾」，則必曾有大量船隻沉沒於海上，故需大量製造，以成前赴後繼之功。史料記載足證唐代海上力量發展遠勝前代，且不斷擴大規模，在高宗時期曾保持強勢提升趨勢。乾封元年（666年），唐高宗委任李勣為主帥出征，〔註82〕次年正月，唐海陸兩軍皆勝，而「郭待封以舟師濟海，趨平壤。」〔註83〕而從百濟基地北上的劉仁願所部也參與了對高句麗的最後圍攻，高句麗都城平壤再次陷入全面包圍。九月，唐軍終於攻陷平壤。

〔註81〕《資治通鑒》卷二〇一，第 6336 頁。
〔註82〕《資治通鑒》卷二〇一，第 6350 頁。
〔註83〕《新唐書》卷二二〇，第 6197 頁。

五、小結

　　海上力量與跨海平百濟是隋唐高句麗之戰取勝的戰略關鍵，這兩個因素使唐朝掌握了東北亞制海權。歷史證明，高句麗之戰不由海陸夾攻就難以取得勝利，單憑遼東陸軍不能平定高句麗。海上軍事力量的發展是逐步進行的。隋朝對海上力量的運用存在魯莽和輕易的特點，前者從來護兒身上也有體現，後者更多是隋煬帝的毛病。海陸夾攻自遼東開展在戰略上被證明是不易取勝的，且隋對百濟等高句麗南鄰的外交完全失敗。

　　真正重視海上力量的戰略工具價值，並提出跨海平百濟的是唐太宗。唐太宗是中古時期傑出的政治家、軍事家和戰略家，在唐麗戰爭開始之時，就已經想到了實施跨海擊百濟的戰略計劃，他的戰略思想遠比隋煬帝廣闊和靈活。唐太宗重啟了唐麗戰爭和海上力量建設，並在戰爭實踐中真正開始把海上力量作為一支戰略力量來運用，唐朝的海軍不僅僅是一個對遼東地區和高句麗後方腹地側翼實施進攻的戰略工具，也被用來通過執行兩栖襲擾戰這一作戰任務，來在戰略上削弱高句麗，甚至通過遠征百濟來實現對朝鮮半島乃至整個東北亞國際格局的戰略影響。毫無疑問，唐太宗是在軍事上和地緣政治上擁有對海陸全局的觀察視野和思考能力，這一點使他優於前代君王。公元 643 年，太宗提出跨海擊百濟的戰略構想，公元 649 年造船計劃開展，跨海作戰已經箭在弦上，可惜在準備階段太宗不幸逝世。太宗發展了精銳的海上作戰力量，並把對戰略突破口的試探由陸路逐步轉向海上，並逐步南移，在海戰經驗與外交形勢日趨成熟的基礎下瞄準戰略目標百濟。在太宗去世後高宗繼承遺志，根據外交形勢完成戰略規劃，取得最終勝利。

　　唐太宗生前最後的東征作戰計劃是出兵三十萬，包括遠征百濟，兵力規模比後來顯慶五年蘇定方遠征活動的兵力要大，一旦戰爭行動開展，將會是對東北亞地區的一次震撼。以唐太宗的才智與唐朝積極準備的海上實力，必會有一番精彩的戰略表現。如果有充足的時間，也許唐太宗可以完成歷史舉措。所幸的是，唐高宗繼承和執行了唐太宗的計劃，通過平百濟之戰、中日白江之戰的勝利促進了唐麗戰爭的順利結束，儘管經歷了一個曲折的作戰過程，但最終完全改變了東亞格局，解決了唐朝面對的地緣難題。唐高宗一度曾想放棄百濟這一戰略上的第二戰場和橋頭堡，這說明他對於海上力量的使用，僅能相對有限地發揮其戰略價值，反映出唐高宗也囿於大陸性的戰略視

野。唐高宗的戰略智慧和戰略意志遠遜於唐太宗，並沒有成功地運用不斷取勝的海上力量來進一步地改變格局，獲取盡可能更大的成果。

第四章　海上力量與唐新戰爭

「總體而言，在世界歷史發展進程中，具有重要意義的歷史轉
折點，或者歷史上的偶然事件，海事都起到決定性作用。這些重大
轉折點包括海上軍事活動和海上常規性活動。雖說在歷史上不同的
時期，大規模的陸地戰爭開創了歷史的新紀元，但起決定性作用的
卻是海洋。」〔註1〕

　　唐新戰爭，又稱唐羅戰爭或羅唐戰爭，是隋唐東征戰爭的最後一個階段，
是由新羅挑起的戰爭，因唐麗戰爭結束後不同政權對朝鮮半島地緣政治秩序
主張不同而起，戰爭進程與結局事關唐帝國朝鮮半島地緣政策甚至在整個東
北亞地區的戰略的成敗，唐代的東北亞地緣格局因此奠定。對決定這場戰爭
勝負的歷史原因這一重要問題，過去中外學者有著不同的看法。陳寅恪先生
認為唐朝在西北地區所受的外族軍事壓力牽制了其在朝鮮半島的作為，唐朝
不能有力反擊新羅的原因是受到吐蕃的軍事壓力；〔註2〕韓昇教授認為此一
觀點難以成立，〔註3〕新羅崛起並統一半島的原因在於唐朝對是否強力支持
高句麗和百濟的重建以維持三國鼎立的局面沒有決心，〔註4〕而在唐朝和新
羅的交戰中雙方逐步摸清對方的底線，因而達成妥協，唐朝讓步並默許新羅
統一大同江以南的朝鮮半島。筆者本人也曾懷疑陳寅恪先生的觀點，並力圖

〔註1〕〔德〕喬爾根・舒爾茨、維爾弗雷德・A・赫爾曼、漢斯－弗蘭克・塞勒編，
　　　鞠海龍、吳豔譯：《亞洲海洋戰略》，2014 年版，第 14 頁。
〔註2〕陳寅恪：《唐代政治史述論稿》，下篇，《外族盛衰之連環性及外患與內政之關
　　　係》，北京：商務印書館 2012 年版，第 326～327 頁。
〔註3〕韓昇：《論新羅的獨立》，《歐亞學刊》第一輯，北京：中華書局 1999 年版。
〔註4〕韓昇：《東亞世界形成史論》，上海：復旦大學出版社 2009 年版，第 266 頁。

從史料中找到依據證明西北邊事沒有能夠在唐新戰爭的關鍵時間牽制唐軍主力，但是確實失敗了。拜根興的《「唐羅戰爭」關聯問題的再探討》一文〔註5〕對唐羅戰爭爆發的原因及時間做出界定，對於唐軍將領李謹行與「雞林道經略使之印」的關係，以及唐羅戰爭的終結與買肖城之戰、伎伐浦水戰等戰役的關係等問題作了研究。此外，買肖城之戰和伎伐浦水戰曾被有些學者認為是唐新戰爭兩次關鍵的戰役。韓國學者徐榮教探討了上元年間唐朝與吐蕃的關係，認為唐羅戰爭的結束是由於唐軍為發動對吐蕃的攻勢，將駐屯朝鮮半島的部隊包括靺鞨軍調防西域所致，這種觀點與陳寅恪大致相同。〔註6〕關於伎伐浦水戰，韓國學者李相勳從新羅水軍將領施得的官銜、所領船隊數量等問題出發，認為其率領的各類船隻數量不可能超過 100 艘，〔註7〕但是筆者發現《三國史記》明確提到新羅組建一百艘戰船的常備化水軍，顯然他的觀點缺乏突破意義。對於伎伐浦水戰中的唐軍的身份問題，韓國學者李鍾學認為伎伐浦水戰中的唐軍應為補給船隊，而徐榮教則在論著中論證水戰中出現的唐軍是通過海路補給的遠征軍，李相勳則認為是唐朝在百濟的駐屯軍隊和百濟故土殘留的軍隊，後者包括百濟遺民和反新羅人士。拜根興則認為新羅作戰對象為唐朝設立的熊津都督府的百濟系統的殘餘軍隊，且主張唐軍主力撤出半島即是從買肖城之戰開始，而李相勳則認為伎伐浦水戰才是唐軍與親唐百濟人撤離之戰。

筆者關心的重要問題是，究竟是何種軍事政治問題影響了唐新戰爭的結局？如果對唐朝來說朝鮮半島是可以捐棄給新羅的不重要的地域，那麼唐朝為何還要對高句麗和百濟的戰爭投入如此巨大？高句麗之戰的成果豐厚，是那麼容易放棄的嗎？對唐朝而言，新羅的半島支配就是那麼值得信任和放心的嗎？

影響唐新戰爭勝負的各種軍事政治因素都是重要的，特別是軍事上發生的具有直接影響的戰略性因素，而個別將帥是否參戰，或負有何種責任應屬次要問題。經過史料檢索，我認為僅僅關注半島發生的陸上作戰戰役成敗是不夠的，唐新雙方海上軍事力量的消長，以及作戰海域的制海權易手，也是影響戰局的重要因素。與唐麗戰爭相比較，在唐新戰爭中海上力量起到類似

〔註5〕《唐研究》卷十六，北京：北京大學出版社，2010 年版。
〔註6〕徐榮教：《羅唐戰爭史研究》，第 105 頁。
〔註7〕李相勳：《羅唐戰爭期伎伐浦戰鬥和薛仁貴》，64～67 頁。

的重要作用，這是本章所研究的重點，至今這一研究角度處於相對空白狀態。當時海上軍事力量所起的重要作用之一為奪取制海權，現代制海權的軍事學定義為「交戰一方在一定時間內對一定海域的控制權。目的是為遂行預定作戰任務創造條件。按作戰規模和持續時間，分為戰略制海權和戰術制海權。奪取和保持制海權是獲得海上作戰主動權的基礎。在現代條件下，制海權依賴於相應的制空權、水下控制權和制電磁權來保障。」〔註8〕在西方軍事學語境中準確的「制海權」一詞的源是 thalassocracy，來源於希臘語，也是海權一詞古義的表達，其中包含海上軍事霸權和海上商業貿易霸權兩方面含義，與古希臘軍艦和商船合二為一的現象相吻合，與後來的 sea power（這個英文詞組意為海上力量，而非海權，海權的英文精確表達為單詞 seapower）和 command of seas（制海權或者海洋控制）的意思相去甚遠，前者有制海權和海權雙重歷史涵義的交叉，後兩者一是海上力量（也帶有海上實力的意思，因此有些語境下也多少引申出一定的海上權力的意味），二是海洋控制之意。本書討論的唐代東亞「制海權」意指軍事上的海洋控制權，既己方通過運用海上軍事力量可以使用海洋航線而敵方被剝奪使用權，仍在上述工具書定義包涵範圍內，對於古代歷史的情況也依然適用。本章中筆者借地緣政治學中重視海上力量的方法角度，以軍事學視角對唐新戰爭勝負和唐朝地緣政策成敗作一探索。

一、唐新作戰第一階段：從戰爭爆發到制海權易勢

　　唐新戰爭的作戰前後斷斷續續歷時九年，若以劉仁軌任帥劃分大體可分為兩個階段，第一階段從戰爭爆發到唐軍制海權被動搖。唐軍海上部隊多次蒙受損失，而新羅相反，不僅建立了一支有力的海上部隊，而在陸上戰場新羅先後在百濟和高句麗故土發動進攻，奪取了不少土地，唐軍組織番漢步騎仍能保持不斷反擊的頑強作戰態勢。也許有人提出這樣劃分在時間分布上並不均勻，而筆者這樣做的理由主要是要依據戰略形勢的變化。

　　早在高句麗之戰沒有結束的麟德二年（665年）七月，唐朝即要求被封為熊津都督的百濟末代王子扶餘隆與新羅國王金法敏「釋去舊怨」，令雙方於是年八月在熊津城結「同盟」，此時高句麗尚未滅亡，故新羅雖不情願，仍要作表面工夫。總章元年（668年）九月唐軍攻陷平壤，高句麗滅亡，唐朝在高句

〔註8〕《辭海》，上海：上海辭書出版社，2010年版，第2455頁。

麗故土設立安東都護府，推行羈縻體制：

> 分高麗五部、百七十六城、六十九萬餘戶，為九都督府、四十
> 二州、百縣，置安東都護府於平壤以統之。擢其酋帥有功者為都督、
> 刺史、縣令，與華人參理。以右威衛大將軍薛仁貴檢校安東都護，
> 總兵二萬人以鎮撫之。〔註9〕

史料中「與華人參理」一句反映唐朝羈縻制度特點，即是說唐朝派來官員參與治理，通過監督和協助以保證高句麗舊民的臣服與地方的穩定治理。是時征東老將薛仁貴在都護任上「撫孤存老，檢制盜賊，隨才任職，褒崇節義，高麗士眾皆欣然忘亡。」〔註10〕也就是說治理有效，很得人心。唐朝按其地緣政策，在除遼東之外的高句麗百濟故土上扶持原上層分子，且授王室子孫以封號，同時也賦予新羅統治者羈縻體制封號，建立三足鼎立的羈縻體系，實現半島格局新的平衡。根據這段史料唐軍在高句麗僅留兵二萬。

根據《三國遺事》記載，公元 669 年因為新羅插手支持高句麗殘部叛亂，唐軍自海上與新羅交兵，未及開戰即被風浪淹沒，估計給養物資損失不小：

> 時唐羅兵未交接，風濤怒起，唐舡皆沒於水。〔註11〕

筆者沒有在兩《唐書》和《資治通鑒》沒有找到這段史料的對應記載。到咸亨元年（670 年），唐朝和新羅交惡加劇，唐朝「以（新羅）王擅取百濟土地遺民，皇帝責怒，再留使者。」三月，新羅軍勾結高句麗叛亂殘部渡過鴨綠江，四月他們「斬獲不可勝計」，而很快唐軍的援兵來到，新羅退守白城。〔註12〕四月唐將薛仁貴奉旨西征，抵抗吐蕃對西域十八州的入侵。〔註13〕咸亨二年八月大非川戰役發生，唐軍敗績嚴重，吐蕃軍攻陷安西四鎮，薛仁貴因此免死除名。這一年的七月新羅兵鋒已經同時在半島南北兩條戰線發起攻擊，因此不能不說唐朝在這一年夏季同時面臨東西兩條戰線的困難，但是東征戰線的最佳作戰季節已經開始流失。僅據此點就可以看出本章前面所引陳寅恪先生觀點具有的正確性。

咸亨二年（671 年）正月新羅開始發兵入侵百濟。當初唐朝攻陷百濟後，唐新號稱聯軍作戰，實際新羅不肯繼續出力，圖收漁翁之利，唐軍軍糧都是

〔註9〕《資治通鑒》卷二〇一，北京：中華書局，1956 年版，第 6356 頁，第 14 冊。
〔註10〕《新唐書》卷一一一，第 4142 頁，第 13 冊。
〔註11〕《三國遺事》，長春：吉林文史出版社 2003 年版，第 65 頁。
〔註12〕《三國史記》，第 88 頁。
〔註13〕《資治通鑒》卷二〇一，北京：中華書局 1956 年版，第 6363 頁，第 14 冊。

靠跨海漕運，未見史料中新羅提供多少幫助。高句麗之戰的戰事一結束，新羅很快便乘唐軍疲弊與撤離的機會發動對朝鮮半島的兼併戰爭，以支持高句麗叛黨為肇始，同時侵入百濟。將領高侃率唐軍破敵於安市城後，在半島南部百濟地區的唐軍開始屢遭挫折。薛仁貴因其具有在朝鮮半島的作戰經驗與威望而被再次啟用為東征主將，出任雞林道總管一職。是年七月薛仁貴致書新羅稱：「高將軍之漢騎，李謹行之蕃兵，吳楚棹歌，幽并惡少，四面雲合，方舟而下，依險築戍，關地耕田，此，王之膏盲也。」〔註14〕在高句麗之戰中唐朝水軍主力是來自南方沿海航運發達之地，且有來自江淮的兩棲作戰人員，即「遣慣習滄波，能以少擊眾者而配隸焉」，如今與新羅開戰，所謂「吳楚棹歌」必然也是南方來的水軍人員。此次唐朝用兵陸軍有番漢步騎，即高侃所統帶的應是漢軍，李謹行部則為靺鞨軍，這標誌著唐朝開始著力反擊。

但是，薛仁貴甫上任，唐軍在海上就遭受了慘敗：

九月，唐將軍高侃等，率蕃兵四萬到平壤，深溝高壘侵帶方。

冬十月六日，（新羅）擊唐漕船七十餘艘，捉郎將鉗耳大侯士卒百餘人，其淪沒死者，不可勝數。〔註15〕

十月六日這一作戰的意義如何評估？唐朝的陸軍南攻平壤，作深溝高壘的持久戰，是想要步步為營的向敵人反攻。海上被擊沉的唐漕船未知是在何處水域損失。以前唐軍與高句麗作戰，在海上有不少損失，但風浪是主要的原因，極少有作戰造成的直接損失，多是分散和陸續的損失，在唐朝不斷造船的背景下補充相對較易。筆者試對唐軍損失兵力的人數做一估算。以貞觀十九年張亮跨海征遼東兵力而論，《唐會要》講是水軍七萬，〔註16〕其中包括勁卒四萬，另外三萬是掌舵、搖櫓、導航、修理、運糧等輔助人員，共有戰船五百艘，則平均每船載戰士八十，輔助者為六十人，一船共載一百四十人左右。再以白江之戰來參照，《舊唐書》記載唐軍焚毀日本戰船四百，按《日本書紀》記載為一百七十艘，韓昇認為後者相對合理，按每船載兵一百五十計，日方可信的參展兵力為兩萬七千人左右。〔註17〕白江之戰中唐軍有劉仁軌和孫仁師兩部，孫部七千餘人，劉仁軌部包括唐新水軍聯軍。當時唐朝的造船

〔註14〕《三國史記》，第 92 頁。
〔註15〕《三國史記》，第 97 頁。
〔註16〕《唐會要》，上海：上海古籍出版社 2006 年版，第 2021 頁。
〔註17〕韓昇：《東亞世界形成史論》，上海：復旦大學出版社 2009 年版，第 256 頁。

在東亞應為最高水平，戰船載兵不下百人毫不稀奇。其實這些數字估計可能還都算謹慎保守。東晉僧人法顯自印度回中國搭乘商舶，每船載約 200 人。唐朝的江船已有萬石大船，按照《廣雅》的解釋，唐代一般海船「大者長二十丈，載六七百人」，〔註18〕比東晉時海船還要大得多。因此唐前期造船七十餘艘載兵萬餘人不成問題。

以《三國史記》文字記載所言這批船為漕船，但卻不可理解成單一功能的運糧船，也不一定是記錄準確的史料。根據古籍記載，在唐代，專門的戰船有樓船、艨衝、鬥艦、走舸、遊艇、海鶻等六種。但在冷兵器時代海船技術裝備相對簡單，運糧船和運兵船乃至戰船通用的情況多見。在複雜的戰場環境，兵糧同船、漕戰兩用完全是可能的。參加白江之戰的唐軍船就包括不少運糧船。〔註19〕唐軍損失若是純粹的七十艘運船，則損失糧食物資也相當多。現存史料缺乏此役之前關於新羅水軍及其作戰能力的記載，但在公元 663 年蘇定方登陸百濟的時候，「（新羅）王金春秋命太子（金法敏）與將軍庾信、真珠、天存等以大船一百艘載兵士會之」，〔註20〕則新羅在與唐朝開戰之前已經有相當的軍船和運輸能力。

同年，按照《三國遺事》記載唐軍後續援軍又有沉沒於海上：

> 唐更遣趙憲為帥，亦以五萬兵來征。（新羅僧）又做其法，舡沒如前。〔註21〕

這一事故與上文《三國遺事》的記載同樣缺乏旁證，估計是新羅史料誇大唐軍海上損失以渲染僧人法術神跡，如果真的是有全軍五萬覆沒，則唐軍損失戰船應在 300 艘以上，也有可能是唐軍運送給養的戰船大量損失。但無論如何從字面上看這是個大損失，很難掩蓋的住，卻在其他史料中找不到旁證甚至對應記載。

按唐代墓誌銘記載，咸亨二年，海上押運使郭志該即溺於海上：

> 又奏公為押運使。於是揚舟令巨海，鼓楫遼川。風起濤驚，船壞而溺。〔註22〕

〔註18〕慧琳：《一切經音義》卷一，上海：上海古籍出版社，2008 年版，第 12 頁。
〔註19〕《舊唐書》卷八四，北京：中華書局 1975 年版，第 2794 頁，第 8 冊。
〔註20〕《三國史記》，第 494 頁。
〔註21〕《三國遺事》，第 65 頁。
〔註22〕《（上閼）縣令郭君（志該）墓誌銘並序》，見《全唐文補遺》第 5 輯，三秦出版社，1998 年版，第 213 頁。

但無法考證墓誌銘和《三國遺事》的五萬人覆沒是否記載的是同一件事。

咸亨三年（672 年）雙方不斷有陸戰發生，新羅主要在百濟積極進攻，兩軍互有勝負：

> 春正月，（新羅）王遣將攻百濟古省城，克之。二月，攻百濟加林城，不克。

> 秋七月，唐將高保（當為「侃」）率兵一萬，李謹行率兵三萬，一時至平壤，作八營留屯。八月，攻韓始城、馬邑城，克之，進兵，距白水城五百許步作營，我兵（新羅）與高句麗兵逆戰，斬首數千級。高保（侃）等退，追至石門戰之，我兵敗績。

> （新羅）築漢山州晝長城，周四千三百六十步。〔註23〕

上述所引唐軍兵力應為為漢軍萬人，靺鞨軍三萬，共四萬趕到平壤會攻，分作八個營盤。新羅的築城行為在於加強戰線陣地防禦。以上的七八月，唐軍先敗而後勝，主力為李謹行之靺鞨兵。有學者以咸亨三年史料推測唐軍在山東半島沿海「屯兵待發」，〔註24〕難以考實。

到咸亨四年（673 年），新羅攻勢加緊，組建常備化的水軍，唐軍也不斷反攻：

> 九月，（新羅）築國原城北兄山城，召文城，耳山城，首若州走壞城，達含郡岑城，居烈州萬興寺山城，歃良州骨爭峴城。王遣大阿飡徹徹川等，領兵船一百艘鎮西海。唐兵與靺鞨契丹兵來侵北邊，凡九戰，我兵克之，斬首二千百餘級。唐兵溺瓠瀘、王逢二河，死者不可勝計。

> 冬，唐兵攻高句麗牛岑城，降之。契丹、靺鞨兵攻大楊城、童子城，滅之。〔註25〕

顯然，新羅組織了一支成規模的海上部隊，所謂鎮守「西海」，即韓國人所稱「西韓國海」，今天的黃海。唐朝經過黃海的海上通道是包括中國東部、朝鮮半島、日本列島的整個東亞地區最重要的「循海岸水行」航線。新羅船百艘，若以上文統計的同時期日本和唐朝戰船運輸量計算，船上水軍不下萬

〔註23〕金富軾：《三國史記》，第 97 頁。

〔註24〕拜根興：《「唐羅戰爭」關聯問題的再討論》，見《唐研究》卷一六，北京：北京大學出版社，2010 年版，第 103 頁。

〔註25〕金富軾：《三國史記》，第 99 頁。

人，對於尚未統一朝鮮半島的新羅國而言這已經是一支很大的海軍。但是，按《三國史記》記載，蘇定方登陸百濟，新羅曾以大船百艘載精兵五萬會之，〔註26〕如果照此記錄計算則史書文獻中所見新羅戰船比唐戰船為大，每船平均載軍 500 人，是唐戰船運兵量的將近三倍，那新羅水軍戰船在兵力和噸位方面絕不弱於唐軍。

組建艦隊的同時，新羅大量築城，其中多為山城，易守難攻，加強了新羅的陣地防禦能力，造成以逸待勞的態勢，加劇唐軍突擊和供給的困難。

這一變化對戰略形勢發生重大影響，因為在高句麗之戰中，由於高句麗和百濟缺乏海上作戰力量，唐軍未遭遇任何海上武力抵抗，就連蘇定方十幾萬大軍跨海登陸的前夜，百濟君臣朝議對策的決議居然是「莫若使唐兵入白江，沿流而不得方舟，新羅軍升炭峴，由徑而不得並馬」，即不阻止唐軍進入內河，不把唐軍消滅在海上或是灘頭登陸戰中。如今新羅組建海師「鎮西海」，已經是圖謀把唐軍阻擋甚至消滅在海上，還能夠威脅包抄留在百濟的唐軍殘部，切斷其海上補給來源和退兵之路。新羅水軍的出現不僅標誌著制海權易勢，還意味著使唐朝利用山東半島支持百濟戰場，從側翼包抄新羅的戰略將難以實施。

此外，《日本書紀》卷 27 天智天皇十年（672 年）條記載當時日本使者四人自唐朝返回，「唐國使人郭務悰等六百人、送使沙宅孫登等一千四百人，總合二千人，乘船四十七隻俱泊於比知島，」他們在下船前商議：『今吾輩人船數眾，忽然到彼（日本），恐彼防人驚駭射戰。乃遣道久等預稍披陳來朝之意，』唐朝送使團人多勢眾，其實是充作護航之用，這也是新羅水軍漸盛導致黃海海路制海權開始易手的明證。

同時，唐朝只有增加援兵投入，但以陸軍為主，且以漸進增兵的下策開展，〔註27〕其中多為少數民族軍隊。按照《資治通鑒》的記載，咸亨四年（673年）閏五月，李謹行大破高麗叛者於瓠蘆河之西，俘獲數千人，餘眾皆奔新羅，李謹行妻劉氏留守伐奴城，「高麗（殘部）引靺鞨攻之，劉氏擐甲帥眾守城，久之，虜退。」〔註28〕咸亨四年年底高侃與新羅扶持的高句麗部眾戰於白水山，連勝兩仗。〔註29〕從歷史記錄看，高侃、李謹行無疑是頑強善戰的

〔註26〕金富軾：《三國史記》，第 494 頁。
〔註27〕韓昇：《東亞世界形成史論》，上海：復旦大學出版社 2009 年版，第 271 頁。
〔註28〕《資治通鑒》卷二〇二，北京：中華書局 1956 年版，第 6370 頁，第 14 冊。
〔註29〕《資治通鑒》卷二〇二，北京：中華書局 1956 年版，第 6370 頁，第 14 冊。

陸軍將領，儘管有薛仁貴和他們分別在南北戰線堅持作戰，但這對黃海海域制海權沒有任何積極影響。相反，在制海權流失的情況下，如果陸軍在寒冷的深冬不能速戰速決，結束作戰，將會增加唐軍供給的困難。

唐新戰爭第一階段的作戰表明，唐軍雖然可以在陸戰維持反擊的一定的能力，但是歷時八年斷斷續續的交戰中唐軍並未收復多少失地，相反新羅修築新城鞏固所得，而在海上也逐漸奪走了制海權。朝鮮半島的軍事優勢已經被新羅掌握。

二、唐新第二階段作戰：從劉仁軌掌兵到泗沘港陷落

上元元年（674 年）正月唐朝換將，以大臣劉仁軌出任主將，開始了第二階段的作戰：

> 壬午，以左庶子、同中書門下三品劉仁軌為雞林道大總管，衛
> 尉卿李弼、右領軍大將軍李謹行副之，發兵討新羅。〔註30〕

在這一階段一共發生三次海戰，唐軍一勝而兩負，徹底喪失半島南部的橋頭堡基地，海上軍事力量也損失殆盡，儘管半島北部戰場上唐軍陸戰的反攻亦然取得相當成績。劉仁軌四次陸戰皆勝，然而新羅佔據大同江以南疆土的大局已定，制海權與海上軍事力量對比形勢轉化的戰略影響也日益明顯。

薛仁貴此時已被解除雞林道大總管一職，但仍在百濟戰場指揮作戰。劉仁軌是曾在百濟主持作戰和守禦的老將，在高句麗之戰戰爭進行到關鍵時刻，曾上書堅持對百濟固守，也是白江之戰的直接參與者，功勳歷程和實踐經驗都表明他是合適的人選。然而按照以往的研究，劉仁軌此去並未帶去更多的人馬。〔註31〕也有學者認為劉仁軌可能花時間組建了新的遠征軍。〔註32〕但從史料中，確實找不到新增大軍的資料。儘管唐朝仍然重視東征戰場，但是在這一年的資料記錄稱春正月「（新羅）王納高句麗叛眾。又據百濟故地，使人守之」，〔註33〕事實上新羅已經控制百濟故土的全部，收納高句麗部眾，真正佔據了地利甚至人和優勢。

直到次年（675 年）二月，兩軍才有交戰記錄，其間缺乏史料，其間雙方

〔註30〕《資治通鑒》卷二〇二，北京：中華書局 1956 年版，第 6372 頁，第 14 冊。
〔註31〕韓昇：《論新羅的獨立》，《歐亞學報》第 1 輯，60 頁。
〔註32〕拜根興：《「唐羅戰爭」關聯問題的再探討》，《唐研究》卷十六，北京：北京
　　　　大學出版社 2010 年版，第 96 頁。
〔註33〕《三國史記》，第 99 頁。

有一年時間缺乏戰事記錄，原因可能是唐軍暫時無力作戰，進行重新整頓，之後先有七重城戰役為中心的南北夾擊，再有唐軍買肖城三勝：

> 劉仁軌大破新羅之眾於七重城，又使靺鞨浮海，略新羅之南境，斬獲甚眾。仁軌引兵還。詔以李謹行為安東鎮撫大使，屯新羅之買肖城以經略之，三戰皆捷，新羅乃遣使入貢，且謝罪；上赦之，復新羅王法敏官爵。〔註34〕

此次唐朝為何調動靺鞨海上作戰力量？唐朝自身海上軍力枯竭了嗎？這是個重要問題。靺鞨在渤海部興起之前主要分為粟末靺鞨和黑水靺鞨以及白山等部。黑水靺鞨與高句麗曾經處於對立狀態，早在公元 375 年已發生渡海與百濟聯合進攻高句麗的行為，〔註35〕當時應該具有海上作戰經驗，而在唐朝龍朔元年（661 年），高句麗、靺鞨聯合襲擊新羅，「發兵水陸並進」，〔註36〕估計存在靺鞨兵充當水上作戰力量的可能性。唐高宗永徽六年（655 年），有記載表明百濟、高句麗、靺鞨曾聯軍攻擊新羅三十餘城，這也可能也是存在海上作戰，〔註37〕因為靺鞨並不與新羅接壤。隋唐與高句麗作戰，雙方都有徵調遼東周邊部族軍隊的事發生，但調動部族水軍我見確是唯一一例，之前隋唐水軍一直依靠中原內地自身力量建設，這當然看出當時的靺鞨部水軍有一定戰力，也可能反映唐軍海上戰力的暫時性不足。劉仁軌曾為百濟駐軍的主將，不但曾參與指揮白江大海戰，還曾上書堅稱在半島南端保持第二戰場橋頭堡的戰略意義，相信此人是有海陸軍事全局觀念的上將，重視南北海陸夾攻的經驗，而小試牛刀，立竿見影。

因此可以認為劉仁軌的作戰在原則上還是重視南北海陸鉗擊的方式，北邊由陸軍取得七重城和買肖城的戰捷，南邊利用靺鞨海上力量攻擊新羅南部，北方戰線維持在浿江以南，但未見在朝鮮半島南部再行開闢新的軍事根據地，應當屬於純粹的牽制性作戰，類似唐朝平定高句麗之戰中的海濱襲擾戰。靺鞨部族居地在遼東以北，不與渤海黃海接壤，靺鞨水軍應是從日本海出師，攻擊新羅本土沿海，而不是黃海海濱。

按照史料記載，接下來的兩年唐軍在半島陸戰和海戰都呈現不利局面，

〔註34〕《資治通鑑》卷二〇二，北京：中華書局 1956 年版，第 6375 頁。
〔註35〕范恩實：《靺鞨族屬及渤海建國前的靺鞨與周邊關係》，《盛唐時代與東北亞政局》，2003 年版，第 265 頁。
〔註36〕《三國史記》，第 495 頁。
〔註37〕《舊唐書》，卷一九九上，北京：中華書局 1975 年版，第 5331 頁。

公元 675 年又有重要戰役發生：

> （文武王十五年，秋九月，薛仁貴）來攻泉城。我（新羅）將
> 軍文訓等，逆戰勝之，斬首一千四百級，取兵船四十艘。仁貴解圍
> 退走，得戰馬一千匹。二十九日，李謹行率兵二十萬，屯買肖城，
> 我軍擊走之，得戰馬三萬三百八十四，其餘兵仗稱是。遣使入唐貢
> 方物。〔註38〕

泉城戰役的水陸交戰，唐軍陸戰勝而海戰負。唐軍損失兵船四十艘，若都為戰船，則按照上文船載兵員數量統計超過五千以上。損失戰馬一千匹，也對騎兵戰鬥力構成一定消極影響。唐軍南北兩條戰線為新羅控制區所隔離，南線百濟戰場作戰的戰馬和其他作戰物資自海上運輸而來，可以說來之不易，在制海權易手的情況下是很難得到及時補充的。接下來的買肖城戰役當中，「李謹行率兵二十萬」，這個數據應是不合理的，當時當地不可能有這麼多唐軍陸軍，李瑾行的資歷也未必能統帥這麼多部隊，應為史文錯訛，中韓學者都主張此觀點，〔註39〕實際應為二萬，也才合理。戰馬的數量可能也存在記載上的誤差，三萬多匹戰馬對於當時唐軍兵力來看似乎太多了一些。新羅在與唐軍作戰同時再度築城於要害，「緣安北河設關城，又築鐵關城。」既然稱為關城，估計為軍事要塞。新羅繼續鞏固戰果，擴大和加強自己的陣地。唐軍和靺鞨軍在北方戰線的七重城、赤木城、石峴城反攻，雖然攻陷赤木、石峴二城，二城新羅縣令均是「力戰」「力竭」戰死，說明反抗很頑強，新羅史料仍稱「又我兵與唐兵大小十八戰，皆勝之，斬首六千四十七級，得戰馬二百匹。」〔註40〕唐軍在高句麗故土的大同江以南無法立足。

這一年的戰鬥，戰略意義在於大大削弱了駐百濟的唐軍薛仁貴部繼續作戰的戰略基礎，這個基礎一直因為新羅海上戰略優勢的增長而被逐漸削弱。接下來直到次年冬天，整整一年的時間裏缺乏有關具體戰事的記載，筆者認為可以視為唐新雙方以大同江為界暫停作戰，作政治試探和觀望，也很有可能是跨海的供給和增援不足而無法作戰，特別是在唐軍方面。唐朝在大同江以南僅僅掌握很小的海濱孤立據點。而在儀鳳元年（676 年）新羅海軍的進攻

〔註38〕《三國史記》，第 100 頁。
〔註39〕拜根興：《七世紀中葉唐與新羅關係研究》，106～132 頁。李昊榮：《新羅三
　　　　國統合與麗、濟敗亡原因研究》，首爾：書景文化社 1997 年版，第 255 頁。
〔註40〕《三國史記》，第 100 頁。

下，薛仁貴部徹底喪失了在朝鮮半島南部百濟故地的最後的橋頭堡，這場戰役史稱伎伐浦水戰，堪稱唐新戰爭的「最後一戰」：

　　　　冬十一月，沙餐施得領船兵，與薛仁貴戰於所夫里州伎伐浦，

　敗績。又進，大小二十二戰，克之，斬首四千餘級。〔註41〕

　　關於此次水戰有一定的研究，但由於直接資料僅此數十字，很難深入分析，否則容易虛構想像。已有的觀點如唐軍此戰的兵力兵種構成和新羅軍的數量結構等多數是推測性分析，難以考證具體作戰的實際情況。此次新羅軍是從水路進攻薛仁貴部無疑，先敗而後勝。新羅出動的是「船兵」，即水師無疑，則此次作戰顯然是海戰或包括兩栖作戰，算是史料中所見唐新戰爭第二階段的第三次唐新海戰主要戰役。「二十二戰」一詞內涵豐富，說明作戰非常激烈和頻繁。唐軍被敵軍斬殺的四千戰士就算都是水軍，按照上文有關船運兵數的考證，也不過才大致相當於 30 艘戰船的兵力，可見參戰唐朝水師很弱。《舊唐書・薛仁貴傳》稱薛仁貴「上元中，坐事徙象州」，應是指擔當此次戰役失敗的責任。這是文獻所見唐新最後一次戰役記錄，之後戰事基本停息，唐朝還把安東都護府和百濟熊津都督府的機構人員內撤到遼東：

　　　　先是有華人任（安）東官者，悉罷之。徙熊津都督府於建安故

　城；其百濟戶口先徙於徐、兗等州者，皆置於建安。〔註42〕

　　這表明唐朝放棄對朝鮮半島的監管，並將先前遷徙到內地的百濟人遷到遼東以加強防禦。在這一年，唐新雙方的戰鬥主要集中在新羅北部邊境地帶，而薛仁貴堅守的所夫里州伎伐浦即百濟的泗沘港口，是唐朝和朝鮮半島南端保持海路暢通的據點，當年唐軍押送百濟君臣入華及劉仁願領兵赴百濟擔當鎮守全由此港口出入，唐軍也曾以之作為針對新羅的軍事基地：

　　　　唐人既滅百濟，營於泗沘之丘，陰謀侵新羅。〔註43〕

　　唐軍在海上已經喪失制海權，不能對朝鮮半島南方的百濟橋頭堡進行有力支持，保守此地就沒有意義和可能，而這其實是海戰連續失利後的必然結果。唐新雙方實際控制線基本確定，新羅佔據百濟與高句麗大同江以南，停止向北作戰，唐朝維持朝鮮半島三邦羈縻體系的計劃和努力宣告破產。必須指出的是，新羅並沒有奪取全部的高句麗故土，只得到大同江以南的部分，

〔註41〕《三國史記》，第 100 頁。
〔註42〕《資治通鑑》卷二○二，北京：中華書局 1956 年版，第 6379 頁。
〔註43〕《三國史記》，第 494～495 頁。

面積雖然不小，但是只占包括遼東的高句麗全境的不到一半。其重大政治意義在於，高句麗都城平壤及其周邊的政治中心被新羅兼併。

儀鳳二年（677年），正月劉仁軌正式從大同江以南撤軍，百濟末代太子、唐朝熊津都督扶餘隆和高句麗王子高藏為首的親唐勢力（這裡所說的「親唐」是指他們在羈縻體制下對唐朝的政治附庸性）隨之也遷入遼東。〔註44〕

儀鳳三年（678年）新羅國「春正月，置船府令一員，掌船楫事。」〔註45〕其實早在公元583年新羅就已經成立船府署來負責管理船隻。我認為這條史料的信息可以看作新羅對船舶航運的重視在進一步加強，顯然新羅對海上力量的關注非止一日。

應該說這次戰爭作戰直至結束，唐朝在朝鮮半島北線的陸軍在不斷退卻中仍能反擊，而南線和唐水軍確是節節敗退，直至徹底潰敗。因此，唐朝輸的有點可惜，不能得出結論說唐朝就是完全沒有實力和可能來擊敗新羅，或者說唐軍完全喪失了必要的戰鬥力，關鍵是唐朝是否可以做出更大的投入。

九月，咽不下這口惡氣的唐高宗決心大舉討伐新羅，遭重臣勸諫而罷：

> 上將發兵討新羅，侍中張文瓘臥疾在家，自輿入見，諫曰：『今吐蕃為寇，方發兵西討；新羅雖云不順，未嘗犯邊，若又東征，臣恐公私不堪其弊。』上乃止。癸亥，文瓘薨。〔註46〕

張文瓘的進言可能可以拿來作為史料支持陳寅恪先生的觀點，即吐蕃的軍事壓力迫使唐朝放棄高句麗故土爭奪戰。

最終唐朝接受新羅入使稱臣，以大同江為界，放棄在朝鮮半島推行羈縻體制。

三、唐朝重建海上力量的地緣戰略價值

儘管最終唐朝選擇體面地接受新羅的臣服朝貢，默許新羅對半島的控制，但從高宗本意看，開始並不想就此罷休。按照張文瓘的臨終進諫，主要有兩個罷戰的理由，一是吐蕃的威脅，二是「公私不堪其弊」。第一點正符合陳寅恪先生的觀點，即外族在西北內陸牽制唐朝力量的輔證。我也贊成唐朝必須以西北為戰略首要，因為當時中國軍事重心和邊事重心都在西北，奉行「關

〔註44〕《資治通鑒》卷二○二，北京：中華書局1956年版，第6382頁。
〔註45〕《三國史記》，第101頁。
〔註46〕《資治通鑒》卷二○二，北京：中華書局1956年版，第6385頁。

隴本位」也是唐朝的國策。但這不可能是罷兵唯一原因，因為張氏所陳第二個罷戰理由同樣是重要事實，否則唐朝為什麼要和新羅斷斷續續打個九年，換上好幾次統帥？顯然唐朝認為在朝鮮半島還是有一些需要爭取的東西，不甘心全部送給新羅，否則唐朝在一開始直接撤兵，把安東都護府和熊津都督府直接送給新羅不就完了？此外，如果高宗堅持東西兩線作戰，不放棄半島利益，會如何呢？如張文瓘所言，「公私」將如何「不堪其弊」？對這些問題深究下去對於搞清戰爭成敗和決策原委同樣非常重要。

唐朝為了同時保持東西邊疆戰局的優勢，必須組織一支強大的陸軍騎兵與西線吐蕃對抗，以形成強大的陸權和敵人的陸權鬥爭，同時在東線發展與山地步兵相配合的海上大軍，這支海上大軍必須包括龐大的漕運船隊，精良的作戰艦隊，以及善戰的兩栖水軍，還需要模仿上一次戰爭的戰略來重新開闢半島南部的橋頭堡，至少要復奪黃海制海權。即使在公元 678 年之後唐軍捲土重來，沒有海上優勢的配合，打贏這一仗的難度很高，幾乎沒有再度取勝的可能性。由於朝鮮半島地緣環境的特徵，沒有海上力量參與，作戰很難取得完全勝利。把唐新戰爭和高句麗之戰相比較，共通性及再戰取勝之難度可以分為三個方面來論述。

第一，唐軍需要實行南北海陸鉗擊，因此需要一定規模的海上力量。

朝鮮半島大致為一狹長的半島地形，鴨綠江以南地域的東西最大寬度360公里，南北間直線距離最長為 840 公里，呈南北縱深較大，東西跨度相對較窄的局面。半島北部與中國遼河流域比鄰，南部則與山東半島隔海相望。從隋唐內地走河北至遼東陸路再到高句麗北部的進軍路線漫長而曲折，如有海上力量突擊朝鮮半島南端甚至在南部開闢第二戰場，可以構成南北鉗擊，即使是側翼牽制，也是非常有利的。唐初討伐高句麗，其主要兵力首先膠著於遼東正面戰場，進展困難而緩慢，當唐高宗執行唐太宗所遺留之戰略實現跨海平定百濟之後，唐軍可以實現南北鉗擊。一旦朝鮮半島和華北之間環繞的海域制海權易手，由唐的敵軍控制，則唐軍無法開闢和支持半島南方橋頭堡，只能在正面戰線進行攻城掠地的爭奪戰，緩慢推進，容易陷入消耗戰的陷阱，一旦季節發生不利的變化，則戰事很難繼續。山地高原占朝鮮半島面積的 3/4以上，當年高句麗在遼東地區修築了不少山城，可以借助地利扼守，令隋唐軍每取得一點進展都要付出相當的傷亡代價和時間物資消耗。在唐新戰爭後期，既然奪取了制海權，新羅可以放心的集中陸軍向北用兵，避免兩線作戰，

唐軍無法分散牽制敵軍，只能進行陸上持久戰，給養供應難度和成本加大。

第二，唐軍給養供應很大程度要靠海運，海運成本低於陸運，而海運的運輸和護航必須依靠海上軍事力量來保障。

海軍戰略家馬漢曾就海陸利用的戰略條件對比發論：「就天然條件而言，陸上幾乎是障礙重重，而海上則幾乎是坦途一片。」〔註47〕在古代陸運成本、效率與水運成本、效率無法相提並論，而深入朝鮮半島作戰，長期長途運送給養的成本太高，效率太低。從華北到遼東再到朝鮮半島的進軍路線漫長曲折，隋唐時期大運河河道到今天的河北滄州及天津一帶就進入渤海，而唐軍前線卻遠在千里之外的朝鮮半島南北，遼東半島的陸地氣候地理條件惡劣不利於長年行軍和運輸，利於作戰的季節相對短暫。早寒、沼澤和為數眾多的山城〔註48〕曾構成難以逾越的地理障礙，不僅提高對物資供應的要求，也令中原軍隊難以適應。如陳寅恪先生所云：「中國東北方冀遼之間其雨季在舊曆六七月間，而舊曆八九月至二三月又為寒冬之時期。故以關中遙遠距離之武力而欲制服高麗攻取遼東之地，必在凍期已過雨季未臨之短時間獲得全勝而後可。否則，雨潦泥濘冰雪寒凍皆於軍隊士馬之進攻餱糧之運輸已甚感困難，苟遇一堅持久守之勁敵，必致無功或覆敗之禍。」〔註49〕新羅同樣也繼承了依山築城以利防守的傳統，如公元663年「作長倉於南山新城。築富山城。」甚至包括像百濟的沿海重地泗沘港也有山城。〔註50〕

海上航行存在著氣候難題。在黃海東海水域中，在四月到七月初，中國沿海盛行西南季風，適合起帆北去朝鮮日本，而返航最佳期多在八月底九月初，中國沿海多為西北風，日本九州沿海則多為東北風。夏末秋初則颱風盛行不利航行。從海陸夾攻的需要看最四五月份無疑是隋唐用兵最佳季節時期。海運儘管有風浪損耗，但就水運與陸運相比的低成本是毋庸置疑的，這也是隋煬帝開通大運河的重要原因，且毋論支持南部第二戰場的效果。

兵法有「因糧於敵」的說法，但是唐軍依靠半島當地籌集軍糧難度極大，比如百濟國本來是個農業生產落後的小國，經過平百濟的作戰之後，當地已

〔註47〕馬漢：《海軍戰略》，北京：商務印書館2012年版，第130頁。
〔註48〕參見楊秀祖：《高句麗軍隊與戰爭研究》，第六章「高句麗軍隊的戰略戰術及防禦工事」，魏存成：《高句麗遺跡》，北京：文物出版社2002年版，第二章「山城」。
〔註49〕陳寅恪：《唐代政治史述論稿》，第335頁。
〔註50〕《三國史記》，第82頁。

經是「合境凋殘，僵屍相屬」，唐軍留守劉仁軌只好採取「漸營屯田」的辦法，「以經略高麗」，〔註51〕既不能完全依靠海運解決大批供給，也不能完全依靠當地產出解決供應問題。遼東地區本來是沃土良田，是高句麗的「糧倉」，但是和高句麗本土一樣經過了多年的戰爭破壞，也需要休養恢復，何況唐軍還曾實行過襲擾戰，逼迫高句麗堅壁清野，荒廢農耕，即使是新羅經歷多年外戰也是「率戶徵兵，連年舉斧，孀姬挽粟，稚子屯田」的狀態。〔註52〕唐軍蘇定方部曾要求新羅為唐軍提供軍糧支持，新羅沒有做到。

第三，唐朝如果從重視海戰的新羅手中復奪黃海制海權，再次登陸半島南部將比當初跨海擊百濟要難得多，對水軍的要求也更加高。新羅的水師不僅可以用來保衛海岸線和控制黃海航行，還可以阻截唐軍從海上向朝鮮半島運送給養和援兵，這是當初高句麗和百濟所從未具備的作戰能力。

唐太宗曾經說過「百濟恃海，不修戎械，我以舟師數萬襲之」，〔註53〕從史料看，百濟可能無水軍，居然沒有對蘇定方遠征軍登陸做任何海上攔截，而新羅卻曾以大船百艘載精兵五萬會之，〔註54〕則很有可能新羅戰船的噸位和運載量較唐軍為大，還可以以水師獨立發動兩栖戰並取勝，數次擊敗和殲滅唐水軍。唐新戰爭中新羅不僅成立了上百艘戰艦的「船兵」來爭奪黃海制海權，成立專門的國家航運船舶管理部門，應該還在添造補充戰船，這必然是吸取了百濟滅亡的教訓。以高句麗之戰和平百濟之戰的經驗看，唐朝水軍順利登陸建立橋頭堡，兵力應至少兩三萬以上規模，船隻至少三四百艘規模，如果考慮到新羅上百艘戰船的阻撓，對登陸成功的兵力要求只會更高。但限於經濟和技術發展，經過唐麗戰爭和唐新戰爭的消耗，唐朝實際無力再大量造船和維持一支強盛海上力量。

四、唐朝重建海上力量的財政困難、國策侷限與軍事體制缺陷

儘管海上力量有以上三種重要價值，唐朝經歷唐麗戰爭和唐新戰爭後已經無力甚至缺乏意志重建水師。原因可以分三個方面來研究。

首先，從財政的角度，唐朝為平定高句麗和百濟而大量造船，但是在海上存在大量作戰造成的損失和風浪造成的沉沒，要想保持不斷及時補充的勢

〔註51〕《資治通鑒》，卷二〇一，北京：中華書局 1956 年版，第 6368 頁。
〔註52〕《三國史記》，第 92 頁。
〔註53〕《新唐書》卷二二〇，6188 頁。
〔註54〕《三國史記》，第 494 頁。

頭成本很高。

　　隋文帝首次攻打高句麗，海上一路全軍幾乎覆沒於風浪，而唐高宗的跨海平百濟之役誠如薛仁貴語乃「不懼船海之危」所造就。〔註55〕實際付出的代價遠比戰場投入為高。《資治通鑑》貞觀二十二年九月條記載建造「大船一艘，庸絹二千二百三十六匹」。唐朝實行的租庸調制下每戶納調絹一匹，則造大船一艘耗費兩千二百三十六戶均田制農戶一年的調，更何況加上維護養船，以及相關的軍事建設投入。畢竟唐朝遵循「關中本位」，重視西北軍事問題，而征戰西北不僅要耗費大量人力物力，而且也要求內地大規模的水上漕運來支持。在吐魯番哈剌和卓附近阿斯塔納出土的唐代軍用稅布上有文字顯示其確實來自江南：「婺州信安縣顯德鄉梅山裏祝伯亮租布一端，光宅元年十一月日」，「婺州蘭溪縣瑞山鄉從善裏姚群庸調布一端，神龍二年八月日」。〔註56〕在東征前後，唐朝和外族的西北戰事也常有發生，因此唐朝需要東西不斷用兵、耗財。如上文所見唐軍東征新羅有兩次戰役的直接作戰分別損失船艘為七十和四十，如果都符合上文所論《資治通鑑》貞觀二十二年（648年）九月條所論大船的規模，則分別相應耗絹156520匹和89440匹，相當於156520戶和89440戶民的庸。唐太宗為了組建艦隊甚至曾從遙遠的內陸巴蜀地區造船：「蜀人願輸財江南，計直作舟，舟取縑千二百」，引起「巴、蜀大騷」。〔註57〕說明這種經濟負擔的確很大。唐太宗時期曾三次對高句麗作戰，僅僅文獻所見造大船實數記載就有一千九百五十艘，〔註58〕蘇定方登陸百濟也有兩千多艘船出動，實際造船總數遠遠超過這一數字。唐初承隋末喪亂之後，故此財政簡儉，漕運規模都很小，歲漕不過數十萬石，京師供養和西北邊防都要依靠來自華北和江南的漕運的支持，但是以傾國漕運同時支持東北西北兩處邊疆時而激烈的戰事併兼顧京畿供應，物力必有捉襟見肘之苦。故唐高宗在龍朔三年（663年）「以海東累歲用兵，百姓困於徵調，士卒戰溺死者甚眾，詔罷三十六州所造船」。〔註59〕當時唐朝對高句麗的作戰本

〔註55〕《三國史記》，第91頁。

〔註56〕全漢昇：《唐宋帝國與運河》，「中央研究院」歷史語言研究所專刊，上海：商務印書館，民國三十五年（1946）版，第39頁。

〔註57〕《新唐書》，卷二二〇，第6195頁。

〔註58〕張曉東：《論唐太宗對高句麗之戰跨海戰略的決策作用：兼論海上力量與高句麗之戰戰略成敗的關係》，《史林》2011年第4期。

〔註59〕《資治通鑑》卷二〇一，北京：中華書局1956年版，第6336頁。

已經佔據上風，形勢利好，艦船生產也克服了海上巨大風險，曾維持了高水平，但侷限於技術條件付出的代價也是慘重的。當初唐朝和新羅發生矛盾之後，新羅稱得到了情報，「國家修理船艘，外託征伐倭國，其實欲打新羅」，〔註60〕但因風浪打擊，史料顯示一開戰唐軍就損失數百艘，長期來看唐朝實在是難以維持海上力量成長的強度。

其次，以唐新戰爭及其之前的高句麗之戰來看，在唐代國策以西北內陸為戰略上的重心，國家海上力量的發展和海洋開拓並沒有被放在最重要的地位來加以考慮，這嚴重影響了唐的東北亞地緣政策。

唐新戰爭的結局，與海上較量失敗有密切關係，和「關中本位」國策具有一定聯繫，〔註61〕卻並不是由於陳寅恪所認為的唐朝國人不善海戰的結果，也不是在吐蕃兵鋒的威脅下就簡單放棄半島的緣故。〔註62〕唐麗戰爭中海濱襲擾戰、平百濟戰役和白江大海戰已證明唐海上力量曾是東亞一流，新羅在海戰中得勝以近海防禦和兩栖戰為主，其時唐軍在海上也多因遭遇風浪而敗，不完全是因為海上戰敗，且陸上亦非「屢敗」，也有不少作戰勝利。雖然西北軍事形勢的牽制阻止唐朝投入更大力量解決海東戰局，但不能維持強力海上軍事存在，使黃海制海權拱手新羅，仍然是具體的重要原因。

唐朝放棄海上力量建設投入，究其深刻的歷史原因，是隋唐時期航海能力雖有重大發展，但畢竟是傳統農業大國，且自西北內陸關隴核心區大本營崛起，就戰略重心考量而言，對西北內陸廣大疆域的重視和經營必勝於東北亞海陸格局的關注與計算，更遑論發展海權海軍的需要和意識停留在有限水平。在平定百濟之後，唐麗戰爭進入關鍵時刻，作為最高統帥的唐高宗竟然一度想要放棄百濟陣地，是劉仁軌上書陳述佔據百濟的戰略利害才勸阻了決策，這說明唐高宗的地緣戰略頭腦和視野遠不及其父太宗，且暴露其戰略意志不夠堅韌的性格。自秦漢以來，掌控內陸亞洲草原地帶的陸權的西北游牧民族被看作是中原王朝的最大威脅，而在唐朝統治集團看來，西北的陸權主導才是帝國國防安全的戰略關鍵。唐帝國統治集團一定認為以關隴地區為軸心安排帝國的國防體系格局和地緣戰略行動才是合理與必須的。唐朝在平定高句麗和百濟之後愛朝鮮半島推行的周邊政治體制更多是羈縻體制而非朝貢

〔註60〕《三國史記》，第 96 頁。
〔註61〕陳寅恪：《唐代政治史述論稿》，第 326～327 頁。
〔註62〕陳寅恪：《唐代政治史述論稿》，第 345 頁。

體制，高句麗和百濟成為自治程度不同的羈縻州，新羅王也接受羈縻州都督職號「雞林州大都督」，新羅和唐的關係同時存在羈縻和朝貢兩種制度的色彩。儘管新羅吞併受唐朝監護的羈縻州緩衝國重構了大同江以南的戰略平衡，破壞了唐朝以羈縻體制為主要特色的朝鮮半島（唐麗）戰後安排，使唐朝在朝鮮半島的地緣利益受到實際損害，但唐朝並不認為自己的核心利益受到侵犯，距離關隴核心區萬里之遙的唐帝國遼東邊疆的國防安全仍然可以得到一定保障，新羅沒有實力繼續北上奪取遼東，讓唐高宗接受新羅稱臣接受朝貢制帶來的「面子」和一些有限「裏子」，就足以讓唐朝放棄重新造船征東所帶來的負擔麻煩。

　　第三，唐的軍事體制也對海上力量的組織和運用構成阻礙作用。比如隋唐府兵制源出北朝，帶有少數民族部落兵制的遺風，遵循兵農合一的原則，屬於大陸兵制的性質，本無海軍兵種和編制。唐太宗時期的海上軍事力量是臨時根據戰爭需要招募南方人員，經過多次兩棲戰役逐步實戰鍛鍊而來，非常備軍事力量，而到唐高宗時府兵制發生衰落，唐軍在朝鮮半島作戰的主力是少數民族部族兵和募兵，缺乏海上常備正規部隊。不僅士卒，唐軍將領的素質也在下滑，唐軍將帥薛仁貴、李謹行等人基本都是傳統陸軍將領，其才幹本不具備海軍將領的素質，且薛仁貴和劉仁軌都是唐帝國建國後外戰培養的一代將帥，基本屬唐軍第二代將帥。唐新戰爭爆發當年，滅高句麗統帥李勣年過七十，不久即去世，滅百濟之主帥蘇定方為 65 歲，劉仁軌為 64 歲，在當時均屬高壽之人，薛仁貴業已 54 歲，李謹行則為 45 歲，〔註63〕唯李謹行最為年輕，尚有陸戰反攻取勝戰績，可見唐軍東征的高層武將人才有枯竭危險。用這樣一批年老的傳統陸軍將領統帶臨時召募的水手新兵來打海上和兩棲作戰，很難保證繼續勝利，具體見下文的第七章展開論述。

　　總之，在當時朝鮮半島地緣環境下的作戰需要海上力量的參與，但重新發展可以登陸半島的強大海軍來再度扭轉戰局，成本高昂，唐高宗時期已暫無可能，使戰爭形勢最終定局。假設唐朝單靠陸軍壓制新羅，必須在戰前駐紮一支大軍而不是總章元年（668 年）的兩萬部隊，而沒有海上支持這是難以實現的。與西北內陸唐朝與吐蕃、突厥之間發生的傳統陸地軍事較量相比，海上力量而不是陸上力量才是東北戰線勝負的關鍵力量，而唐朝無力，也可

〔註63〕據各人墓誌銘及傳記，見《舊唐書》、《新唐書》和《唐代墓誌彙編》，上海：
　　　　上海古籍出版社 1992 年版。

能缺乏意願和需要來重建，戰爭就必須結束。然而，海上力量在中國周邊東亞地區特別在國門黃海所發生過的獨特戰略作用是不可磨滅的歷史經驗。

五、小結

第一，東亞地區的戰略地理樞紐在朝鮮半島，朝鮮半島在地緣政治上常常是亞洲大陸強國和海上國家博弈的焦點，朝鮮半島周邊地緣政治局勢與中國國家安全存在密切關係，對之的戰略掌控不僅需要通過陸上力量來實現，也要依賴海上力量的協助，這從古至今都是相通的，中國古代包括漢代、唐代、明代、清代的歷史都在證明這一點。

黃海處於山東半島和朝鮮半島之間，是中國的國門，也是連接中國和朝鮮半島的戰略通道。中國的海上力量之強弱是否足以在朝鮮半島周邊發生戰事時掌控黃海的制海權，是否能夠有效跨海投送兵力，在戰略上至關重要。隋唐以前，漢武帝平定朝鮮半島和遼東，從山東齊地出動水軍，跨黃海東征，入江直抵平壤。十六國時後趙君主石虎圖謀討伐遼東前燕政權，出動「青州之眾」，「戍於海島」，又以船三百艘運穀三十萬斛跨海往高句麗。〔註64〕隋煬帝以水軍作牽製作戰，也曾跨海運兵運糧。唐代跨海平定半島，打退日本的覬覦。元代東征的水師因為海上颱風而未能登陸日本。明代萬曆年間，日本軍閥豐臣秀吉跨海入侵朝鮮半島，妄圖征服東亞，朝鮮歷史上稱「壬辰倭亂」，明朝和朝鮮的水軍也起了影響制海權的一定的積極作用，使日軍後勤運輸難以保障，大大削弱了日軍繼續作戰的能力，最終取得戰爭的勝利。到了近代，1894 年中日豐島海戰的失利顯示出黃海制海權再次被中華的敵國侵奪，中國無能從海上向朝鮮半島投送兵力，而甲午黃海海戰的失敗，也再次證明了海上力量、制海權與東北亞軍事地緣博弈勝負的密切關係。可以說，在東亞海洋軍事史上，唐太宗領導的唐麗戰爭曾譜寫精彩的一頁，唐高宗主持的唐新戰爭卻是黯淡的篇章。

第二，唐代東亞周邊關係的歷史證明，新羅對朝鮮半島的統一比分裂更加有利。

唐新戰爭的失敗導致唐朝被迫放棄在朝鮮半島維持羈縻體系的政策，唐和新羅的關係向完全的朝貢關係轉化，默認新羅對朝鮮半島統一的主導權，這是唐麗戰爭後地緣政策目標的失敗。

〔註64〕《晉書》卷一○六，北京：中華書局 1974 年版，第 2768 頁。

　　中韓學者都有認為唐朝從一開始就不想佔有朝鮮半島領土，但是唐朝在戰前建立三邦鼎立的羈縻體系的意圖也是明確的。雖然有學者認為戰爭後期唐朝與新羅摸清彼此底線，默認新羅對半島統一主導權，可是唐朝畢竟進行了艱苦長年的作戰，犧牲了相當的軍事力量和資源，說明唐朝至少曾堅持武力維護羈縻體系，和對高句麗和百濟的政治監護，而不是不動刀槍地把半島送給新羅。正是雙方海上力量的消長，才使唐朝失去繼續作戰的戰略優勢，喪失了談判的有利籌碼，才被迫改變外交目標，高宗並不甘心放棄新羅。其實新羅統一半島的所謂「合法性」，是由後來歷史證明的，之前並不具備「正義性」，因為高句麗本是中國漢朝領土和地方政權，百濟和新羅也是敵對族群和邦國，在他們各自的內部甚至存在不同的民族分類，沒有形成統一民族。後來的融合併不能否定之前國與族各自分立的歷史，在羈縻體系下並存三個向唐臣服和朝貢的邦國是可能的和有歷史依據的，在當時的形勢下也具足夠的合理性。

　　唐新戰爭使東亞格局發生巨大的新變化，儘管這並非唐朝的外交初衷，但半島統一的結果仍是積極的，也在某個角度符合地緣政治原理。從唐麗之戰到唐新戰爭，新羅成了朝鮮半島上的最大贏家，兼併了百濟和高句麗半島故土，迫使唐軍退出半島，篡奪了唐太宗父子兩代的勝利果實。唐麗之戰以前東北亞缺乏權威的政治中心，由高句麗、日本與隋唐王朝為了爭奪半島南部和遼東斗爭，一變變為以唐麗鬥爭為中心的包括日本新羅百濟的五國紛爭局面，又經唐新戰爭變成唐領導的唐朝、新羅、日本三角新局面。唐新戰爭以後，唐新日三國間基本維持朝貢制下的和平為主的國際關係。因此，唐朝把政策目標調整，退而求其次，接受半島統一確實是積極進步的，否則即使唐朝擊破新羅，還將有新的不安定隱患，除非唐朝把朝鮮半島的安全價值看的像西域一樣重並同樣不斷投入資源來治理。誠如新羅文武王所云：「新羅百濟累代深仇，今見百濟形況，別當自立一國，百年之後，子孫必見吞滅。」即使新羅與百濟、高句麗三族在羈縻制度下分立，也可能再起戰火，直至打出個統一，甚至可能再度引起日本的覬覦和侵入。朝鮮半島是地緣政治理論中的「邊緣地帶」，容易成為來自海陸的不同政治力量的爭奪地帶，如果半島能夠保持在海陸地帶不同勢力間的中立或是親善大陸鄰國可以成為和平的重要有利保障條件。唐高宗設計的羈縻體系最多維持一段時間，唐朝沒有強盛的海上力量做後盾也很難對這個戰略價值上次於西北的地緣方向持續實施強力

干預，如何維持主導權結果難料。畢竟，唐朝已經收回了自魏晉以來的遼東失地，並確立了中國對東亞文化圈的領導權，而戰後新羅作為唐朝的朝貢藩屬國，與唐朝和日本保持友好關係，甚至一度掌東亞航海之牛耳，但卻杜絕了東亞地區發生新的大規模國際戰爭的暫時可能。陳寅恪先生認為唐代「東北消極政策不獨有關李唐一代置大局，即五代趙宋數朝之國勢亦因以構成」，〔註65〕這個有關縱向的地緣政治史的重要論斷是正確的，但從當時橫向的東亞國際關係全局看缺乏批判唐朝新羅政策的充分理由。

〔註65〕陳寅恪：《唐代政治史述論稿》，第327頁。

第五章　唐朝對朝鮮半島的（唐麗）戰後治理與軍事投入

　　「一根鏈條的強度實際是由其最薄弱環節的強度決定的。」

　　——馬漢〔註1〕

　　在顯慶五年（公元 660 年）唐朝平定百濟之後，到唐新戰爭中新羅完全吞併百濟這段將近十年的時間裏百濟主要是在唐朝的管治之下，這一時期唐朝對百濟的政策很值得研究。如果以軍事角度看，唐麗戰爭後唐朝對朝鮮半島治理政策從效果角度講是失敗的，因為在唐新戰爭結束之後，新羅統一了半島，驅逐了唐軍。由於資料流傳的缺乏，很難搞清楚全部因果關係，但是從唐新戰爭前後唐朝在半島治理失敗的現象當中可以找出一些值得分析的問題，唐朝百濟治理失敗是唐朝朝鮮半島治理政策失敗的一個極佳切入點。唐朝在唐麗戰後朝鮮半島的治理實際包括對高句麗和百濟故土的直接和間接治理，以及對唐新國際關係的建構。在當時的歷史條件下，唐朝希望實現的是在朝鮮半島建立以羈縻體制為主的政治體制，即使唐朝和新羅的關係也是在朝貢制關係中帶有羈縻制色彩。從整個東北亞周邊政治體制來觀察，自高句麗、百濟到新羅、日本，唐朝的控制力、影響力以及權威施加呈現逐步遞減，形成了一個從羈縻州轄地到朝貢藩屬國逐級過渡的等差政治序列。高句麗沒有源自當地的集中的政治核心，百濟卻有。熊津都督一職的行政管轄範圍與原百濟國領地大致相合，都督一職又由扶餘隆擔任，相比高句麗體現出自主

〔註1〕 馬漢著，蕭偉中，梅然譯：《海權論》，北京：中國言實出版社 1997 年版，第 240～241 頁。

性較強的一面，因此百濟的治理體制可能也具有不確定的發展未來。同時的新羅是從名義上接受羈縻制度下的封號，即扶餘隆受封熊津都督的同時新羅王金春秋受封雞林州大都督，也被納入羈縻體系，但羈縻體制對新羅的約束也僅僅是名義上的，實際上不過是朝貢體系的成員。但是這個戰略計劃在實施當中失敗，阻力主要來自新羅，而要維護這一半島體制，唐朝的軍事投入不足，特別是海軍投入不足也是一個重要原因。

一、唐朝對於高句麗和百濟復國所持態度分析

公元 664 年唐朝以百濟末代王子扶餘隆出任熊津都督一職，成為百濟故地的最高行政長官，表明唐朝賦予了原百濟上層人士相當的自主性，百濟故地政局發展的前途確實具有一定的不確定性。韓國忠南大學百濟研究所金善昱教授認為唐朝平定百濟和高句麗後「無意將朝鮮半島永久併入中國」，〔註 2〕韓昇教授認為唐朝沒有吞併百濟的想法，希望重建百濟，〔註 3〕並提出「唐朝對於戰後朝鮮半島的最初構想，明顯看得出是力圖保持原來三國各自獨立的狀態。」〔註 4〕趙智濱認為，兩唐書記載的扶餘隆因懼怕新羅而逃歸京師的說法不符合歷史事實，其實是唐朝主動放棄熊津都督府。〔註 5〕對此筆者有不同看法，認為唐朝在唐麗戰後支持百濟和高句麗復國缺乏明確的證據，不用說高句麗，即使有重建百濟成為一個朝貢制下藩屬國家的想法也並沒有付諸事實行動，而是盡可能地把他們約束在羈縻體制當中。但是唐朝對百濟的治理政策確實具有一定的矛盾性和不確定性。

其一，通過和唐朝周邊的東北亞國際體制比較，能夠發現有意義的現象，便於理解高句麗和百濟故地是唐朝管轄下羈縻州府領地的地位性質及其變化。

由於唐麗戰爭戰事進展的關係，唐朝對百濟治理開始的更早一些，但無論高句麗還是百濟在戰後都由唐朝實施軍事監護。高句麗和百濟治理體制雖同屬羈縻制度，不再是朝貢關係藩屬國，但治理方式有很大差異。

高句麗本土故地在戰後被分為唐朝任命的安東都護管理下的九個平等的

〔註 2〕 金善昱：《隋唐時代中韓關係研究——以政治、軍事諸問題為中心》，臺灣大學歷史研究所博士論文，1973 年。
〔註 3〕 韓昇：《東亞世界形成史論》，上海：復旦大學出版社，2009 年版，第 267 頁。
〔註 4〕 韓昇：《東亞世界形成史論》，上海：復旦大學出版社，2009 年版，第 263 頁。
〔註 5〕 趙智濱：《關於唐代熊津都督府的幾個問題》，《學問》2010 年第 6 期。

都督府，安東都護以下由華人官員和原上層人士擔任官員：

> （總章元年）十二月，丁巳，上受俘於含元殿。以高藏政非己
> 出，赦以為司平太常伯、員外同正。以泉男產為司宰少卿，僧信誠
> 為銀青光祿大夫，泉男生為右衛大將軍。李勣以下，封賞有差。泉
> 男建流黔州，扶餘豐流嶺南，分高麗五部、百七十六城、六十九萬
> 餘戶，為九都督府、四十二州、百縣，置安東都護府於平壤以統之。
> 擢其酋帥有功者為都督、刺史、縣令，與華人參理。〔註6〕

> 以右威衛大將軍薛仁貴檢校安東都護，總兵二萬人以鎮撫之。
> 〔註7〕

這段文字非常重要，傳播出的重要信息包括，一是原高句麗王室和泉氏
家族的代表脫離本土統治權，留在唐朝中央，二是百濟和高句麗的抗拒者被
流放南方，三是高句麗的本土的行政安排，在平壤設立安東都護府，包括把
原有的五個部及其以下的城劃分為九個都督府及其以下的州、縣，四是並起
用投誠有功的高句麗酋帥任九個都督府及其以下行政區劃及機構的官員，由
內地來的華人官員協助共同工作，五是薛仁貴出任安東都護，統帥二萬軍隊
留守。這其實是唐朝對高句麗故土的基本安排。

毫無疑問，唐朝並無恢復高句麗一國的想法，高句麗並無自身人士擔任
職務的中央管理機構，而高句麗五部建制形成大約經過一百年，〔註8〕於此一
朝廢止，改為九個都督府。高句麗的歷史上，五部首領均受高句麗國王的管
轄或節制，但也擁有較大的權力和地位。《三國志》記載：

> 王之宗族，其大加皆稱古雛加。涓奴部本國主，今雖不為王，
> 適統大人，得稱古雛加，亦得立宗廟，祠靈星、社稷。絕奴部世
> 與王婚，加古雛加之號。諸大加亦自置使者、皂衣先人，名稱皆
> 達於王，如卿大夫之家臣，會同坐起，不得與王家使者、皂衣先

〔註6〕《資治通鑒》卷二〇一，北京：中華書局，1956 年版，第 6356 頁。
〔註7〕《資治通鑒》卷二〇一，北京：中華書局，1956 年版，第 6357 頁。
〔註8〕顧銘學先生認為在朱蒙到達沸流水之前高句麗各部已經形成（顧銘學：《〈魏
　　　志·高句麗傳〉考釋（上）》，《學術研究叢刊》，1981 年第 1 期。）楊軍認為，
　　　「五部出現最晚不晚於公元 32 年。」（楊軍：《高句麗五部研究》，《吉林大學
　　　社會科學學報》，2001 年第 4 期。）孫進己先生等人認為：『高句麗五部的形
　　　成大約開始於大武神王時，結束於太祖王時。「（孫進己、張春霞：《高句麗國
　　　史》，1999 年徵求意見稿。見於孫進己：《高句麗歷史研究綜述》，《社會科學
　　　戰線》2001 年 2 期。

人同列。〔註9〕

漢魏時期的高句麗國中存在以王室為中心的宗法制度和嚴格的等級觀念。「古雛加」這樣的稱號多用於王室成員，但各部首領中多與王室有親戚關係，也可以得到「古雛加」稱號，表明五部制與宗法觀念的結合在高句麗統治體制中有重要地位。各部酋長有權設置官員，在本部內具有較大的自主性，所設置的官員名字必須上報國王，這些官員比國王所設置的官員地位要低，說明高句麗王權與貴族等級制的獨特特徵。這種制度經過了漫長的演變，到了唐代安東都護體制下就被廢除了，原有部酋的等級特權和行政權力被改革了，高句麗王室宗族也被帶往長安，因此高句麗恢復原有政治體制的可能性不存在了。

百濟的情況很不同，先是由唐人將領，最終則是由前百濟王室成員擔任最高軍政職務熊津都督進行管理。一俟百濟戰事結束，蘇定方即率百濟遠征軍大部北上參與對高句麗的南北夾擊，唐朝任命王文度前去擔任百濟最高行政長官熊津都督。龍朔元年（661年）三月王文度赴任途中去世，代理職權的劉仁軌作為事實的軍事長官，任檢校熊津都督，取得熊津保衛戰的勝利，擊退百濟叛軍：

> 初，蘇定方即平百濟，留郎將劉仁願鎮守百濟府城，又以左衛中郎將王文度為熊津都督，撫其餘眾。文度濟海而卒，百濟僧道琛、故將福信聚眾據周留城，迎故王子豐於倭國而立之，引兵圍仁願於府城。詔起劉仁軌檢校帶方州刺史，將王文度之眾，便道發新羅兵以救仁願。〔註10〕

蘇定方離去後，劉仁願是百濟首府鎮守將領，王文度到來之前實際的臨時行政長官。王文度來任都督，是唐朝最初針對百濟的行政安排。由於王文度死於途中，劉仁軌擔任了檢校帶方州刺史，受命指揮王文度部眾，所謂王文度之眾就是蘇定方走後留在百濟的全部唐軍，可能也包括跟隨王文度前來的一些兵力。後來劉仁軌又任檢校熊津都督，〔註11〕主持對反唐百濟餘黨的作戰和對日本的抵禦。在打下高句麗以前，百濟是由唐朝統治的隔海飛地，並不與唐朝本土於陸地相通。唐高宗在蘇定方參與的平壤圍攻戰失敗後，一

〔註9〕《三國志》卷三〇，北京：中華書局，1959年版，第843頁。
〔註10〕《資治通鑒》卷二〇，中華書局，1956年版，第6323頁。
〔註11〕《資治通鑒》卷二〇一，中華書局，1956年版，第6340頁。

度持放棄百濟的想法，下敕書，稱：

> 平壤軍回，一城不可獨固，宜拔就新羅。若金法敏借卿留鎮，
> 宜且停彼；若其不須，即宜泛海還也。〔註12〕

　　顯然唐高宗只是把百濟當做進軍的通道，而且希望對高句麗作戰因此「畢其功於一役」，結果使通道成為「一次性使用」。當時唐軍將士咸欲西歸，唯劉仁軌上書反對，游說高宗增兵。於是麟德元年（664年）朝廷派右威衛將軍劉仁願再次跨海前往百濟接任：「遣右威衛將軍劉仁願將兵渡海以代舊鎮之兵，仍敕仁軌俱還。」劉仁軌堅持主張增加對百濟的軍事投入，「乃上表陳便宜，自請留鎮海東。上從之。仍以扶餘隆為熊津都尉（督），使招輯其餘眾。」〔註13〕於是，都督一職轉為百濟貴族扶餘隆擔任。龍朔三年（663年）九月唐朝派孫仁師以熊津道行軍總管的名義率兵增援百濟，支持劉仁軌取得了白江之戰的勝利，打退日本軍，穩定百濟，此戰中有扶餘隆的參與，是隨孫仁師部一起跨海前往。〔註14〕扶餘隆出任熊津都督的原因，下文繼續論述，此處筆者僅希望指出的是，劉仁軌的上表中很有可能提及此事。劉仁軌在見到來替代自己的劉仁願之後曾說到「夷人新服，眾心未安，必將生變」，也就是說百濟人心不穩定需要設法安撫。

　　日本「東亞世界論」學說的奠基人西嶋定生認為冊封關係為基礎的冊封體制使中國朝鮮日本和越南構成了自成體系的「東亞世界」。〔註15〕堀敏一則曾提出「羈縻體制論」，認為「中國同東亞各國之間的關係不僅僅侷限於冊封，還包含從羈縻州到單純的朝貢等多種形式，它們隨著中國與各民族之間的實力關係而呈現多種形態，並因此而締結比較寬鬆的關係。……寬鬆的關係是東亞世界的特徵。」〔註16〕但筆者感覺這些觀點都有籠統和宏觀的一面，如果具體到唐麗戰後的具體時空，對主要的東北亞不同民族與唐朝的關係進行比較的話，不僅把百濟和高句麗相比，從整個東北亞體制來觀察，自高句麗、百濟到新羅、日本，唐朝的控制力和影響力以及權威施加呈現逐步遞減，形成了一個從羈縻州轄地到朝貢藩屬國逐級過渡的等差政治序列，就像一個環

〔註12〕《資治通鑒》卷二〇〇，中華書局，1956年版，第6329頁。
〔註13〕《資治通鑒》卷二〇一，中華書局，1956年版，第6341頁。
〔註14〕《資治通鑒》卷二〇〇，中華書局，1956年版，第6336頁。
〔註15〕轉引自馮立君：《唐朝與東亞》，社會科學文獻出版社，2019年版，第11頁。
〔註16〕堀敏一：《隋唐帝國與東亞》，韓昇、劉建英編譯，蘭州大學出版社，2010年版，第11頁。

形結構的扇形切面所展示那樣,在其中羈縻州的建立使唐朝疆域由正州邊界有所推廣。但這。高句麗沒有自身的集中的政治核心,百濟卻有。熊津都督一職的行政管轄範圍與原百濟國領地大致相合,都督一職又由扶餘隆擔任,相比高句麗體現出自主性較強的一面,因此百濟的治理體制可能也具有不確定的發展未來。同時的新羅是從名義上接受羈縻制度下的封號,即扶餘隆受封熊津都督的同時新羅王金春秋受封雞林州大都督,也被納入羈縻體系,但羈縻體制對新羅的約束也僅僅是名義上的,實際上不過仍是朝貢體系的成員國。正如譚其驤曾指出的「唐滅百濟的次年即龍朔元年,詔以新羅國為雞林都督府,授其王都督。……但究其實質,則不過是一個有朝貢關係的鄰國的別稱。」〔註17〕日本則並未從唐朝獲得或接受相關羈縻州長官封號,因此也從未哪怕在形式上進入羈縻體系,最多完全是朝貢體系的成員。百濟畢竟是實際的羈縻州,但屬於內部自治體制,其未來政治自主性發展的可能走向更多是由其內部發展決定,而不會僅僅由唐朝的意願決定。

其二,扶餘隆的封號是考查唐朝對百濟的戰後安排的關鍵因素之一,從側面折射出唐朝政策中賦予百濟自主性的限度。

魏晉南北朝時期中國中央王朝對周邊東亞政權君主的冊封就已經有軍事化和內臣化的特徵,〔註18〕內臣和外臣的職爵號並存,如對百濟國王,東晉孝武帝冊封其為使持節都督、鎮平將軍、百濟王,〔註19〕南朝和北朝冊封高句麗國王和百濟國王一般都有「高麗王」「高句麗王」「百濟王」,這也是對其治理本國的自主權的承認。根據統計的封爵情況,從晉朝到唐朝,中央王朝冊封高句麗王的封號自長壽王開始基本上是「高句麗王」加「樂浪郡公」或「遼東郡公」,而最後接連三代的威德王、武王、義慈王所得自北齊隋唐的封號都是百濟王,此外威德王兼有帶方郡公號,武王、義慈王兼有帶方郡王號,北齊隋唐授予新羅真平、善德二王的封號為樂浪郡公、新羅王,授予真德王、太宗武烈王、神文王的封號為新羅王加樂浪郡王,而在公元713年唐授予聖德王新羅王以新羅王、樂浪郡公封號,此後除新羅王一號再無加爵。但是扶餘隆從未獲得「百濟王」這一稱號。

〔註17〕譚其驤:《唐代羈縻州述論》,《長水集(續編)》,北京:人民出版社,2011年版,第152頁。
〔註18〕韓昇:《東亞世界形成史論》,上海:復旦大學出版2009年版,第34~37頁。
〔註19〕《冊府元龜》卷九六三,第11329頁。

　　唐朝初年給百濟國王的封號是「百濟王」加「帶方郡王」，即一個「外臣」稱號加一個「內臣」稱號，標誌實權的承認與名義的羈縻：

　　　　武德四年，其王扶餘璋遣使來獻果下馬。七年，又遣大臣奉表朝貢。高祖嘉其誠款，遣使就冊為帶方郡王、百濟王。自是歲遣朝貢，高祖撫勞甚厚。〔註20〕

　　唐初對高句麗、百濟、新羅都是授予兩個王號，國王和郡王。如貞觀十七年（643 年）唐太宗冊封高句麗王藏為遼東郡王、高麗王，〔註21〕後者其實就是唐朝承認的高麗國王稱號，前者是內臣化政策的延續，也是把名義上的羈縻套在冊封藩屬國頭上，後者其實就是唐朝承認的高麗國王稱號，承認和賦予其獨立治理高句麗一國的合法性。唐高祖武德七年（624 年）冊封新羅國王「七年，遣使冊拜金真平為柱國，封樂浪郡王、新羅王。」〔註 22〕唐太宗延續這一封號冊與，道理與高句麗類似。百濟末代國王扶餘義慈同樣也從唐太宗那裡獲得兩個王號。

　　扶餘義慈最終的待遇卻是兩個爵號都被剝奪。在跨海平百濟後，扶餘義慈及被俘王室集體被押送長安，其子扶餘隆同行。根據《舊唐書‧東夷列傳》的記載蘇定方「虜（百濟王扶餘）義慈及太子隆、小王孝演、偽將五十八人等送於京師，上責而宥之。」唐朝並未封賜百濟降王以王號，而義慈至京，「數日而卒。贈金紫光祿大夫、衛尉卿，特許其舊臣赴哭。送就孫皓、陳叔寶墓側葬之，並為豎碑。」〔註 23〕唐朝對義慈的追贈和諡號並無王公爵號，且與前朝分裂時期南方亡國的末代天子同葬一地，說明唐朝認為百濟國和歷史上的孫吳、南朝一樣是頑抗正統王朝因而被滅的「逆命」政權，從此不復存在，百濟國除，而義慈也是阻礙新朝天命而不成的末代亡國之君，因此其子扶餘隆也就無繼承王號及其名義的道理，史料中也不見扶餘隆繼封為百濟王的記載。唐朝又將「其國舊分為五部，統郡三十七，城二百，戶七十六萬。至是乃以其地分置熊津、馬韓、東明等五都督府，各統州縣，立其酋渠為都督、刺史及縣令。命右衛郎將王文度為熊津都督，總兵以鎮之。」〔註 24〕百濟劃分為五個都督府，都城所在的熊津本由王文度任都督，熊津都督負有五都督府的軍事

〔註20〕《舊唐書》，卷一九九上，中華書局 1975 年版，第 5329 頁。
〔註21〕《舊唐書》，卷一九九上，第 5322 頁。
〔註22〕《舊唐書》，卷一九九上，第 5335 頁。
〔註23〕《舊唐書》，卷一九九上，第 5331 頁。
〔註24〕《舊唐書》，卷一九九上，第 5331 頁。

最高權力無疑，由唐人直接擔任，直接治理，而其他四個下一級都督府由百濟人擔任都督，在唐人熊津都督監護下實行自治，這種政策應理解為唐朝當時不打算恢復百濟國，而把百濟變成唐朝的邊疆羈縻都督府轄區。

唐朝平百濟後，面對王子扶餘豐為首的叛亂，把扶餘隆派回百濟幫助唐軍，於是使扶餘隆又成為親唐百濟上層的核心，充當了劉仁軌的軍事助手，並立下戰功。唐朝在平定扶餘豐為首的叛亂中認識到扶餘隆的兩個價值，一是其具有一定軍事能力和政治價值，二是可以充作唐朝在該地區的盟友。如扶餘隆墓誌記載蘇定方平百濟後，「而馬韓餘燼，狼心不悛，邸張遼海之濱，蟻結萬山之域。」於是「以公為熊津都督，封百濟郡公，仍為熊津道總管兼馬韓道安撫大使。」並稱其「翦滅奸凶，有均沃雪。尋奉明詔，修好新羅，俄沐鴻恩，陪覲東嶽。勳庸累著，寵命日隆，遷秩太常卿，封王帶方郡。」〔註25〕以《墓誌》記載可見《通鑒》記載扶餘隆任熊津都尉有誤，墓誌所云熊津道就是百濟五府，按照墓誌記載，扶餘隆獲得熊津都督官職，並保留熊津道行軍總管官職，而在爵號方面先獲得百濟郡公號，再獲得以往百濟王兼得的帶方郡王號，距離獲得百濟（國）王號在爵位級別上只差最後一步。百濟郡公和帶方郡王的爵號似乎暗示百濟有復國的可能，但是從帶方郡王到百濟國王看似一步之遙，其實卻是涉及主權的巨大性質差異。這揭示了唐朝有意使扶餘隆成為百濟治理的核心，同時顯示出有可能恢復百濟王統政權的模糊傾向的觀感，這為唐朝的外交和周邊關係處理留下靈活空間。

其三，深究新羅和扶餘隆的盟誓文字也可以對發現唐朝政策有所助益。

664年唐高宗任命扶餘隆為熊津都督後體現出唐朝開始想借助原百濟上層人士自治，次年秋要求扶餘隆和新羅王盟誓，賦予了扶餘隆某種與小邦君平等的地位。可是，新羅王不高興和百濟盟誓，僅派臣子前往。這應有兩個原因，一是新羅不樂意和宿敵百濟盟誓，反對百濟重建，二是扶餘隆不具備國王地位，爵是郡公，雙方職爵號都不平等，後者未見學者議論，但應也值得深究。

韓昇教授早在其《東亞世界形成史論》中指出新羅王不來是新羅不想和百濟實現和解的表現，也就是說新羅不同意唐朝的百濟政策，反對百濟復興，還曾指出唐朝存在重建百濟的想法，但沒有決心，也沒有得到新羅的贊同。〔註26〕筆者贊同韓教授對新羅態度的分析，但並不認同唐朝希望「重建」百

〔註25〕周紹良主編：《唐代墓誌彙編》，第702頁。
〔註26〕《東亞世界形成史論》，第266～267頁。

濟的觀點，認為唐朝沒有讓百濟復國的明確計劃。並無國王號的前王子扶餘隆擔任的是唐屬百濟地區首（都督）府的都督，並擁有唐朝冊封郡王爵號，始終未有最終復國的機會出現，因此他與為唐朝冊封為國王加郡王、大都督，有權統轄一個自主藩屬國的新羅國王尚無完全對等地位，但唐朝卻要求雙方盟誓。這也會使新羅王受到一種刺激，擔心百濟復國，或是自身被矮化、削弱，因此不肯也不可能與之盟誓都是可以理解的。

　　新羅和百濟的盟誓文字提到「懷柔伐叛，前王之令典，興亡繼絕，往哲之通規。事必師古，傳諸囊冊。故立前百濟太子司稼正卿扶餘隆為熊津都督，守其祭祀，保其桑梓。依倚新羅，長為與國，各除宿憾，結好和親。恭承詔命，永為藩服。仍遣使人右威衛將軍魯城縣公劉仁願親臨勸諭，具宣成旨，約之以婚姻，申之以盟誓。」〔註27〕所謂「興亡繼絕」的說法源自中國先秦的政治文化，當時征服者滅敵國之後允許其嗣繼承香火，保持祭祀，在原地保有世襲領民權力的現象是有的，也有對亡國之嗣實施分封封建制者，這被視為一種政治仁道傳統，但是鮮有賦予其原有或完全獨立性者，即被滅的邦國作為獨立的政治實體已經不復存在，最多是重建為附屬臣邦，否則勝利者的政治成果豈不付諸東流，如周朝「三叔」監控下的殷武庚作為君主治理故地遺民。盟誓文字並沒有明確提到恢復百濟國，甚至也沒有提到扶餘隆任何爵號，不能作為百濟復國的證據。但是，文字中唐朝提到希望要讓扶餘隆政權和獨立的新羅王國「長為與國」，也就是說要雙方和平相處往來，這種表述不等於說兩者就是獨立的平等邦國。古代中國王朝奉行「四海之內，莫非王土，率土之濱，莫非王臣」的觀念，從儒家世界觀的天下觀念的角度看，五服構成的全部世界都是以華夏天子為中心的，因此，在唐朝的「天下觀」看來無論是羈縻州、諸侯國還是藩屬國都是臣屬者，只有治權的不同，沒有主權的差異。新羅國王在同時期獲得的羈縻稱號是「雞林大都督」，比熊津都督高一個品級。因此，從羈縻體制的角度看這次盟誓，也可以看成是唐朝對一個實際羈縻州政權和名義上的羈縻州政權提出的要求，帶有羈縻體制內關係建構色彩，但從新羅實際所處的朝貢體制下藩屬國地位來看，這個盟誓是不對等的，新羅的地位沒有被適當尊重反而有被矮化之嫌。

　　文字中的「前百濟太子」提法多少有些可笑。這一稱謂對扶餘隆而言有所恥辱。古人的名分和禮法觀念森嚴，如果百濟國統已滅，則不存在「太子」，

〔註27〕《舊唐書》，卷一九九上，第 5333 頁。

如果是唐朝支持的太子來復國，那就是「百濟太子」，而提及「前」字對新羅的情緒或有所針對，即安撫新羅說百濟國家已成為「過去式」，同時以復興可能性來提醒新羅要忠誠，否則會被唐利用百濟人來牽制。在某種程度上，可能百濟復國的可能性是唐朝對新羅可打的一張牌。

盟誓文字中只提到扶餘隆的熊津都督號，沒有王、公爵號，因此扶餘隆領導的這個政權是由百濟王統後嗣世襲的熊津都督府羈縻政權，是唐的地方政權，不是一個獨立君主國。這個政權的首長是百濟王統貴族香火延續不假，但不是百濟王國的恢復，是唐朝管轄下的地方民族自治政權，可以稱之為「熊津羈縻州扶餘政權」，這個熊津扶餘政權的建立說明唐朝對百濟故地統治方式的調整和確立。但是，這個政權的存在總是會提醒新羅國王百濟國重建的可能性。這不僅在於唐朝對復興百濟國的態度如何，也在於扶餘氏自身在長遠的未來有自我復興的可能。新羅雖然提出滅亡百濟不令恢復的主張，但在當時還尚未主動提出對百濟的領土兼併主張。在高句麗滅亡之前，新羅未必有所謂統一「三韓」的政治圖謀，其對外目標在於利用和唐朝的聯盟保國禦敵。有趣的是《舊唐書》記載「歃訖，埋幣帛於壇下之吉地，藏其盟書於新羅之廟。仁願、仁軌等既還，隆懼新羅，尋歸京師。」〔註28〕也就是說，盟書被新羅帶走了，百濟連個複本都沒有拿著，未來也無憑據可用，這是新羅政治強勢的表現。

在《三國史記》卷七《新羅文武王本紀》收有一份文武王十一年（671年）報唐軍總管書其中稱：「先王貞觀二十二年入朝，面奉太宗文皇帝恩敕：『朕今伐高麗，非有他故，憐你新羅，攝乎兩國，每被侵陵，靡有寧歲。山川土地，我非所貪，玉帛子女，是我所求。我平定兩國，平壤以南，百濟土地，並乞（與）你新羅，永為安逸。』」韓昇教授曾指出這是新羅王的外交謊言。這一謊言恰恰表現出了公元671年新羅文武王的領土訴求，即新羅要求平壤以南的高句麗領土和百濟領土，並不要求平壤以北的高句麗土地。在史料當中可見公元671年以前未見新羅有兼併百濟的明確的要求，這應是因為百濟是主要依靠唐軍打下的，大部分故土在唐的佔領控制下，而高句麗未滅亡之前，新羅不能動與唐破盟爭地的念頭。因此也有學者認為扶餘隆並非是逃避新羅，而是自唐高宗封禪活動結束後留在唐朝。〔註29〕

〔註28〕《舊唐書》，卷一九九上，第5334頁。
〔註29〕趙智濱：《關於唐代熊津都督府的幾個問題》，《學問》2010年版第6期。

唐麗戰爭結束的同時，在新羅軍隊的攻擊下，扶餘隆沒有唐軍保護，是不敢面對新羅的虎視。儀鳳二年（677年），唐朝再度利用百濟高句麗故王室分子保守安東，抗禦新羅，然而「時百濟本地荒毀，漸為新羅所據，（扶餘）隆竟不敢還舊國而卒。其孫敬，則天朝襲封帶方郡王、授衛尉卿。其地自此為新羅及渤海靺鞨所分，百濟之種遂絕。」〔註30〕

此外，從軍事投入看，戰後唐朝治下的百濟和高句麗體制確實有區別，很可能唐朝沒有在百濟保留常備駐軍，特別是水軍，結果對外防禦的重擔主要由百濟人自身負責。

二、顯慶五年後唐朝對百濟的軍事投入

唐朝既然要在百濟推行羈縻制度，則應該對百濟內部反對派和外部覬覦者的軍事行動有所防備，有應對的軍事手段，要投入軍事力量和組織動員百濟親唐武力，但是顯慶五年（660年）後，唐朝針對百濟的軍事投入其實非常有限，特別是海上力量投入不足。唐朝在治理百濟的初期要面對百濟叛軍和日本遠征軍的聯合，後期則要面對新羅的侵略。

第一，顯慶五年到乾封二年期間，唐朝在百濟僅保留了不多的駐軍，援軍也很有限。

顯慶五年（660年）唐朝派蘇定方統帥十幾萬大軍跨海平定壓迫新羅的百濟，初建以熊津都督府為核心的百濟羈縻州府：

> 其國舊分為五部，統郡三十七，城二百，戶七十六萬。至是乃以其地分置熊津、馬韓、東明等五都督府，各統州縣，立其酋渠為都督、刺史及縣令。命右衛郎將王文度為熊津都督，總兵以鎮之。
> 〔註31〕

顯慶五年（660年）蘇定方遠征百濟帶去十多萬部隊，〔註32〕但是那主要是為了夾擊高句麗服務的，平百濟之戰是場戰略戰役，從屬於取得唐麗戰爭勝利的目標，目的是為使更大的唐麗戰爭取得最後勝利服務。平百濟之後，龍朔元年（661年）四月唐高宗調動大軍對高句麗實施全面進攻：

> 庚辰，以任雅相為浿江道行軍總管，契苾何力為遼東道行軍總

〔註30〕《舊唐書》，卷一九九上，《東夷高麗列傳》，第5334頁。
〔註31〕《舊唐書》，卷一九九上，《東夷百濟列傳》，第5331頁。
〔註32〕張曉東：《唐太宗與高句麗之戰跨海戰略——兼論海上力量與高句麗之戰成敗》，《史林》2011年版第4期。

管，蘇定方為平壤道行軍總管，與蕭嗣業及諸胡兵凡三十五軍，水
陸分道並進。〔註33〕

蘇定方部自百濟大舉北上，參與平壤圍攻戰，顯然唐在百濟的軍事戰略
主要是為了「過路」，為盡快消滅高句麗服務，這可以理解為當時唐朝雖在唐
麗戰爭戰略上重視百濟，但在戰後處置問題上並無明確計劃和需要，對圍攻
平壤的困難估計不足，因此對長期固守百濟並無計劃。由於平壤城久攻不下，
大雪連天，蘇定方於九月率部自遼東返回中原，〔註34〕並未返回百濟，當地
被扔給劉仁願和劉仁軌所率一部少數兵力堅守苦戰。雖然二劉在七月份取得
戰役勝利，但唐高宗卻想要放棄百濟，下敕書，以「平壤軍回，一城不可獨
固，宜拔就新羅。若金法敏借卿留鎮，宜且停彼；若其不須，即宜泛海還也。」
當時唐軍獨劉仁軌認為作為戰略陣地必須堅守：

> 主上欲滅高麗，故先誅百濟，留兵守之，制其心腹；雖餘寇充斥
> 而守備甚嚴，宜屬兵秣馬，擊其不意，理無不克。既捷之後，士卒心
> 安，然後分兵據險，開張形勢，飛表以聞，更求益兵。朝廷知其有成，
> 必命將出師，聲援才接，凶醜自殲。非直不棄成功，實亦永清海表。
> 今平壤之軍既還，熊津又拔，則百濟餘燼，不日更興，高麗逋寇，何
> 時可滅！且今以一城之地居敵中央，苟或動足，即為擒虜，縱入新羅，
> 亦為羈客，脫不如意，悔不可追。況福信凶悖殘虐，君臣猜離，行相
> 屠戮；正宜堅守觀變，乘便取之，不可動也。〔註35〕

跨海平百濟的戰略計劃是由唐太宗制定，唐高宗繼續執行的，其於唐麗
戰爭全局而言是最重要的一步棋。一旦唐軍從百濟撤出，實施中的唐太宗的
戰略計劃就算是破產了。面對棋局中的劫難，劉仁軌戰略意志的堅韌和戰略
認識的科學性與唐高宗戰略意志的不堅定和戰略認識的不清晰形成對比。不
久，二劉發動對自立百濟王的扶餘豐與其將福信的襲擊，「拔其支羅城及尹城、
大山、沙井等柵，殺獲甚眾，分兵守之。福信等以真峴城險要，加兵守之。仁
軌伺其稍懈，引新羅兵夜傅城下，攀草而上，比明，入據其城，遂通新羅運糧
之路。仁願乃奏請益兵，詔發淄、青、萊、海之兵七千人以赴熊津。」〔註36〕

〔註33〕《資治通鑒》卷二〇〇，北京：中華書局1956年版，第6324頁。
〔註34〕《資治通鑒》卷二〇〇，北京：中華書局1956年版，第6325頁。
〔註35〕《資治通鑒》卷二〇〇，北京：中華書局1956年版，第6329頁。
〔註36〕《資治通鑒》卷二〇〇，北京：中華書局1956年版，第6329頁。

援兵指揮官是孫仁師，援兵只有七千。福信專權，與扶餘豐相猜忌，扶餘豐殺福信，然後遣使詣高句麗、倭國乞師以拒唐兵。〔註37〕於是才有白江海戰之爆發及唐軍之勝利。也就是說，二劉特別是劉仁軌的堅韌與堅持導致了唐軍的勝利，鞏固了百濟戰略陣地。《舊唐書》記載二劉於龍朔二年（662年）擊敗百濟反抗軍，在援軍到達後取得白江海戰勝利，擊敗前來干涉的日軍，把扶餘隆扶上百濟地區最高行政職務熊津都督之位：

> （扶餘豐）又遣使往高麗及倭國請兵以拒官軍。孫仁師中路迎擊，破之。遂與仁願之眾相合，兵勢大振。於是仁師、仁願及新羅王金法敏帥陸軍進，劉仁軌及別帥杜爽、扶餘隆率水軍及糧船，自熊津江往白江以會陸軍，同趨周留城。仁軌遇扶餘豐之眾於白江之口，四戰皆捷。焚其舟四百艘，賊眾大潰，扶餘豐脫身而走。偽王子扶餘忠勝、忠志等率士女及倭眾並降。百濟諸城皆復歸順。孫仁師與劉仁願等振旅而還。詔劉仁軌代仁願率兵鎮守。乃授扶餘隆熊津都督，遣還本國，共新羅和親，以招輯其餘眾。〔註38〕

平壤圍攻戰失敗使唐高宗意識到唐麗之戰不可能很快結束，轉向聽從劉仁軌的建議經營百濟，而在鞏固戰略陣地過程中唐朝才決定送王子扶餘隆回去重組羈縻政權。在扶餘隆之前唐人王文度、劉仁軌、劉仁願先後擔任熊津都督一職。龍朔元年（661年）三月首任熊津都督王文度死於赴任途中，〔註39〕「詔起劉仁軌檢校帶方州刺史，將王文度之眾，」〔註40〕後又任檢校熊津都督，〔註41〕王文度和劉仁軌所統帥的應該是蘇定方留下的少數部隊，王文度前往赴任是否攜帶了一定兵力無從得知。這些部隊的戰鬥力較弱，恰逢唐朝府兵制衰落，軍人待遇不好，士氣很差，如劉仁軌所言：「臣看見在兵募，手腳沉重者多，勇健奮發者少，兼有老弱，衣服單寒，唯望西歸，無心展效」，其待遇惡劣，「泊到西岸，唯聞枷鎖推禁，奪賜破勳，州縣追呼，求住不得，公私困弊，不可言盡。發海西之日，已有自害逃走，非獨海外始逃」，以致有「衣裳單露，不堪度冬者」。

麟德元年（664年）朝廷派右威衛將軍劉仁願跨海前往百濟接任劉仁軌，

〔註37〕《資治通鑒》卷二〇〇，北京：中華書局1956年版，第6330頁。
〔註38〕《舊唐書》，卷一九九上，第5332頁。
〔註39〕《資治通鑒》卷二〇〇，北京：中華書局，1956年版，第6323頁。
〔註40〕《資治通鑒》卷二〇〇，北京：中華書局，1956年版，第6323頁。
〔註41〕《資治通鑒》卷二〇一，北京：中華書局，1956年版，第6340頁。

劉仁軌「乃上表陳便宜，自請留鎮海東。上從之。仍以扶餘隆為熊津都尉（督），使招輯其餘眾。」〔註42〕劉仁願前去不僅是指揮官替代，也包含了部隊的替代，即「將兵渡海以代舊鎮之兵，仍敕仁軌俱還」。但是劉仁軌上書說服高宗讓自己留在百濟，不久孫仁師率軍增援，所率不過七千之眾。〔註43〕

　　顯慶五年（660年）到麟德元年（664年），蘇定方走後，具體統計唐軍在百濟究竟留下多少兵力是個難題，但是應該數量有限。侵入百濟的日本遠征軍人數據韓昇分析，應有兩萬七千人左右，〔註44〕《日本書紀》卷二十七記載唐軍有戰船一百七十艘出現在白村江戰場，但未必就是確數。鑒於史料的缺乏，根據蘇定方大軍北上不歸和敵軍、援軍規模，筆者推測，平百濟之戰後劉仁軌參與的平定百濟餘黨反抗的作戰中，包括唐日作戰中，在百濟作戰的唐軍最多只有兩三萬人，還包括依靠了扶餘隆和新羅盟友組成聯軍。麟德二年（665年）劉仁軌返回國內參加泰山封禪，〔註45〕其疲憊的部屬估計已經西歸，否則也是留之無益。另有日本學者指出在扶餘隆與新羅盟誓後不久，乾封二年（667年）百濟鎮將劉仁願北上奉皇命與新羅軍一起參與圍攻高句麗，之後並無新的鎮將赴任，說明百濟並無唐將進駐，給了新羅可乘之機。〔註46〕二劉去後，很可能百濟已暫無唐軍。

　　第二，唐麗戰爭結束後，唐朝設立安東都護府，但是所留都護府駐軍有限。

　　總章元年（668年）九月李勣指揮唐軍打下平壤，唐麗戰爭面臨結束，十二月唐朝開始展開對高句麗的正式治理。高句麗本土建立了一個安東都護府轄區，來管理下屬的羈縻都督府，九都督轄下共有四十二羈縻州，四十二州以下共是一百個縣，挑選高句麗「酋帥有功者」擔任都督、刺史和縣令，委任來自內地的華人擔任官職參與管理，都護一職由薛仁貴擔任，唐軍在安東都護府僅留兵二萬，如上節所引史料，〔註47〕這麼少的兵力根本不足以安定半島局勢。

〔註42〕《資治通鑒》卷二〇一，北京：中華書局，1956年版，第6341頁。

〔註43〕《資治通鑒》卷二〇〇，北京：中華書局，1956年版，第6336頁。

〔註44〕韓昇：《東亞世界形成史論》，上海：復旦大學出版社，2009年版，第256頁。

〔註45〕《舊唐書》，卷八四，第2795頁。

〔註46〕〔日〕池內宏著，馮立君譯：《高句麗滅亡後遺民的叛亂及唐與新羅關係》，《中國邊疆民族研究》第九輯，北京：中央民族大學出版社2015年版，第240頁。

〔註47〕《資治通鑒》卷二〇一，北京：中華書局1956年版，第6357頁。

　　百濟的都督府應和高句麗故地一起都納入安東都護管轄之下。唐朝在高句麗和百濟故地的治理方式在本質上沒有差異，都是羈縻制度，但是百濟治理體制的建立比高句麗治理體制要早，在唐麗戰爭結束前已經開始。高句麗成為唐朝任命的安東都護管理下的九個平等的都督府，都護以下由華人官員和原上層人士擔任官員，百濟最終則是由前王室成員擔任最高職務熊津都督進行管理，自主性較強，熊津都督行政管轄範圍與百濟國和百濟一族的領地相合。高句麗沒有自身的政治核心，百濟卻有唐賦予原上層分子的一定的自主性，這種自主性比高句麗要多。杜文玉教授認為「唐高宗時期是唐朝在西域全面建立統治秩序的時期，最主要的標誌就是比較普遍地設置了羈縻府州，由西域各國君長或酋長任都督和刺史，分別隸屬各都護府。」〔註48〕如唐高宗顯慶五年在西突厥故地庭州下管地設羈縻州府，「當時根據庭州（今新疆吉木薩爾）刺史來濟的建議，唐朝下令在庭州所管轄的各部落、部族普遍設置羈縻都督府、州，任命各部大首領為都督、刺史、司馬；又各派漢族文人一名擔任參將，負責起草給朝廷的表疏等事務。」〔註49〕這個羈縻系統的建立成為後來組建金山都護府的基礎。有趣的是唐朝在朝鮮半島推行羈縻體制的時間恰好是唐高宗時期，正是唐朝大力全面推行羈縻體制的時期，雖然高句麗百濟羈縻體制和安東都護設置時間較短，但仍然是一種有意義的制度推行嘗試。筆者認為在顯慶五年之後羈縻制度下的百濟屬於中國中央王朝屬地領土無疑，並無獨立主權，毫無疑問。唐朝平定百濟地區之後設的羈縻州分屬五都督府，首屬熊津都督府，但是最初未設都護，這可以理解為後設的安東都護有權監護和管理百濟的都督府，或者在發生重要問題時予以支持干預。如在唐新戰爭期間，擔任安東都護的薛仁貴長期直接主持百濟戰場的軍事指揮，與新羅軍作戰到最後一城一地，最後據點為百濟泗沘港，在當地發生的伎伐浦水戰是唐新戰爭最後一次作戰。〔註50〕

　　必須指出的是，高句麗之戰戰爭貌似結束，但實際上仍然有不少零星的反抗繼續進行，形成了反唐軍事勢力，唐朝也沒有能夠有效控制所有城池，

〔註48〕杜文玉主編：《中國西北地區資源環境與經濟發展的歷史與現實：西北地區歷代地緣政治變遷研究》，北京：科學出版社，2015年版，第89頁。

〔註49〕王小甫：《唐、吐蕃、大食政治關係史》，北京：中國人民大學出版社，2009年版，第7頁。

〔註50〕張曉東：《唐朝前期的海上力量與東亞地緣政策：以唐新戰爭前後為中心》，第88頁。

因此安東都護設立的同時就在半島唐朝在軍事上面臨兩個敵人，高句麗反唐勢力餘黨，還有借機企圖統一半島的新羅國，這不是二萬人可以抵抗的，更何況百濟地區也有隱憂，面對新羅的侵蝕，然而唐朝留下的軍事力量卻極為有限，無法有效保護唐朝的地緣政治安排，這是隱患所在。唐高宗的措置可以說是太草草了。

再次，唐朝在百濟周邊沒有常駐的海上部隊，唐新戰爭過程中唐朝海上軍事投入不足，而百濟周邊的環境需要海上力量的投入。

儘管唐朝在唐新戰爭前期在高句麗戰場不斷投入邊疆民族為主的部族軍隊，但是這些軍隊數量有限，只能進行一些局部戰役，不能具備在戰略上擊敗新羅軍及其他叛亂者的聯軍的能力，唐朝也沒有重新發展足夠的海上軍事力量來支持半島唐軍，而海上軍事力量自古就是東北亞地區決定性的戰略力量。筆者曾撰文分析古代東北亞地區地緣政治的特點，提出海上力量和朝鮮半島西南部周邊的制海權在這一地區自古就是影響戰爭成敗的重要的戰略力量，百濟所在的朝鮮半島西南部是朝鮮半島的戰略樞紐，這是受地理環境因素的制約而造成的現象，〔註51〕唐朝正是通過發展強大的海上力量才形成了跨海作戰和兵員投送能力，包括大規模後勤供給能力，取得了唐麗戰爭的勝利，但在唐新戰爭中沒有歷史記錄表明唐朝繼續發展海軍甚至造船，〔註52〕在制海權易手的情況下唐朝在朝鮮半島與新羅繼續作戰的困難加大，最終在唐新戰爭中失敗。〔註53〕僅僅投入少量的陸軍不能保有在百濟周邊地區對新羅的軍事優勢，這是唐朝的失策。

最後，唐朝對百濟當地的軍事力量的動員組織也沒有資料表明其有成效。

上文引墓誌記載來看，作為熊津都督府最高行政長官，扶餘隆在唐新戰爭期間沒有軍事表現，沒有發揮應有的作用：

> 翦滅奸凶，有均沃雪。尋奉明詔，修好新羅，俄沐鴻恩，陪覲東嶽。勳庸累著，寵命日隆，遷秩太常卿，封王帶方郡。

因此筆者認同扶餘隆在唐新戰爭期間並不在半島。趙智濱認為原因在於

〔註51〕張曉東：《隋唐東北亞的地緣環境與政治博弈——以隋唐東征軍事活動為中心的考察》，《軍事歷史研究》2015年版第3期。

〔註52〕張曉東：《隋唐經濟重心南移與江南造船業的發展分布——以海上軍事活動刺激為中心的考察》，《海交史研究》2015年版第2期。

〔註53〕張曉東：《唐朝前期的海上力量與東亞地緣政策》，《國家航海》第4輯，上海：上海古籍出版社2013年版。

唐朝不信任，〔註54〕筆者認為這種推測有一定道理。

　　以史料判斷，似乎百濟各部的首領，即地方長官被唐朝留用任職，但是地方管理的權力結構原封不動是不可能的。這些地方酋長中也有少數入百濟世代不久的華人後裔，如被唐朝封為歸德將軍、東明州刺史、左威衛大將軍的禰寔進，〔註55〕後獲封來遠郡公，其父禰善是隋朝萊州刺史，入百濟後曾為丞相，〔註56〕還有同族的禰軍於顯慶五年「仗劍知歸」降唐，「授右武衛滻川府折衝都尉」，〔註57〕赴日本出使立功，「少選遷右領軍衛中郎將兼檢校熊津都督府司馬」，成為熊津都督府的骨幹。〔註58〕他們和後來黑齒常之的事蹟表明，降唐百濟人不僅可以在本地進入羈縻官僚體系，進入唐朝內地官僚體系的大門也向他們開放著。不少百濟上層以此被編為唐人，授予內地官職，後又返回百濟，百濟的羈縻官僚體系和內地的官僚體系之間存在著流動。這些百濟人實際也具有唐人身份其中最為勇武的當屬百濟上將黑齒常之，此人本在任存山聚眾反唐，曾聚眾三萬，奪城二百，後也歸降：

　　　　蘇定方克百濟，常之帥所部隨眾降。定方繫其王及太子，縱兵劫掠，壯者多死。常之懼，與左右十餘人遁歸本部，收集亡散，保任存山，結柵以自固，旬月間歸附者三萬餘人。定方遣兵攻之，常之拒戰，唐兵不利；常之復取二百餘城，定方不能克而還。常之與別部將沙吒相如各據險以應福信，百濟既敗，皆帥其眾降。

　　在白江之戰後日軍退出半島，扶餘豐逃奔高句麗，其「王子忠勝、忠志等帥眾降，百濟盡平，唯別帥遲受信據任存城，不下。」〔註59〕黑齒常之順應形勢，率部降唐，並為唐攻下最後的任存城：

〔註54〕趙智濱：《關於唐代熊津都督府的幾個問題》，《學問》2010年版第6期。

〔註55〕《大唐故雲麾將軍左武衛將軍上柱國來遠郡開國公禰府君墓誌銘並序》，見《百濟移民墓誌石刻資料彙集》，拜根興：《唐代高麗百濟移民研究：以西安洛陽出土墓誌為中心》，北京：中國社會科學出版社，2012年版，第303頁。

〔註56〕《大唐虢州金門府折衝禰君墓誌銘並序》，見《百濟移民墓誌石刻資料彙集》，拜根興：《唐代高麗百濟移民研究：以西安洛陽出土墓誌為中心》，第305頁。

〔註57〕《大唐故右威衛將軍上柱國禰公墓誌銘並序》，見《百濟移民墓誌石刻資料彙集》，拜根興：《唐代高麗百濟移民研究：以西安洛陽出土墓誌為中心》，第306頁。

〔註58〕《大唐故右威衛將軍上柱國禰公墓誌銘並序》，見《百濟移民墓誌石刻資料彙集》，拜根興：《唐代高麗百濟移民研究：以西安洛陽出土墓誌為中心》，第306頁。

〔註59〕《資治通鑒》卷二○○，第6336頁。

　　劉仁軌使常之、相如自將其眾，取任存城，仍以糧仗助之。孫
仁師曰：「此屬獸心，何可信也！」仁軌曰：「吾觀二人皆忠勇有謀，
敦信重義；但向者所託，未得其人，今正是其感激立傚之時，不用
疑也。」遂給其糧仗，分兵隨之，攻拔任存城，遲受信棄妻子，奔
高麗。〔註60〕

　　對於百濟降將，劉仁軌持用人不疑，而孫仁師則持不信任觀點。後來黑
齒常之被提升為左領軍員外將軍。〔註61〕唐新戰爭前後，黑齒常之在百濟為
將官，「麟德初，以人望授折衝都尉，鎮熊津城，大為士眾所悅。咸亨三年（672
年），以功加忠武將軍，行帶方州長史，尋遷使持節沙泮州諸軍事、沙泮州刺
史，授上柱國。以至公為己任，以忘私為大端。天子嘉之，轉左領軍將軍、兼
熊津都督府司馬，加封浮陽郡開國公，食邑二千戶。」〔註62〕此人軍事才能
極佳，後曾在西域戰場建立奇功。儀鳳三年（678年）從春到秋，唐朝都在和
吐蕃作戰，到九月李敬玄和劉審禮的十八萬大軍在青海被吐蕃打的大敗，唯
黑齒常之奮勇殺敵，救出大軍殘部：

　　丙寅，李敬玄將兵十八萬與吐蕃將論欽陵戰於青海之上，兵敗，
工部尚書、左衛大將軍彭城僖公劉審禮為虜所虜。時審禮將前軍
深入，頓於濠所，為虜所攻，敬玄懦怯，按兵不救。聞審禮戰沒，
狼狽還走，頓於承風嶺，阻泥溝以自固，虜屯兵高岡以壓之。左領
軍員外將軍黑齒常之，夜帥敢死之士五百人襲擊虜營，虜眾潰亂，
其將跋地設引兵遁去，敬玄乃收餘眾還鄯州。〔註63〕

　　黑齒常之因此被提拔為左武衛將軍，兼檢校左羽林軍，賜金五百兩、絹
五百匹，仍充河源軍副使，〔註64〕於西北繼續不斷立戰功，因中郎將爨寶璧
之冒進受牽連吃官司，受誣陷而自殺：

　　時吐蕃贊婆及素和貴等賊徒三萬餘屯於良非川。常之率精騎三
千夜襲賊營，殺獲二千級，獲羊馬數萬，贊婆等單騎而遁。擢常之
為大使，又賞物四百匹。常之以河源軍正當賊沖，欲加兵鎮守，恐

〔註60〕《資治通鑒》卷二○○，第6338頁。
〔註61〕《舊唐書》卷一○九，第3294頁。
〔註62〕《大周故左武威衛大將軍檢校左羽林軍贈左玉鈐衛大將軍燕國公黑齒府君
　　　　墓誌文並序》，見拜根興：《唐代高麗百濟移民研究》，第294頁。
〔註63〕《資治通鑒》卷二○二，第6385頁。
〔註64〕《舊唐書》，卷一○九，第3295頁。

有運轉之費，遂遠置烽戍七十餘所，度開營田五千餘頃，歲收百餘萬石。開耀中，贊婆等屯於青海，常之率精兵一萬騎襲破之，燒其糧貯而還。常之在軍七年，吐蕃深畏憚之，不敢復為邊患。嗣聖元年，遷左武衛大將軍，仍檢校左羽林軍。垂拱二年，突厥犯邊，命常之率兵拒之。躡至兩井，忽逢賊三千餘眾，常之見賊徒爭下馬著甲，遂領二百餘騎，身當先鋒直沖，賊遂棄甲而散。俄頃，賊眾大至。及日將暮，常之令伐木，營中燃火如烽燧，時東南忽有大風起，賊疑有救兵相應，遂狼狽夜遁。以功進封燕國公。三年，突厥入寇朔州，常之又充大總管，以李多祚、王九言為副。追躡至黃花堆，大破之，追奔四十餘里，賊散走磧北。時有中郎將爨寶璧表請窮追餘賊，制常之與寶璧會，邀為聲援。寶璧以為破賊在朝夕，貪功先行，竟不與常之謀議，遂全軍而沒。尋為周興等誣構，云與右鷹揚將軍趙懷節等謀反繫獄，遂自縊而死。〔註65〕

黑齒常之之善戰是無疑的，且能得士心，「前後所得賞賜金帛等，皆分給將士；及死，時甚惜之。」〔註66〕

但是，在唐新戰爭的歷史紀錄中不見以上包括黑齒常之在內的百濟人士的作戰表現，唯見扶餘隆逃歸中國，而《三國史記》卷六記載文武王十五年（675年）七月禰軍出使新羅，被扣押，「王疑百濟殘眾反覆，遣大阿儒敦於熊津都督府請和，不從，乃遣司馬禰軍窺，王知謀我，止禰軍不送，舉兵討百濟。」這令人疑惑。現存紀錄除了說明唐不能有效組織動員百濟軍事力量，也說明唐朝對百濟宗室上層的腐朽性和軟弱無能估計不足，不僅扶餘隆，投靠日本侵略者的扶餘豐同樣也是很腐敗無能，猜度擁立支持他的大將福信，予以殺害。扶餘氏作為亡國的失敗者和腐敗的末代統治集團成員，凝聚力和才能很有限。

唐朝不能有效動員百濟軍事潛力除去疏誤、不信任，可能也和唐朝在朝鮮半島實行的內徙移民政策有部分關係。這一政策削弱反抗潛力，降低治理阻力，但其在當地軍事政治凝聚力方面具有消極作用。其實中國古代歷代王朝多曾採取類似的地方精英遷移政策，把地方的大族勢力連根拔起，遷移到政治核心區，像西漢的「強幹弱枝」政策就曾遷徙遠地大族到關中，秦朝也

〔註65〕《舊唐書》，卷一○九，第3295頁。
〔註66〕《舊唐書》，卷一○九，第3295頁。

有類似政策，遷徙原六國大族到關中，這樣做就是迫使原來的地方精英與鄉土剝離，在遷入地喪失原有的地方影響力，而遷出地則因此失去地方社會的領袖和地方凝聚力，變得易於治理，是為加強中央集權服務的。唐朝也實行這種政策並不奇怪。顯慶五年「（百濟）王扶餘義慈及太子隆，自外王余孝一十三人並大首領、大佐平、沙吒干國辯成以下七百餘人，既入重闈，並就擒獲，捨之口口，載以牛車，佇薦司勳，式獻清廟，仍變斯獷俗」，而《三國史記》記載「（蘇）定方以百濟王及王族、臣僚九十三人、百姓一萬二千人自泗沘乘船回唐。」〔註67〕「百姓」不可能是指真的庶民，那不值得唐朝遷移，一定包括大族豪門，即精英階層。百濟是小國，如此多的精英被運走，就意味著貴族官僚集團的菁華被大量抽取，剩下的地方酋帥相互間可能是鬆散甚至隔閡的關係，在人際關係結構上可能是被去掉上層核心部分的金字塔結構的中下層，相互間凝聚力被打散，而最有才能和權勢影響的人消失了很大一部分。沒有史料表明扶餘隆歸百濟後帶回了這些人中的多少，並使得權力結構和社會關係結構可以得以重建。

三、小結

　　唐朝對朝鮮半島和百濟和政策始終要放在唐朝東北亞戰略和東北亞地區格局的背景中觀察。唐朝平定百濟，是因為唐麗戰爭的戰略需要，唐朝調整百濟政策，將最高羈縻長官熊津都督從「華人」轉為扶餘氏，是基於因為百濟內部局勢乃至東北亞地區形勢的需要，但是唐麗戰爭結束後，唐朝需要防止高句麗的復興或是一個新的高句麗出現，同時保有唐麗戰爭的勝利果實不喪失。這些勝利果實除了收回的遼東以外還包括唐朝在朝鮮半島的主導權，這種主導權以羈縻制度的穩定推行為基礎。在唐麗戰爭結束後，唐朝必然認識到百濟羈縻體制是一個重要成果，但是維護不力。

　　唐朝始終沒有復興百濟國的政策出臺，公元 666 年以後扶餘隆領導的百濟故土只是自治度高的熊津都督府轄區，受到唐軍保護但無唐軍直接守衛。唐新戰爭爆發後，唐朝最擔心的應是新羅是否會成為高句麗第二，因此需要在高句麗故土和百濟兩條戰線上試探新羅的戰略意志和阻撓新羅擴張勢頭。對於新羅針對百濟實行兼併的主張，唐朝有清楚的體會。就唐朝百濟政策而言，要麼放棄百濟給新羅做個政治交易，要麼投入相當資源來維持羈縻體制，

〔註67〕《三國史記》，第 76 頁。

後者要涉及唐朝的戰略全局籌劃。熊津扶餘羈縻政權沒有發揮預期的作用，一方面是唐朝政策的疏誤和內在矛盾性造成的，一方面是百濟上層分子的腐朽性造成的。應當指出的是唐高宗對於百濟的政策在起初曾有不堅定不明確的一面，而唐朝對百濟軍事政策的矛盾性主要是目標和手段的脫節。

第六章　隋唐海上力量的組織建設與技術特徵研究之一：造船業興衰分布與經濟重心南移

　　「1000 年以前，動員人力和物力從事大規模建設事業的指令系統佔有絕對優勢，這在當時乃是不容置疑的。」——威廉·H·麥尼爾〔註1〕

　　隋唐征東作戰中實行海陸兩路作戰，海上一路則實行跨海作戰。本章探索重點在於隋唐海軍建設與江南經濟的關係。工業是軍事的重要基礎，在手工業時代也不例外。海上軍事力量的建設需要大量造船，江南船舶製造業部門是海上力量建設的重要基礎，其發展得益於官船的建造。「江南」一詞的內涵有不同表述，有「大江南」「中江南」「小江南」等不同的範圍，分別包括長江以南、長江下游平原、太湖平原等不同範圍。明清時期「江南」的內涵則主要限定於環太湖區域五府為主。〔註2〕學術研究中的概念闡釋接近約定俗成，如周振鶴《釋江南》一文指出「較確切的江南概念到唐代才最終形成。唐太宗貞觀元年分天下為十道時，江南道的範圍完全處於長江以南，自湖南西部迤東直至海濱，這是秦漢以來最名副其實的江南地區。因為十道是以山川形便原則來劃定的地理區劃，所以概念清晰無誤」〔註3〕。但在唐玄宗時期江南

〔註1〕〔美〕威廉·H·麥尼爾：《競逐富強——公元 1000 年以來的技術、軍事與社會》，上海：上海辭書出版社，2013 年版，第 20 頁。
〔註2〕周振鶴：《釋江南》，見《隨無涯之旅》，北京：三聯書店，1996 年版，第 315 頁。
〔註3〕周振鶴：《釋江南》，第 313 頁。

道區劃被一分為三，唐朝後期江南西道被再次分開。本章所論「江南」為長江以南的長江中下游流域，以江南道為核心，不包括福建和嶺南地區，這一地區的航運自古領先全國，曾經是中國發展海上力量的重要基地，也包括了後來南移的經濟重心。中國古代經濟重心南移這一重要歷史課題以往已有多方面論述，而南移趨勢自唐代已經日益明顯。從戰爭與經濟的角度出發，結合隋唐跨海東征與江南造船經濟發展的關係作研究。

一、隋唐征東前中國造船業的地域特徵

魏晉南北朝時期中國南方的造船業和航海業有重大發展，無論是對海上絲綢之路發展的歷史貢獻還是水上軍事力量的發展，都勝過北方，而分裂也刺激南北航海的發展。華北、巴蜀都曾形成區域性的造船基地，特別是巴蜀地區往往在被北方政權控制以後成為平定南方的水軍進行訓練和造船的基地，也是順流而下的出發基地，當地的工業潛力被用來作為北方政權發展水軍力量的重要基礎。

六朝的統治區域地處南方長江流域，其海外交通比前代更上一層樓。著名歷史學家范文瀾稱東吳政權的開創者孫權為「大規模航海的倡議者」。《南州異物志》記載東吳海船「大者長二十餘丈，高出水三二丈，望之如閣道，載六七百人，物出萬斛」，〔註4〕這是有高層建築的樓船，運載量和航行能力都是出類拔萃。當時中國船西航遠至紅海。還有記錄稱孫權見到來自地中海地區的使者，瞭解遠西的情況。孫吳政權與朝鮮半島政權有來往，相關史書記錄說航船很小但也可以載馬多達 80 匹。〔註5〕船隻載 80 匹馬的話除了必有的人員之外一定還可以搭運不少糧草供人馬食用，說明船的規模其實已經很不小。東吳曾僅在福建沿海興建很多造船工場，當西晉滅吳的時候接收下來的官方船艦多達五千餘艘。東晉南朝的造船業繼續發展，無論內陸流域還是沿海都有不少造船工場分布，劉宋時期長江中游的荊州作部有能力「裝戰艦數百千艘」〔註6〕。侯景之亂發生後，曾在建康集中製造快船千艘以資征戰，「兩邊悉八十棹」，〔註7〕則每船僅水手就至少有一百六十人。南朝時期還開

〔註4〕《太平御覽》卷七六九，上海：上海古籍出版社，2008 年版，第 774 頁。
〔註5〕《三國志》卷四七，《孫權傳》注引《吳書》，第 1140 頁。
〔註6〕《南史》卷三七，北京：中華書局，1975 年版，第 966 頁。
〔註7〕《梁書》卷四五，北京：中華書局，1973 年版，第 628 頁。

闢了東北亞各國包括高句麗、百濟、日本等直通江南的航線，東南亞諸國與六朝也互有使節來往於海上。

　　魏晉南北朝時期北方的官家造船能力應遠不及南方，但也不小，尤其是華北地區山東半島沿海的造船業有悠久的歷史傳統，數次成為造船中心。其實早在先秦時期，山東半島就生活著善於航海的東夷民族。根據《史記》卷二十八的記載，自戰國的齊威王、齊宣王和燕昭王時就不斷派人出海尋找蓬萊仙島等「三山」，秦始皇曾派徐福率大型船隊自山東半島東渡，漢武帝進攻朝鮮半島時自膠東地區出樓船兵 5 萬渡渤海遠征。魏明帝景初元年七月，「詔青、兗、幽、冀四州大作海船。」〔註8〕十六國時期後趙石虎討伐遼東鮮卑，遣青州之眾渡海出征：「因戍於海島，運穀三百萬斛以給之。又以船三百艘運穀三十萬斛詣高句麗，使典農中郎將王典率眾萬餘屯田於海濱。又令青州造船千艘。」〔註9〕

　　巴蜀地區也有悠久的造船傳統，戰國時的秦國曾自此地組織水軍沿長江南下攻打楚國。〔註10〕三國時期曹魏平定蜀國，西晉就在蜀地發展水師順流滅吳。處在江南上游的巴蜀地區在被北方政權佔據之後，往往會成為其造船基地，以實現統一南方的軍事活動。《晉書·王濬傳》講西晉在四川造雙體的大船連舫「方百二十步，受二千餘人」，「其上皆得馳馬來往」，形制很大。隋朝則於巴蜀地區發展水軍平南陳。〔註11〕

　　統一以前的北周和隋朝已有強大的內河水師，人員以北人為主，曾與南陳、反隋的南方豪雄和林邑國交戰，基本上屬於府兵為主。楊素、劉方、陳棱先後指揮了跨海平叛、遠征林邑、遠征琉球三次作戰。早在北周建德中楊堅曾率水軍三萬人破北齊軍於河橋，船隻來源必是來自北周的地盤黃河中上游。〔註12〕隋朝在統一北方後，於巴蜀地區造船發展水軍平陳，方面軍統帥楊素打造了五層高的「五牙」巨艦，其部下有巴蜑卒千人「乘五牙四艘，以柏檣碎賊十餘艦」。〔註13〕隋朝為了平定南方還組織了出海向南包抄江南的水軍，由

〔註 8〕《三國志》卷三，第 109 頁。
〔註 9〕《晉書》卷一〇六，第 2768 頁。
〔註10〕〔晉〕常璩著，任乃強校注：《華陽國志校補圖注》卷三，上海：上海古籍出版社，1987 年版，第 126 頁。
〔註11〕《隋書》卷四八，北京：中華書局，1973 年版，第 1283 頁。
〔註12〕《隋書》卷一，北京：中華書局，1973 年版，第 2 頁。
〔註13〕《隋書》卷四八，北京：中華書局，1973 年版，第 1283 頁。

隋將燕榮指揮自近海進入長江口，甚至進入太湖作戰，船隻應該是在北方已經造好的，[註14] 楊素二下江南平叛，也遠航至泉州，泛海掩至。叛黨散入海島溪洞，楊部水陸追捕，「江南大定。」[註15] 之後隋朝對南方航運進行了政策壓制，禁造和沒收大船，開皇十八年（598年）正月下詔：「（江南）人間有船長三丈已上，悉括入官。」[註16] 這裡所說的「江南」應該是原南陳的統治疆域範圍，即長江以南的長江中下游流域為主的區域。此政策的效果可以說「一石二鳥」，既限制地方造船，發展水上力量，也為官軍充實了征東的船隻。南方的航運優勢和軍事優勢將被中央而不會被地方掌握。[註17] 結果，隋朝在江南地區可依靠的造船部門只剩下官家工坊，這對已經獲得較高發展水平的南方造船業、航運業而言是一種摧殘。

隋文帝曾和位於今天越南北部的林邑國開戰，由劉方任統帥，動用了嶺南欽州歡州的陸軍自陸路進攻，劉方自率水軍去比景登陸。[註18] 戰船來源是個謎。隋煬帝還曾派陳棱等將領遠征「流求」，登陸後，「分為五軍，趣其都邑。」平定渴刺兜部，「虜男女數千而歸。」戰船來源未知以上作戰證明隋水軍具備航海以及登陸投送的能力。隋朝建立之初水軍無論船隻、兵將並不依賴於南方提供，可能很多戰船是在統一前已經在北方造好的。

二、隋朝征東與江南造船業之復蘇

隋朝發動了四次針對高句麗的遠征，每次都是海陸兩路出兵，其中隋文帝發動一次，煬帝主持三次。東征所用水軍部隊徵召來自全國範圍，但隋煬帝出兵軍用造海船前兩次主要在華北地區山東半島完成，最後一次出征也曾在南方的江淮地區造船。

開皇十八年（598年），隋文帝發動首次東征，用船主要靠江南，也就是前南陳統治區域，前文所論述沒收的江南大船用來組織東征水師艦隊。海上一路自東萊（山東半島）泛海赴平壤，「遭風，船多飄沒，無功而還」。[註19] 估計不少船隻已經損失。

〔註14〕 《隋書》卷六一，北京：中華書局，1973年版，第1464頁
〔註15〕 《隋書》卷四八，北京：中華書局，1973年版，第1285頁
〔註16〕 《隋書》卷二，北京：中華書局，1973年版，第43頁。
〔註17〕 王仲犖：《隋唐五代史》上冊，上海：上海人民出版社，2003年，第51頁。
〔註18〕 《隋書》卷五三，北京：中華書局，1973年版，第1358頁。
〔註19〕 《隋書》卷六五，北京：中華書局，1973年版，第1525頁。

　　隋煬帝東征所用海船大部分是在北方建造，主要以山東半島為造船基地，並從江淮地區徵發內河運船。大業七年（611年）元弘嗣奉命到東萊海口監造三百餘艘，〔註20〕七月，朝廷「發江、淮以南民夫及船運黎陽及洛口諸倉米至涿郡」，「舳艫相次千餘里」。〔註21〕所謂「江、淮以南」作何理解？應該是指淮南和江南，後者是指長江以南，其實這就是主要包括長江中下游流域。很有可能隋文帝沒收的那批江南大海船已經損失殆盡，或者說沒有剩下多少，南方官府工坊新造的船數量上又沒跟上，因此隋煬帝就只有有限的「江、淮以南」內河船可資用於大運河上的漕運運糧。

　　隋朝大業八年（612年）煬帝首征，《資治通鑒》記載：「詔總徵天下之兵，無問遠近，俱會於涿。又發江淮以南水手一萬人，弩手三萬人，嶺南排鑹手三萬人。」〔註22〕胡三省作注稱：「鑹，小矟也。」長江下游出水手和弩手四萬，嶺南出兵力三萬，其中嶺南排鑹手對於下大艦後的登陸行動具有價值。七萬人與「天下之兵」相對而言，應當是並不都會合於河北涿郡，即不都參加遼東陸戰場，而是自海上東征為主。據《唐會要》載，運七萬人須用船五百（見下一章的表格統計數據及相關文字），則上文所述元弘嗣山東造船三百艘可能具備投送四五萬之眾的能力。來護兒負責指揮隋軍海上一路，「帥江、淮水軍舳艫數百里，浮海先進」，〔註23〕其兵員組成必是包括上述江南徵發兵員，估計可能包括部分「排鑹手」，估計文帝時期江淮地區所造的船的殘餘也會參與征東，而華北地區山東半島所造船是主要的部分。來護兒「簡精甲四萬」攻平壤城，後有周法尚部增援，〔註24〕估計相加的作戰兵眾超過五萬以上，而水手等輔助人員佔了剩下的部分。

　　大業九年（613年）隋煬帝第二次出征遼東，東萊留守陳棱「尋奉詔於江南營戰艦」，〔註25〕但因為楊玄感在後方作亂隋煬帝被迫下令回師平叛，所造船應該是到第三次出征才用得上。筆者認為對陳棱造艦活動的理解應為隋煬帝發現北方海船造船力的枯竭或存在其他問題，故此才再派人赴江南造海船，這個「江南」應該指的是上述「江、淮以南」除去江北淮南的部分。

〔註20〕《資治通鑒》卷一一，北京：中華書局，1956年版，第5654頁。
〔註21〕《資治通鑒》卷一一，北京：中華書局，1956年版，第5654頁。
〔註22〕《資治通鑒》卷一一，第5654頁。
〔註23〕《資治通鑒》卷一一，第5663頁。
〔註24〕《資治通鑒》卷一一，第5663頁
〔註25〕《隋書》卷六四，第1519頁。

三、唐麗戰爭造船用船數據統計估算

唐麗戰爭是隋唐征東的第二個階段，最重要的階段，即唐朝和高句麗作戰直至取勝，使用南方造船和水軍。在這個階段，戰事規模再度擴大，雖然陸軍作戰的參戰人員規模始終未超過隋煬帝首次出兵，但是海上力量的發展卻空前膨脹，造船的要求也就不斷擴大。當時的造船業地理格局也發生了巨大變化。

這一時期有關山東半島的造船記錄消失，可是唐朝東征期間南方的造船動員範圍不斷擴大。唐朝在江南責成地方官就地建造，數量龐大，這可以理解為華北地區和巴蜀地區傳統造船基地的衰落，以及江南地區再次具備造船中心的地位，且後來居上。根據史料中的數據列表以便分析，見表 6-1

表 6-1　唐麗戰爭造船用船數據統計

時間	戰事	造船來源地	造船或用船規模	運載兵員
貞觀十八年（644 年）	唐太宗首次東征。	將作大監閻立德等詣洪、饒、江三州造船四百艘以載河南軍糧。〔註26〕張亮「帥江、吳、京、洛募兵凡四萬，吳艘五百」，〔註27〕跨海登陸遼東	造 500 艘跨海戰船和 400 艘內河運糧船	（僅張亮一路）4 萬戰鬥人員，輔助人員 3 萬，共 7 萬。（作為運載量基本標準）
貞觀二十一年（647 年）	唐太宗二次出征	未明，估計或許是上次出兵所造船隻大量仍繼續使用。	估計用海船 60～70 艘	「發兵萬餘人，乘樓船自萊州泛海而入。」〔註28〕
貞觀二十二年（648 年）	唐太宗三次出征	江南宣、潤、常、蘇、湖、杭、越、臺、婺、括、江、洪十二州造大船及艓船 350 艘。〔註29〕	造船為 350 艘左右	以薛萬徹「將兵三萬餘人及樓船戰艦自萊州泛海」。〔註30〕

〔註26〕《資治通鑒》卷一九七，第 6209 頁。
〔註27〕《新唐書》卷二二〇，第 6189 頁。
〔註28〕《資治通鑒》卷一九八，第 6245～6246 頁。
〔註29〕《資治通鑒》卷一九八，第 6249 頁。《冊府元龜》卷九百八十五，第 11571 頁。
〔註30〕《資治通鑒》卷一九八，第 6252 頁。

貞觀二十二年（648年）		「越州都督治大艒偶舫以待。」〔註31〕「越州都督府及婺洪等州造海船及雙舫千一百艘。」〔註32〕	造海船及雙體船1100艘	估計可運兵10萬左右
貞觀二十二年（648年）	太宗計劃跨海攻打百濟	遣人於劍南道伐木造艦，「大者或長百尺，其廣半之。別遣使行水道，自巫峽抵江、揚，趣萊州」〔註33〕。後改為官費雇潭州人造船。〔註34〕	大者或長百尺，其廣半之	計劃發兵30萬
龍朔三年（663年）	唐高宗時期繼續作戰	唐麗戰爭進行到關鍵階段，唐高宗曾「詔罷三十六州所造船」。〔註35〕	估計造船千艘左右	
顯慶五年（660年）	蘇定方帥約十三萬大軍，戰船近兩千隻至百濟熊津江口。〔註36〕	估計包括上兩次造船記錄	用船近兩千餘艘	約十三萬
龍朔二年（662年）	遣孫仁師率沿海地區部隊7000浮海赴熊津，促成白江之戰勝利。〔註37〕		估計用船50艘左右	7000人

　　隋唐時期的軍用船隻載運量究竟多少？這是一個關鍵問題。

　　表中戰船運量「基本標準」估算，只能是一個平均標準，反映船隻的承

〔註31〕《新唐書》卷二二〇，第6195頁。
〔註32〕《資治通鑒》卷一九九，第6261頁。
〔註33〕《資治通鑒》卷一九九，第6259頁。
〔註34〕《資治通鑒》卷一九九，第6262頁。
〔註35〕《資治通鑒》卷二零一，第6336頁。
〔註36〕《舊唐書》卷八三，《蘇定方傳》，第2779頁。《三國史記》，第74頁，第330頁；《三國遺事》卷一，第58頁。
〔註37〕《舊唐書》卷一九九，《東夷列傳》，中華書局1975年版，第5332頁。

載能力而非使用中的具體表現。筆者承認很難用一個反映能力的固定標準去死板地衡量所有船隻的承載活動。實際的船隻技術能力可能千差萬別，而且作戰中會使用不同功能的船隻類型，而這些船隻不可能是運載量完全一致，即使是按照統一技術標準建造的同一型號的船隻在執行不同戰術任務的時候，承擔的具體功能不同也會導致單次行動實際運輸內容的差異。執行不同作戰任務的部隊由於兵種不同，人員規模不同，以及作戰需要不同，攜帶的裝備物資種類、數量都會有差異。舉個簡單的例子，十名偵察兵乘小船出動，和十萬大軍遠征相比不能簡單的被認為將前者所需軍備物資在數量上乘以一萬，後者要攜帶很多前者不需要的物資，包括指揮部所用的大型帳篷和指揮官用車等等。但是筆者相信，常見的、兵力數值接近的作戰活動相關數據可以被作為統計一般作戰的平均數據的相對可靠的標準，即相對可靠的參考值，適用於一般的作戰規模，而像蘇定方十幾萬大軍登陸百濟這樣的超大型作戰需要另作別論。

把七萬人需五百艘船判為參考標準量的理由之一，是根據《舊唐書》記錄貞觀十八年（644年）唐太宗征東派張亮跨海用船500運兵4萬，而《唐會要》記為7萬人，應理解為自內地募集的勁卒4萬，水手、運丁等輔助人員為3萬〔註38〕，《新唐書》也記載為七萬人，唐朝軍船平均載兵近150人，這應是一個合理的人力比例和史料解釋。

判斷的理由之二，是唐朝前期東征戰場上的日本戰船數據也可作一參考，證明此一「基本標準」的廣泛性。根據韓昇教授的分析，在《日本書紀》裏面關於唐日白江之戰的記載無論唐軍還是日軍反覆出現「一百七十艘」的數字，〔註39〕石曉軍則認為日本干涉軍兵力為四萬人，韓昇認為日軍兵力以《日本書紀》天智天皇二年三月條所記載的27000人比較可信，即日本663年出兵朝鮮共兩萬七千人，〔註40〕韓昇認為如果平均每船裝載一百五十人，則一百七十艘日本船可載運兩萬五千五百人，「大概也就是日軍出動的規模」，而唐朝記錄白江之戰中焚毀日本戰船多達四百艘，新羅甚至記為千艘，大概都源於將領的戰報，可能有所誇大，不一定準確。〔註41〕以此而論，唐、日雙方

〔註38〕 《唐會要》，上海古籍出版社2006年版，第2021頁。

〔註39〕 韓昇：《東亞世界形成史論》，復旦大學出版社2009年版，第255頁。

〔註40〕 石曉軍：《唐日白江之戰的兵力及幾個地名考》，《陝西師範大學學報》1983年第3期。

〔註41〕 韓昇：《東亞世界形成史論》，復旦大學出版社2009年版，第256頁。

戰船皆在每艘平均一百五十人左右，雙方互證結果存在合理性。軍隊跨海遠征，則兵糧馬匹和其他物資都要運輸，按此基本標準估算，四百艘船載七萬部隊及相關軍用物資沒有問題。太宗時期三次用兵東征，每次都有一路人馬自山東半島萊州出發跨海登陸高句麗轄境實施作戰，作戰方式相同，作戰條件相似，故此造船和用船要求應當一致，以上文船500載運七萬部隊的基本標準估算不會有差異。其實這些載運人數數字估計還都算相對較小，東晉時期法顯自印度回國搭乘印度商舶，每船載約200人，而按《廣雅》的解釋，唐代一般的海船「大者長二十丈，載六七百人」，〔註42〕前文提到的三國時東吳海船也可以載運六七百人，都比東晉時法顯所搭乘海船還要大得多。無論東吳海船、東晉印度船還是《廣雅》所記唐代海船三者都看似比上述所言唐朝軍用船載運基本標準也要大很多，但是筆者想指出的是軍船與民用船不同，除了載人、糧、生活用品之外，還要載運大量馬匹、帳篷、武器、旗幟、鑼鼓甚至車仗、文具、文件等等大量軍用裝備，如果大軍出動，軍船載人數比民船載人數相對較少並不意味著船隻規模或運力少於民船。

因此，本章將平均每船載人一百五十人左右設為唐軍跨海東征的大致上的「基本標準」，來反映大軍出動的平均運載能力，並認為軍船載人數與民船比較並不算太高，還是可以理解的。

四、唐麗戰爭動員與江南造船業中心地位的復興

以下再借助上表對唐麗戰爭相關造船史事略作分析。

首先，從唐麗戰爭來看，華北沿海山東半島和長江上游巴蜀地區的傳統造船基地衰落，不能為用，而江南成為征東所依賴的唯一造船基地，造船動員地理範圍逐步擴大，標誌著江南造船業部門的廣泛分布與振興。〔註43〕

唐太宗時期軍用糧草主要依靠黃河下游提供，如貞觀十七年（643年）於河北徵糧，又令蕭銳於河南諸州運糧入海。〔註44〕江南在物力資源方面的支持主要是提供海船。貞觀二十二年（649年），唐太宗在劍南道造船運糧，而劍南道屬於巴蜀地區，是魏晉南北朝時期北方政權向南方長江流域實施統一作戰用兵的造船基地，可是唐初蜀人卻因難以承擔重負發生叛亂，朝廷只好

〔註42〕慧琳：《一切經音義》卷一，第12頁。
〔註43〕這裡的「振興」一詞是指與隋朝相比較而言，因為上文所述隋朝曾經對江南造船業進行限制打壓。
〔註44〕《資治通鑒》卷一九一，第6209～6210頁。

改讓蜀人出資雇用潭州人造船，後又改為官費。這與魏晉南北朝時期巴蜀負責打造水師的歷史大有不同，說明巴蜀造船能力的相對衰落。

上表所見唐太宗首次征東，僅僅自個別數州造船，而第三次征東，發江南十二州人造船數百艘，十二州除了最初參加造船的三州中的洪州、江州外，還有 10 州都處於長江下游以南，範圍擴大不少，其中的潤州到中唐以後造船業取得更快發展。此外，太宗命「越州都督府及婺洪等州造海船及雙舫千一百艘」。唐高祖武德四年（621 年）改會稽郡為越州，置總管府，武德七年（624年）改為都督府，貞觀元年（627 年）越州都督督泉、臺、建、括等 6 州。唐貞觀時期的越州總管轄區地域大致包括今天的浙江和福建沿海地區。其時，江南政區共 14 州，僅睦、歙二州未入。這些既表明造船範圍擴大，也表明造船數量的激增。估計長江流域的造船部門集中地幾乎得到全面動員，而巴蜀出錢不出力，這與魏晉南北朝時期的歷史現象大不相同。

龍朔三年（663 年）唐高宗詔罷 36 州所造船，史書未記載是哪 36 州，而參考譚其驤編《中國歷史地圖集》，唐朝貞觀元年（627 年）設置江南道，其監察範圍超過 36 個州。估計在唐高宗時幾乎整個江南道都參與東征造船服務。

其次，江南地區的造船業技術水平提高，船隊總運載量、造船數量在中國古代歷史上都是空前的，造船規模呈上升曲線，在高宗朝達到頂峰。

上文表中所述唐太宗時在蜀地劍南道造船失敗，劍南道為唐太宗貞觀元年（公元 627 年）行政區劃改革以後改益州為劍南道所置，治所位於成都府，轄境相當今四川省大部，而潭州即今天的湖南長沙，湘江流域交通重鎮，即隋朝開皇九年（589 年）改湘州為潭州並設立總管府，至隋煬帝時改為長沙郡，但轄區大為縮小，貞觀二十二年（649 年）潭州竟能以一州之地代替劍南道一道之地造船，可見製造力之強。

貞觀十八年（644 年）唐太宗首次征東，海上一路用吳艘 500，都是在江南打造。太宗令閻立德等詣洪、饒、江三州另造船四百運糧，三州皆為鄱陽湖流域造船業中心，屬江南西道，此地有「舟船之盛，盡於江西」之稱。三州在六朝屬於豫章經濟區，〔註45〕在整個中古時期屬於手工業發達的地區。

唐太宗第三次征東時，造船量達到新高，於公元 647 年令「宋州刺史王波利等發江南十二州工人造大船數百艘」，按史料中所述州名，十二州的範圍

〔註45〕許輝，蔣福亞：《六朝經濟史》，江蘇古籍出版社 1993 年版，第 80 頁。

在今天的蘇南、浙東等沿海地區和江西沿江地帶鄱陽湖流域。表中史料所云越州都督府及婺洪等州造海船千餘艘，當時所造海船「大者或長百尺，其廣半之」，運輸量可觀。大艑是大船的表達，偶舫、雙舫係雙體船，亦必東南沿海所擅長製造。唐初越州都督府轄區為今天浙江東部沿海一帶，史料反映出當時當地造船能力屬於「井噴式」表現。

龍朔三年（663年）唐高宗詔罷36州造船。若以洪、江、饒3州造船400計為標準，則36州造船可估為4800，當然各州造船能力未必相同，但總數應該是很大的規模，推測至少兩千艘以上，因為公元660年蘇定方部十幾萬大軍跨海平百濟用船兩千艘左右。蘇定方出徵兵力人數和用船數依《舊唐書》和《資治通鑒》為水路十萬人，依《三國史記》卷五和卷二十八記載則為十三萬，《三國遺事》卷一正文也記載也為十三萬，並注引《鄉記》記載為十二萬二千七百十一人，及用船1900艘，故以詳細數字為合理和接近，足證上表中估算數字也有合理性。於是到顯慶五年（660年）發生跨海平百濟的遠征勝利，扭轉全局。此次遠征登陸作戰所使用戰船數，在隋唐東亞地區達到空前絕後的規模，事實上即使在唐朝以後東北亞地區也很少有一次戰役可以集中這麼高的船隻數量，也沒有一次戰役可以一次性投送兵力可以達到如此兵員規模，包括甲午戰爭和朝鮮戰爭、日俄戰爭在內。粗算一下，以十三萬人兩千艘船計，則每船平均載運65人，若按總數十二萬人算，則每船平均載運60人，兩數字均反較上文所見唐太宗首次出兵用船載運兵力「每船一百五十人左右」縮小一半以上，當如何理解？筆者以為原因有二。其一，蘇定方部有這麼多戰船很有可能應當包括貞觀二十二年（648年）唐太宗生前曾命越州都督府打造1100艘船，龍朔三年（663年）唐高宗下令36州暫停造船之前所造的船隻估計為千艘以上，前後這兩個階段各造千艘以上，除去使用損耗也可以滿足兩千艘的用船量，因此《三國遺事》史料記載的蘇定方部兵力和船數確鑿應該沒有問題。其二，歷次戰役的性質不同導致運輸需求不同，原理上節已做論述。唐太宗首次用兵一定信心滿滿，志在必勝，因此分海陸兩路，水上一路帶有有限的戰略價值，張亮一部登陸遼東半島可以視為戰術戰役價值大於戰略戰役價值，而太宗東征首戰不勝改為襲擾戰，不求速勝，故其第二次第三次戰役皆屬短期突襲的戰術作戰，登陸後無作長期野戰之計劃，應主要為戰術戰役，而跨海平百濟之戰出兵規模在當時海上是「超級」規模作戰，旨在動搖東亞地緣戰略全局，平定百濟一國，故屬於戰略戰役，需要在

百濟進行長期野戰和破城攻堅戰，以及固守所得陣地並向北實現對高句麗的鉗擊，且又是大軍出動，因此，載運裝備物資要求頗高。故此，蘇定方部十餘萬大軍用兩千餘戰船有其合理性。

五、唐新戰爭與江南造船業

　　唐新戰爭中軍船使用規模與唐麗戰爭相比可算是小巫見大巫，而有關造船的記錄竟然嚴重缺失，主要是記錄船隻損失的信息，既包括作戰損失，也包括風浪損失，原因值得深思。作表列出造船、用船相關的數據列表觀察，見表 6-2。

表 6-2　唐新戰爭造船用船數據統計

時間	事件	船隻規模與來源	載運情況
總章二年（669 年）	未及開戰即被風浪淹沒，「時唐羅兵未交接，風濤怒起，唐舡皆沒於水。」〔註 46〕	未明	未明
咸亨二年（671 年）	「（新羅）擊唐漕船七十餘艘，捉郎將鉗耳大侯士卒百餘人，其淪沒死者，不可勝數。」〔註 47〕	70 餘艘	未明
咸亨二年（671 年）	《三國遺事》記載：「唐更遣趙憲為帥，亦以五萬兵來征。（新羅僧）又做其法，舡沒如前。」〔註 48〕	估計沉沒 300 艘以上	五萬兵
咸亨二年（671 年）	押運使郭志該溺於海上：「於是揚舲巨海，鼓楫遼川。風起濤驚，船壞而溺。」〔註 49〕	未明	必有運糧運軍資的船
上元二年（674 年）	「劉仁軌大破新羅之眾於七重城，又使靺鞨浮海，略新羅之南境，斬獲甚眾。仁軌引兵還。詔以李謹行為安東鎮撫大使，屯新羅之買肖城以經略之，三戰皆捷。」〔註 50〕	未明	未明

〔註 46〕《三國遺事》，第 65 頁。
〔註 47〕《三國史記》，第 97 頁。
〔註 48〕《三國遺事》，第 65 頁。
〔註 49〕《（上闕）縣令郭君（志該）墓誌銘並序》，第 213 頁。
〔註 50〕《資治通鑑》卷二零二，中華書局 1956 年版，第 6375 頁。

上元二年 （675 年）	泉城戰役	「我（新羅）將軍文訓等，逆戰勝之，斬首一千四百級，取兵船四十艘。仁貴解圍退走，得戰馬一千匹。」〔註51〕	估計 5 千人以上
儀鳳元年 （676 年）	伎伐浦水戰，唐軍喪失半島南部的橋頭堡：「冬十一月，沙餐施得領船兵，與薛仁貴戰於所夫里州伎伐浦，敗績。又進，大小二十二戰，克之，斬首四千餘級。」〔註52〕	未明	估計三十艘以上

首先，說明一下表中的數據分析原則。表中數據估算的「基本標準」依然是上文唐麗戰爭中首度用兵的計算標準，即平均船載一百五十人左右，因為唐新作戰規模與唐朝太宗時期海上作戰規模更為接近，因此將咸亨二年的「五萬唐軍」用船估算為三百艘左右，此條史料之唐軍跨海遠征史事有中國唐代押運使郭志該墓誌銘殉難記載為輔證，難以佐證的是此次押運活動相應的作戰活動用兵數量。從郭志該墓誌記載來看，當時唐軍出師攜帶不少糧草自海上一道運往前線。泉城戰役和伎伐浦水戰中唐軍戰船運載規模估算方法相同。

第二，唐新戰爭中缺乏任何明確的造船記錄，唐軍仍然使用來自江南的船隻。

史言唐朝和新羅發生矛盾後，新羅稱得到情報「（唐朝）國家修理船艘，外託征伐倭國，其實欲打新羅」。〔註53〕這種「修理」沒有其他史料佐證，無法考釋其具體面貌。咸亨二年（671 年）薛仁貴致書新羅稱：「高將軍之漢騎，李謹行之蕃兵，吳楚棹歌，幽并惡少，四面雲合，方舟而下」。〔註54〕「吳楚棹歌」是指南方水軍。這應該是唐麗戰爭遺留的船為主。

唐新戰爭中有數次海戰戰役發生，但奇怪的是在戰爭期間中國和朝鮮的史料都並無造船記載，大概和海上戰事的小型化有關，很有可能唐新戰爭期間唐朝不再繼續在地方大量造船，主要沿用過去唐麗戰爭的舊船，用完為止。

第三，作戰損失和風浪溺沒的記錄表明唐軍水師受到挫折，嚴重弱化，

〔註51〕《三國史記》，第 100 頁。
〔註52〕《三國史記》，第 100 頁。
〔註53〕《三國史記》，第 96 頁。
〔註54〕《三國史記》，第 92 頁。

並且損失了不少船隻。

受風浪而損失的記錄在隋朝已經出現，如隋文帝征東海上一路「遭風，船多飄沒。」唐麗之戰的勝利誠如薛仁貴語乃「不懼船海之危」所造就，〔註55〕如乾封二年（667年）「郭待封以水軍自別道趣平壤，勅遣別將馮師本載糧仗以資之。師本船破，失期」，〔註56〕而跨海去百濟的船失事也很多，宰相李義府迫害政敵劉仁軌的方式就是派他去百濟前線擔任留守，希望劉仁軌會因為船溺而吃官司，因為當時百濟唐軍：「又遣來去運糧，涉海遭風，多有飄失。」〔註57〕

唐代跨海作戰損失的具體記錄自唐新戰爭才出現，如上表所統計公元669年大量唐船未及開戰即被風浪淹沒，而唐軍海上作戰損失的開始是如表所示公元671年開戰以後第一次海戰，新羅擊唐漕船70餘艘，同年，也有新羅史料孤證稱唐朝的援軍5萬被淹沒，按照上文統計標準則恐損失戰船300艘以上。上元元年（674年）正月唐朝以劉仁軌為主將，然後有七重城戰役為中心的南北海陸夾擊，唐朝調動靺鞨海上作戰力量也是彌補自身海上作戰力量的枯竭。

公元675年泉城戰役中唐軍損失兵船40艘，則兵員超過5000。儀鳳元年（676年）發生伎伐浦水戰，二十二戰說明作戰激烈，唐軍死去4000戰士就算都是水軍，相當於30艘戰船的兵力，可見參戰唐朝水師之弱，堪稱唐新戰爭「最後一戰」，兩次戰役唐損失戰船應共70餘艘，不顯強大。

第四，造船的高成本與財政負擔是唐朝不能在江南繼續大量造船以維持水師戰力強大的重要原因。

儀鳳二年（677年）劉仁軌撤軍後，唐高宗決心再次大舉討伐，張文瓘勸諫之：

> 今吐蕃為寇，方發兵西討；新羅雖云不順，未嘗犯邊，若又東
>
> 征，臣恐公私不堪其弊。〔註58〕

其中兩個罷戰的理由，一是吐蕃的威脅，二是「公私不堪其弊」。《資治通鑑》貞觀二十二年九月條記載建造「大船一艘，庸絹二千二百三十六匹」，唐朝的租庸調制下每戶調絹一匹，則大船一艘耗費2236戶均田制農戶一年

〔註55〕《三國史記》，第91頁。

〔註56〕《資治通鑑》卷二零一，中華書局1956年版，第6353頁。

〔註57〕《舊唐書》卷八四，《劉仁軌列傳》，中華書局1975年版，第2794頁。

〔註58〕《資治通鑑》卷二零二，中華書局1956年版，第6385頁。

的調，更何況相關的軍事建設投入。西征不僅耗費大量人力物力，而且也要求漕運支持。在吐魯番哈剌和卓附近阿斯塔納出土的唐前期軍用稅布上有文字顯示其來自江南：「婺州信安縣顯德鄉梅山裏祝伯亮租布一端，光宅元年十一月日」，「婺州蘭溪縣瑞山鄉從善里姚群庸調布一端，神龍二年八月日」。〔註59〕如上文所見唐新戰役兩次直接作戰文獻確切記載的損失船艘為70和40，則分別耗絹156520匹和89440匹，分別相當於156520戶和89440戶的庸。

隋朝亡國即和戰事負擔有很大關係。貞觀二十二年（649年），唐從巴蜀造船運糧，曾引起「巴、蜀大騷」，〔註60〕發生叛亂，「蜀人願輸財江南，計直作舟，舟取縑千二百」。朝廷改雇潭州人造船，後改官費。唐太宗三打高句麗，僅文獻所見造大船實數記載累積共計就有1950艘，〔註61〕實際造船總數恐遠不止。唐高宗時「上以海東累歲用兵，百姓困於徵調，士卒戰溺死者甚眾，詔罷三十六州所造船，遣司元太常寶德玄等分詣十道，問人疾苦，黜陟官吏」。這是社會負擔比較嚴重的表現。跨海平百濟之役，用船達到最高峰兩千多艘，若都是大船，則兩千艘折合用絹4472000匹，或相當4472000戶所出調，隋唐耗財總數必極大，折算為絹匹幾為天文數字。唐初財政簡儉，戰事持久必捉襟見肘。

六、隋唐東征中江南造船的形制問題

隋唐東征造船的具體形制相關史料相當缺乏，筆者才疏學淺，也難以詳細求證。隋朝二世而亡，固然短暫，但唐代自公元618年李淵登基至公元907年朱溫篡唐，長達289年，整個隋唐歷史階段超過三百年，因此把唐朝後期的史料用於隋朝和唐朝前期的歷史分析，或者反過來，都是一定要慎重。唐代敦煌壁畫中有一些船的圖案出現，包括有唐太宗時期的小舢板畫作，〔註62〕但是在多數敦煌壁畫中的船涉及宗教題材，是不完全寫實的。英國著名科學史學者李約瑟曾指出「可惜唐代相應的船圖似乎沒有留傳下來，而《武經總

〔註59〕 全漢昇：《唐宋帝國與運河》，第39頁。

〔註60〕 《新唐書》卷二二〇，第6195頁。

〔註61〕 張曉東：《論唐太宗對高句麗之戰跨海戰略的決策作用：兼論海上力量與高句麗之戰戰略成敗的關係》，《史林》2011年第4期。

〔註62〕 李約瑟：《李約瑟中國科學技術史》，科學出版社2008年版，第4卷第3分冊，第504頁。

要》的圖集顯然是由兩套很久之後才繪製的船圖組成的。」〔註63〕這些史料基本不能對我們分析東征船的形態分析起到什麼幫助。《太白陰經》是唐朝後期的李荃在公元759年撰寫的著作，其中提到了有「樓船」「戰艦」「海鶻」「蒙衝」「走舸」「遊艇」六種戰船及其形態，並不分江船、海船的類型差異，但在唐朝前期發生的東征戰事相關史料中基本沒有見到這些稱謂術語的出現，因此很難論證東征軍用船的形態就是屬於這些類型。值得注意的是，《太白陰經》提及的戰船其實主要是內河戰船，如李荃指出雖然樓船的形態壯觀，「船上建樓三重，列女牆、戰格，樹旗幟，開弩窗、矛穴，置拋車、礨石、鐵汁，狀如城壘。晉龍驤將軍王濬伐吳，造大船，長百二十步，上置飛簷、閣道，可奔車馳馬」，但是一旦「忽遇暴風，人力不能制，不便於事。然為水軍，不可不設，以張形勢。」〔註64〕也就是說「樓船」並不適合於暴風情況下的作戰和航行，很大程度上是做指揮船的「樣子貨」，那麼在海上就更不適合作戰了。第二種，即「蒙衝」艦的形態是「前後左右開弩窗，矛穴，敵不得近，矢石不能敗」，很難講是適合海上作戰的船型。「戰艦」和「海鶻」兩種船型有可能和唐朝前期的軍船形制接近，特別是後者的形態為「舷下左右置浮板，形如鶻翅。其船雖風浪漲天，無有傾側。背上、左右張生牛皮為城，牙旗、金鼓如戰船之制。」〔註65〕對於軍船的描述，《太白陰經》過於單薄，有學者統計「據文獻記載粗略統計，有隋一代製造的不同種類、型號的艦船多達二十餘種，而其中直接用於攻擊作戰的即有五牙、黃龍、青龍、平乘、舴艋、艨艟、艪〈舟爰〉、八棹、艇舸等九種不同類型的戰船（參見拙著《隋代軍事史‧緒論》）。」〔註66〕但是有關這些戰船記載的文字主要是出現在隋朝統一作戰的文字中，即以內河軍船描述為主，這些名稱的命名顯然不是根據一種標準，有些名稱可能並非是船的形制的學名，而是根據部分船甚或個別船的修飾外觀來稱呼，如「黃龍」一名就並非船型，而最多是船形（裝飾），比如隋煬帝周遊大運河的龍舟。又如隋朝大將楊素命於永安（今四川奉節）所造名為「五牙」大艦，實際也是樓船之一種，但其作戰能力較強。《隋書‧楊素傳》稱此船「上起樓五層，高百餘尺，左右前後置六拍竿，並高五十尺，容戰士八百

〔註63〕李約瑟：《李約瑟中國科學技術史》，第470頁。
〔註64〕張文才：《太白陰經新說》，解放軍出版社2008年版，第276頁。
〔註65〕張文才：《太白陰經新說》，第276頁。
〔註66〕張文才：《太白陰經新說》，第281頁。

人，旗幟加於上」。看起來「五牙」船載兵比唐代東征海船多數倍，但卻是長江內河戰船，不足以做跨海遠征的海船技術史標準。因此，《中國海洋文化史長編》魏晉南北朝隋唐卷作者使用《太白陰經》所述的六種類型總結為「唐初海軍裝備」，甚至說樓船是海軍最主要的作戰艦船完全是不適當的。〔註67〕

　　應該承認的是，唐朝航海技術的發展雖然一直處於領先地位，但是，「顯然，到唐朝末期，中國船舶才發展到其全盛時期」，因為「極少有印度傳教士或佛教求法者（5～7世紀）談到搭乘中國船旅行之事」。〔註68〕筆者自己閱讀史料，也一直感覺唐朝後期的有關長江流域的大船和漕運船、海船載運數據的信息相對要稍多一些，運載量也不小，但這很難說明唐前期一定也就是如此。

　　結合考古資料來看，參考信息有限。唐代東征相關史料中提到在今天的浙江地區大量建造雙體船「雙舫」「偶舫」用於海上運糧，這幾乎是相關文獻中唯一的船型信息，也是唐朝海船建造高技術水平的證明。1975年秋在山東省平度縣新河鄉出土了鑒定為隋代使用的一條雙體船殘體，殘體長20.22米，最寬處2.82米·其載重量約為23噸。該船出土地點位於今萊州灣南面的沖積平原，是濰河、膠萊河、滋陽河、沙河等河流河口附近，該船出土地點北距今渤海灣僅十五公里，在隋代這裡仍是海邊的沙灘，古船底部的淤積土層中有不少海生動物遺殼，應該是內河和近海的兩用船，這條船是至今所見最早的中國古代雙體海船實物。以其在雙獨木舟間連接甲板的船型來看，作為運輸船的功能是最為明確的。唐代前期江南地區建造可以出海的大型雙體船沒有困難，估計東征用雙體船也是用來運輸軍事物資為主，因為這種船型很適合運輸，但機動性不夠完美，不是很適合作戰。該船用材樹種，經送樣給南京林產工業學院化驗鑒定，兩條獨木舟身除少數船身屬樟木外，多數船身取材為金縷梅科楓香。樟木和楓香在現代均是我國南方所產樹種，山東當地不產，因而還不清楚這只船是造於南方還是北方，或是就地取材還是外來材。〔註69〕但是江南地區尋找類似木材應該是不難的。問題在於平度隋船考古報告認為此船「但是整體厚重，難於抗拒大風浪的襲擊。」出土船型確實較為

〔註67〕曲金良主編，朱建君，修斌分冊主編：《中國海洋文化史長編·魏晉南北朝隋唐卷》，中國海洋大學出版社2013年版，第360～361頁。

〔註68〕李約瑟：《李約瑟中國科學技術史》，第498頁。

〔註69〕山東省博物館，平度縣文化館：《山東平度隋船清理簡報》，《考古》1979年第2期。

簡單，隋唐江南地區為東征打造的雙體軍用船應該更大、更複雜一些。現代海軍建設尖端領域已經開始出現雙體和三體艦船，比如今天中國海軍的 022 導彈艇是雙體艦艇，而美國的獨立級濱海戰鬥艦則是三體艦，唐朝中國把大量雙體船用於海上軍事遠征在世界上也算是較早的。

七、小結

隋唐東征是中國古代航海文化和造船業發展的重要分水嶺，中國古代的造船業地理版圖發生了重要變化，這與東征包括了長期的、斷斷續續的大規模海上軍事活動有關，也反映了經濟重心南移的歷史進程。

其一，在東征過程中，江南造船業的地位日益彰顯，巴蜀和華北造船業相對衰落，是多種原因造成的。就東征軍需而言，隋煬帝時期開始造船業重心向江淮以南轉移，山東半島造船基地被棄用，唐代開始基本只在江南造船，巴蜀造船基地被棄用。

影響航海航運產業和文化發展的因素是多重的，文化、技術、人才保持、材料資源、氣候、地理條件、國家政策等等都有一定影響力。古代江南和華南的航海文化可以長久不衰，而華北沿海卻先盛後衰，是有其內在原理的。造船的材質需要堅固長久，經耐腐蝕，但相比之下，中國北方所產樹木木材大不如南方，這侷限了北方取材造船的遠航能力極限。如隋朝初年統一作戰中造船活動雖然並不依靠南方，但作戰行動少有入海、入遠海，楊素二次平南時水軍固然有個別戰役曾自海路南下，但主要是沿海岸線進軍，沒有像東征那樣經受深海跨海航行的考驗。隋唐東征活動在華北地區造船其實只有隋煬帝首次東征一次，旋即放棄，這是有其客觀原因的。譚其驤教授曾指出「中國文化有地區性，不能不問地區籠統地談中國文化。」〔註70〕從航海文化看，中國歷史上南北存在幾個航海文化區，如華北環渤海區，江南區，華南的福建和廣東，其航海文化形態與興衰各有特徵。航海文化需要造船業發展基礎，也需要海洋文化方面的精神觀念來支持，還需要地理條件在資源方面提供可持續支持。如今天的山東省在歷史上漁鹽業發達，早在春秋戰國時期，山東半島和環渤海地區的航海文化曾經非常發達，先秦秦漢到魏晉南北朝一直有當地人航行甚至移民去朝鮮半島和日本列島，而不少先秦秦漢的方士出於當

〔註70〕譚其驤：《中國文化的時代差異和區域差異》，《復旦學報》1996 年第 2 期，第 5 頁。

地，成為航海家。先秦齊人思想家鄒衍的「大九州」地理學說就是以海洋知
識為素材，以天文學知識為想像力基礎提出的。〔註71〕秦漢時期秦始皇曾經
派方士徐福率領數千童男童女出海求蓬萊仙島，當時也有經山東半島沿海的
海上漕運活動。〔註72〕但是到了明朝前期，受海禁政策影響，山東地區海洋
文化大為衰微，以致有學者甚至認為山東不屬於海洋文化區域。〔註73〕可見
航海文化的發展，需要有航海技術進步，造船業的部門經濟基礎，對海洋進
取的精神觀念，以及地理條件多種因素作為有效支撐的必要條件。

　　需要指出的是，唐初貞觀時期巴蜀地區造船業衰竭的具體原因仍然是個
謎。耐人尋味的是，自此之後再無北方政權包括北宋、元代、清代採取像先
秦和魏晉南北朝時期那樣先奪取處於「上游」的巴蜀然後造船「順流而下」
統一南方的古老戰略方式，究竟是產業技術衰落問題還是社會經濟成本問題，
抑或是木材缺乏之類環境原因導致了這一現象？需要以後再做深入研究。

　　其二，從隋唐征東戰事看，江南造船業經歷了曲折的發展，這種發展受
政策影響很大，不是直線上升，而是有所波動的。六朝時期江南造船業本有
良好的底子，隋文帝的政策曾構成一定時期的壓制摧殘，但隨著東征戰事發
展，海上力量建設的需要得到了刺激和動員，唐代造船業動員的地理範圍以
個別州為中心擴大到整個長江流域，船隻建造規模領先於東亞地區，隋唐時
期江南地區造船工業成為支持隋唐帝國平定高句麗和百濟，樹立東亞國際威
信的重要經濟基礎。雖然在唐代東征的中後期階段江南造船業因為長期疲憊
而一度小有衰落，而造船能力之衰落與唐軍之敗損也存在一定的互相影響，
即唐軍一旦損失過快會透支造船業的補充能力，但造船業不僅在官方採購和
征派活動中，也在社會經濟的持續發展中一度取得新的復蘇動力。比如唐太
宗曾經試圖重啟四川盆地的造船工業，遭到當地人民的反抗後，改為官費雇
潭州民力造船，說明在貞觀二十二年之前唐軍造船很有可能是由地方和民間
承擔造船成本，中央官方是否給予某種形式的經濟補償不得而知，使用官費
造船也會為造船業的良性和持續發展注入動力。

　　其三，以東征為中心觀察江南造船業的具體地理分布，也很有意義。從

〔註71〕曲金良主編：《中海海洋文化史長編·先秦秦漢卷》，第147頁。
〔註72〕《漢書》卷六四，中華書局1962年版，第2799～2800頁。
〔註73〕徐曉望：《媽祖的子民——閩臺海洋文化研究》，學林出版社1999年版，第19
　　　頁。

記載看，隋朝東征動用的造船業地域範圍是山東半島「東萊海口」和籠統的「江南」地區，唐朝的造船活動在太宗時期則多數有具體的州的範圍記載，高宗時期則無。參考譚其驤主編《中國歷史地圖集》，結合文獻來看，唐太宗時期造船史料顯示今天江西鄱陽湖流域臨近長江的幾個州是有力的造船中心，而相當於今天蘇南和浙東沿海地區的十幾個州是另一個範圍更大的造船中心區域，以越州，即今天的紹興為中心的範圍。這兩個造船業區域的力量聯合起來已經形成了上千艘戰船的成批製造力，把唐太宗時期的戰船建造推向空前的高峰，前者是依靠六朝以來造船業和經濟的積累，後者則還有長期以來海洋文化的孕育浸潤，而且具備了像批量製造大型跨海雙體海船這樣的先進技術。近乎於整個江南道的「三十六州」範圍是一個在地理範圍上「竭澤而漁」的造船業動員圈，成為蘇定方大型兵團兩千艘船大艦隊的技術基礎。從古代到朝鮮戰爭，除了蘇定方部遠征，單從數字來看，東北亞地區的兩栖戰和登陸活動從未出現如此大的兵力和船隊規模。

總的來看，隋唐江南造船業的發展是經濟重心南移的重要表現之一，隋唐發展海上力量在一定階段內也構成了重要的刺激，戰爭動員是江南造船潛力的重要表現。雖然漢代也曾經進行了對南海地區和朝鮮半島的海上軍事遠征，但是作戰活動的持續規模和造船規模遠不及隋唐，何況東漢相關史料本身也有可疑之處。〔註74〕早在漢代以官方力量開拓海上絲綢之路之時，中國南方就是海上絲綢之路的重要參與者和出發基地，六朝時期江南更是積極扮演了這兩個角色。除了隋文帝壓制江南航運的短暫行為之後，隋唐江南地區的造船業和航運業發展在海上絲綢之路的發展動力中佔據著越來越大的份額。相比較而言，一度成為造船中心的巴蜀地區和山東半島造船業顯然在隋朝就開始衰落，這也是經濟重心南移特別是趨向江南的「東南移」的重要風向標之一。到唐朝晚期，航海技術發展出現了新的成就，除去官使航行的記錄，唐朝巨大的商船遠航至波斯灣地區的幼發拉底河口，而在魏晉南北朝時

〔註74〕《後漢書》記載馬援南征曾有「樓船大小二千餘艘，戰士二萬」，這條史料被廣泛引用，但是其中兵力和船隻數量極其不合比例。當時東漢未必具備造樓船二千艘的能力，遠征也不可能僅僅動用樓船，更何況「樓船」有很多不實用處，平均十個軍人一艘樓船是不可能的。筆者懷疑樓船的另一個含義「水軍」，即「水上作戰人員」是最初文獻的原意，因為漢代「樓船」也是郡縣兵種的稱謂用詞，而且水軍不可能以兩千艘來計量，很有可能《後漢書》在傳播過程中出現文字錯訛，但是缺乏證據證明我的推測可以成立。如果真的是大型主力戰船二千艘，則軍人必不至二萬，而應該至少接近十萬。

期還不過保留了中國人搭乘外國商舶出遠洋的記錄為多。相信隋朝和唐朝前
期的東征確實是當時和日後江南造船發展的重要刺激。

第七章 隋唐海上力量的組織建設與技術特徵之二：水軍將帥的素質與表現

「有制之兵，無能之將，不可以敗。無制之兵，有能之將，不可以勝。」——諸葛亮

隋唐東征包括高句麗之戰和唐新戰爭，是奠定當時東亞國際政治格局的重要戰爭，其波瀾壯闊的海戰事蹟也是中國海洋史和軍事史重要的篇章。朝鮮半島周邊的海陸複合的地理特徵使得海上力量成為戰爭和地緣政治活動中不可或缺的戰略因素。征東作戰在戰略上分為兩個方面軍，一是主力「正兵」以遼東陸路為主攻方向，二是起初作為側翼牽制，後來打開戰略突破的「奇兵」。跨海作戰部隊，以高句麗後方與朝鮮半島沿海為作戰目標，兩方面軍相互配合。唐軍在海上作戰發生了白江海戰、泉城水戰等戰役，唐軍取得了白江大海戰的大勝，被譽為對東亞格局奠定有決定意義的一戰。但總的看，進入唐新戰爭後唐軍在海戰中不斷失敗，為何唐軍在海上會先勝而後敗？經過筆者探索發現，原因是多重的，將帥素質也是其中很重要的因素之一，本章僅以隋唐跨海作戰的水師將帥素質的角度作一深入研究。

一、隋朝東征之前的水軍組建背景

完成初步統一以前，隋朝及其前身北周王朝已有強大內河水師，人員以北人為主，曾與南陳、南方豪雄、林邑國交戰，基本上屬於府兵。隋朝對水軍

的戰略運用多實行水陸兩路夾攻。楊素、劉方、陳棱先後指揮了跨海平叛、遠征林邑、遠征琉球三次作戰。前兩人都是北方出現的水軍將領，陳棱為江淮南朝舊將。

北周建德中楊堅曾率水軍三萬破齊師於河橋，這可以算是未來的隋文帝所具有的水戰經驗。〔註1〕隋朝於巴蜀地區發展強大的水軍平南陳，楊素部下巴蜑卒千人「乘五牙四艘，以柏檣碎賊十餘艦」，幫助他順流而下取得赫赫戰功。〔註2〕隋朝組織了下海包抄江南地區的水軍，由燕榮指揮入長江口，進入太湖作戰，此人也算是在海上航行過的指揮官。〔註3〕楊素二下江南平叛，也遠航至泉州，當地豪族「自以海路艱阻，非北人所習，不設備伍」，結果楊素泛海掩至，叛黨散入海島溪洞，楊部水陸追捕，「江南大定。」〔註4〕隋水軍戰勝南朝水師足證作戰素質不低，像楊素可以證明北方將領也可以在水鄉具備指揮航行和作戰的能力。之後隋朝對南方航運進行了政策壓制，禁造和沒收大船，似乎需要扼殺南方發展水上力量的一切可能。

隋文帝曾和林邑國開戰，關中的京兆人劉方擔任統帥，動用了嶺南欽州和歡州的陸軍自陸路進攻，由上開府秦雄和兩地刺史指揮，劉方自率水軍去比景登陸。劉方一路取勝，只有登陸後的陸戰發生，〔註5〕因此不能觀察劉方的海上指揮能力。

隋煬帝還曾派陳棱等將領遠征「琉球」，這是歷史上的大事。陳棱此人本陳朝將門出身，盧江襄安人，其祖父出身本貧寒，以漁釣為業，應為下層庶族，因軍功脫穎而出，其「父（陳）峴，少驍勇」，「授譙州刺史。陳滅，廢於家。」〔註6〕不知是何原因，陳氏入隋後為將，曾奉命自海上遠征臺灣，與朝請大夫張鎮周一道泛海擊「琉球」國，或許是因為陳氏是南方人，熟悉航行的緣故。陳棱率眾登岸，琉球部主遣兵拒戰，張鎮周頻擊破之。陳棱乘勝進軍內陸，斬殺小王歡斯老模。「其日霧雨晦冥，將士皆懼，棱刑白馬以祭海神。」「分為五軍，趣其都邑。」平定渴剌兜部，「虜男女數千而歸。」

以上作戰都是在隋朝東征以前發生，證明隋朝組建的水軍具備航海以及

〔註1〕《隋書》卷一，中華書局1973年版，第2頁。
〔註2〕《隋書》卷四八，中華書局1973年版，第1283頁。
〔註3〕《隋書》卷六一，中華書局1973年版，第1464頁。
〔註4〕《隋書》卷四八，中華書局1973年版，第1285頁。
〔註5〕《隋書》卷五三，中華書局1973年版，第1358頁。
〔註6〕《隋書》卷六四，中華書局1973年版，第1518頁。

登陸投送的基本作戰能力，但是除船隻外，其水軍兵卒和將領並不依賴南方水鄉提供。

二、隋朝海軍將官的素質與戰績

隋朝征東作戰供四次，隋文帝一次，隋煬帝三次，水軍部隊徵募則來自全國，包括南方地區，軍用造船主要在華北地區完成。海路將官指揮作戰需要通水性，善水戰，懂得航運，否則難以勝任，這本是基本條件，而隋朝跨海作戰所用將領多是來自南方水鄉的江淮人。作為對手的高句麗卻並無像樣的海軍。

隋文帝海上征東的主帥為周羅睺，係九江尋陽人，原南朝將門世家之後，是善戰的勇將，是投降了隋朝的南陳水軍將領，〔註7〕其「父法喜，仕梁冠軍將軍、始興太守、通直散騎常侍、南康內史，臨蒸縣侯。羅睺年十五，善騎射，好鷹狗，任俠放蕩，收聚亡命，陰習兵書。」周羅睺曾隨從南朝上將吳明徹與北齊軍作戰於江陽，於亂軍中躍馬突圍救吳氏性命，所向披靡。「太僕卿蕭摩訶因而副之，斬獲不可勝計。」後又曾進師徐州與北周交戰，又救蕭摩訶於重圍之中，勇冠三軍，平賊十二洞，受陳宣帝的讚賞，封侯，官居都督豫章十郡諸軍事、豫章內史。〔註8〕隋軍伐南陳時，周羅睺受命都督巴峽緣江諸軍事，抵禦隋軍，守禦逾月，直到傳來陳主被擒的消息才降。〔註9〕看來周羅睺應是一個忠勇型的將領。隋文帝東征讓他出任水軍總管，自東萊泛海往平壤，「遭風，船多飄沒」，無功而還，次年轉調西北守邊。〔註10〕

煬帝征東三次，海上一路主要用江淮士卒，以來護兒為主帥。來氏為江都人，所住的家鄉是白土村，「密邇江岸」，應屬長江北岸的濱江居民，在滅陳以前曾充當間諜渡江活動，立功後授大都督之職。〔註11〕開皇十三年（593年），來護兒受封左翊衛大將軍，「任委逾密，前後賞賜不可勝計。」〔註12〕此人也算是江淮地域之人，曾參與楊素二平江南的軍事行動並立功，出任泉州刺史，管轄重要海港泉州。

〔註7〕《隋書》卷四五，中華書局1973年版，第1239頁。
〔註8〕《隋書》卷六五，中華書局1973年版，第1523頁。
〔註9〕《隋書》卷六五，中華書局1973年版，第1524頁。
〔註10〕《隋書》卷六五，中華書局1973年版，第1525頁。
〔註11〕《隋書》卷六四，中華書局1973年版，第1515頁。
〔註12〕《隋書》卷六四，中華書局1973年版，第1516頁。

　　隋煬帝首次東征，海陸兩軍出兵並不協調，直到五月季風強勁，海上部隊才順風參戰，海軍順利登陸然後野戰，並無海戰發生。海上一路的指揮官來護兒帥江、淮水軍「舳艫數百里，浮海先進，入自浿水，去平壤六十里，與高麗相遇」。〔註13〕此次來護兒的副手為周法尚，另有武賁郎將費青奴及第六子左千牛來整等將領可見於史冊。

　　來護兒作戰表現輕敵冒進，史稱高句麗掃境內兵列陣數十里，諸將咸懼，可來氏自謂必勝，〔註14〕結果敵軍伏兵平壤郭內，來護兒大敗，士卒還者不過數千，敵軍追及船邊，周法尚整軍擊退之，來護兒「不敢復留應接諸軍」。〔註15〕則周法尚在疆場的表現亦非庸手。

　　隋煬帝第二次出兵，楊玄感在後方作亂，來護兒回師平叛未能出海。第三次用兵小有收效，迫使高句麗稱臣，而海上作戰目標由平壤轉為遼東半島，登陸後也有小勝。然而當來護兒有所進展時陸軍已經開始撤退。〔註16〕當時來氏已破二城，並大破敵舉國援兵，準備打平壤。高句麗王遣使請降，煬帝下詔退兵。來氏只好作罷。〔註17〕來護兒陸戰功績有一些，海上應也能指揮軍隊順利航行。

　　周法尚父祖在南朝世代為將，後歸降北周，在隋文帝時參與伐陳，轉戰南方遠至嶺南，得賞賜極多，在隋統一後領兵平定嶺南作亂。〔註18〕周法尚參與了煬帝時期的三次東征，第一次擊退高麗追兵，為來護兒扳平戰局，第二次跟隨來護兒參與回師平叛，第三次卻病故在軍中。〔註19〕

　　曾經跨海遠征「琉球國」的陳棱在隋煬帝的首次征東隨軍立功，第二次出征則負責留守東萊基地，並奉詔赴揚州造艦，其以往的海上經驗得到利用：

> 遼東之役，以宿衛遷左光祿大夫。明年，帝復征遼東，棱為東萊留守。楊玄感之作亂也，棱率眾萬餘人擊平黎陽，斬玄感所署刺史元務本。棱尋奉詔於江南營戰艦。〔註20〕

　　正史沒有費青奴的傳記。來護兒之子來弘、來整二人都隨軍跨海出征，

〔註13〕《資治通鑒》卷一八一，中華書局 1956 年版，第 5662 頁。
〔註14〕《北史》卷七六，中華書局 1974 年版，第 2591 頁。
〔註15〕《資治通鑒》卷一八一，中華書局 1956 年版，第 5662 頁。
〔註16〕《資治通鑒》卷一八一，中華書局 1956 年版，第 5691 頁。
〔註17〕《北史》卷七六，第 2592 頁。
〔註18〕《北史》卷七六，第 2599 頁。
〔註19〕《北史》卷七六，第 2600 頁。
〔註20〕《隋書》卷六四，中華書局 1973 年版，第 1519 頁。

來整在隋煬帝的首征中立功，而次征亦隨軍效力，但二人都缺乏表現和記載：

> 護兒命武賁郎將費青奴及第六子左千牛整馳斬其首，乃從兵追
> 奔，直至（平壤）城下，停斬不可勝計，因破其郛，營於城外，以
> 待諸軍。〔註21〕

> 會楊玄感反，進攻洛陽……即日回軍。令子弘及整馳驛奏聞。
> 〔註22〕

總之隋朝水軍諸將雖多用江淮人士，甚至是南陳降將，都是來自南方水鄉，所看重的是其水上航行的經驗能力，但由於實際戰況所限，並無優異海戰表現，登陸後作戰表現較好，且多為統一前入隋效命者。

三、唐太宗征東海軍將官的素質與戰績

唐代征東多是以來自北方地區的陸軍將領統領海上偏師，其海上指戰表現良莠不齊。唐新戰爭中海上將領表現遠不及唐麗戰爭。

唐麗戰爭是由唐太宗發動對高句麗的討伐，持續到唐高宗時期。唐太宗時期東征作戰紀錄中真正的水戰紀錄幾乎不存在，偏師作戰主要是登陸後作戰。唐太宗初用諸將為秦府舊人或當年平定山東所得華北內陸籍將官。之後湧現而出，參與跨海作戰指揮而表現較突出者包括薛萬徹、蘇定方、劉仁軌等，然而以其作戰表現看，均以登陸後陸戰野戰為擅長，唯獨劉仁軌對於戰略問題頗有見解，擁有海陸全局的戰略思想，且有水戰功績。

（一）張亮與常何

唐太宗首次東征，海上一路主將張亮為鄭州滎陽人，「素寒賤，以農為業」，係下層經營農業者出身，於隋末投奔義軍李勣部下，歸唐後為秦王府車騎將軍，在唐太宗與建成元吉的政爭中前往洛陽招攬山東豪傑為李世民所用。〔註23〕這是個「政治正確」的將領。唐太宗出師，張亮被授為滄海道行軍大總管，陸上主將李勣是歸唐的山東豪傑代表人物，也是唐太宗平定華北地區的力助。貞觀十八年（644年）唐太宗以張亮「領將軍常何等率江、淮、嶺、硤勁卒四萬，戰船五百艘，自萊州泛海趨平壤；」然而登陸後表現不佳，進兵於遼東建安城下時，「亮素怯懦，無計策，但據胡床，直視而無所言」，

〔註21〕《北史》卷七六，第 2592 頁。
〔註22〕《北史》卷七六，第 2592 頁。
〔註23〕《舊唐書》卷六九，中華書局 1975 年版，第 2515 頁。

「太宗知其無將帥材而不至責」。〔註24〕常何為張亮副手，本為唐初把守京城宮門的中央禁軍將領，據陳寅恪先生〔註25〕和黃永年教授考證是玄武門事變中幫助太宗的北門將領。〔註26〕由此可見唐太宗第一次東征所用海上一路正副主將都是缺乏水戰經歷的人，僅僅是「政治正確」。

（二）牛進達、李海岸

唐太宗第二次攻打高句麗，以牛進達為海路主將，「發兵萬餘人，乘樓船自萊州泛海而入。」「右武侯將軍李海岸副之，」〔註27〕又以李世勣統帶陸路「兩軍皆選習水善戰者配之。」〔註28〕陸軍三千從遼東陸路進軍，水軍一萬從萊州出發，兩路人馬都配以「習水善戰者」。史言「遣慣習滄波，能以少擊眾者而配隸焉」〔註29〕，「凡百餘戰，無不捷」，以致敵軍「多棄城而遁」。但從戰事記載看，兩栖登陸戰戰可能發生，純粹的海戰並無記錄。牛進達本山東豪傑人士，隋末隨秦瓊歸唐，曾隨侯君集征戰西北，在唐太宗首次征東之時在長孫無忌麾下為將戰於遼東陸路。李海岸曾征戰西北，事蹟不詳。二人都非事先有水戰經驗之將領。

（三）薛萬徹

唐太宗首次東征退兵後，改為襲擾戰為主的戰略戰術，貞觀二十二年（648 年）發動第三次戰役，以薛萬徹將兵三萬餘人自萊州泛海。〔註30〕薛萬徹，係雍州咸陽人，原籍敦煌，是隋朝名將薛世雄之後，降唐朝後曾跟隨羅藝轉戰河北，因征討突厥傀儡軍閥梁師都有功。此次海上進軍係唯一作戰方式，和前次相比，部隊由萬人增加到三萬。登陸後薛萬徹擊潰萬餘敵軍，包圍泊灼城，敵兵三萬餘人來救援，薛萬徹分軍交戰，「鋒刃才接而賊大潰。」〔註31〕通過實戰，唐軍兵將的戰鬥力得到提高，但打的主要是野戰甚至是攻城戰。

〔註24〕《舊唐書》卷六九，中華書局 1975 年版，第 2516 頁。
〔註25〕陳寅恪：《唐代政治史述論稿》，第 241 頁。
〔註26〕黃永年：《敦煌寫本常何墓碑和唐前期宮廷政變中的玄武門》，《文史探微》，中華書局 2000 年版。
〔註27〕《資治通鑒》卷一九八，中華書局 1956 年版，第 6246 頁。
〔註28〕《資治通鑒》卷一九八，中華書局 1956 年版，第 6246 頁。
〔註29〕《冊府元龜》卷九八五，第 3951 頁。
〔註30〕《資治通鑒》卷一九八，中華書局 1956 年版，第 6252 頁。
〔註31〕《舊唐書》卷六九，《薛萬徹列傳》，中華書局 1975 年版，第 2518 頁。

參與跨海作戰指揮的還有水軍指揮官郭待封、運糧官馮師本，戰績不詳。乾封二年（667 年）九月「郭待封以水軍自別道趣平壤，勣遣別將馮師本載糧仗以資之。師本船破，失期，」〔註 32〕

四、唐高宗平百濟之戰中的將帥作戰表現

高宗時發生跨海平百濟的遠征勝利，成為扭轉全局的戰爭，這次作戰屬於相對獨立的戰略戰役，也可以看作唐麗戰爭的一部分。蘇定方充當了跨海遠征軍指揮官，平定了缺乏海軍的百濟，而劉仁軌則擔負了平百濟後的鎮守軍主將，並與來援的孫仁師一起主持了白江海戰，擊潰了日本遠征軍與百濟反抗者的聯軍。

（一）蘇定方

蘇定方帥十多萬大軍跨海赴百濟開闢第二戰場橋頭堡，立下大功。蘇定方本山東豪傑，「冀州武邑人，」〔註 33〕參與東征之前所立的軍事功勳都是陸戰，魏元忠曾稱道唐初諸位名將的功績為「李靖破突厥，侯君集滅高昌，蘇定方開西域，李勣平遼東」。〔註 34〕蘇定方不僅對征西有功績，東征中也有平定百濟的首功大功。顯慶五年（660 年），蘇定方率戰船近兩千隻至百濟熊津江口登陸。〔註 35〕但百濟沒有水軍來阻攔，反而確定內陸防禦的愚蠢方針，因此蘇部並無遭受兩栖登陸作戰之艱辛，順利登陸，但這不說明蘇部或蘇氏本人的海戰才能高低，只能說明蘇定方應具備指揮大型軍隊航行、登陸的能力。蘇部赴江口登陸，一路捷開得勝：

「定方升東岸，乘山而陣，與之大戰，揚帆蓋海，相續而至。賊師敗績，死者數千人，自餘奔散。遇潮且上，連舳入江，定方於岸上擁陣，水陸齊進，飛楫鼓譟，直趣真都。去城二十許里，賊傾國來拒，大戰破之，殺虜萬餘人，追奔入郭。」〔註 36〕

是年三月蘇定方平百濟後還朝，四月還充任陸路主將之一，參與圍攻高句麗。〔註 37〕

〔註 32〕《資治通鑑》，卷二〇一，中華書局 1956 年版，第 6353 頁。
〔註 33〕《舊唐書》卷八三《蘇定方列傳》，中華書局 1975 年版，第 2777 頁。
〔註 34〕《舊唐書》卷九二《魏元忠列傳》，中華書局 1975 年版，第 2947 頁。
〔註 35〕《舊唐書》卷八三《蘇定方列傳》，中華書局 1975 年版，第 2779 頁。
〔註 36〕《舊唐書》卷八三《蘇定方列傳》，中華書局 1975 年版，第 2779 頁。
〔註 37〕《資治通鑑》，卷二〇〇，中華書局 1956 年版，第 6324 頁。

（二）劉仁軌、孫仁師

蘇定方打下百濟之後不久劉仁軌出任百濟駐防軍主將。唐麗戰爭後期劉仁軌的對國家東征軍事戰略決策的影響其實非常重要，他長期負責百濟陣地的戍守，而在唐新戰爭晚期出任東征主帥和高句麗方面軍指揮官，可以發現此人是具備海陸全局的戰略思維。

到龍朔二年（662 年）朝廷增發沿海地區部隊，遣孫仁師帶兵七千浮海赴熊津予以支持，結果促成白江之戰的勝利。〔註38〕在劉仁軌決策和指揮下：「仁軌遇倭兵於白江之口，四戰捷，焚其舟四百艘，煙焰漲天，海水皆赤，賊眾大潰。」〔註39〕當時唐軍的糧船裝載的是來自山東半島的軍糧，通過熊津江、白江運往周留城。有學者估計日本出兵超過三萬，可能有一百七十餘艘戰船，〔註40〕結果全軍覆沒。海州即今江蘇蘇北連雲港，則此次孫仁師所部為山東半島內陸及相近沿海的兵力，可說是都是江北濱海軍人。劉仁軌部是隨蘇定方跨海而來後的募兵。作為指揮官的劉仁軌和孫仁師可以說立下了千古奇功，劉仁軌的戰略意識更是可圈可點。

白江之戰發生前一段時間裏，百濟殘餘勢力作亂，聯絡倭國，形勢緊張。因為高句麗還沒有打下來，當地唐軍與國內的聯繫只能依靠海上：「又遣來去運糧，涉海遭風，多有飄失。」〔註41〕近代美國戰略家馬漢曾指出：「如果一支入侵的陸軍處於敵對人民包圍之中，並且又受到來自海上的威脅，就會陷入絕境。」〔註42〕唐軍在百濟面臨類似境遇。因此唐高宗一度想撤軍放棄。在百濟軍事局勢最為複雜的危機時刻，劉仁軌向高宗上書，堅持不可撤退的主張，起到了力挽狂瀾的影響，上書的文字有兩點非常值得注意，一是劉仁軌強調了借助百濟對高句麗實行海陸南北夾攻的戰略方針，二是唐軍因為待遇下降出現了戰鬥力嚴重下降的跡象。〔註43〕高宗深納其言，仍下敕召劉仁軌還，而劉仁軌「自請留鎮海東。上從之。」〔註44〕

〔註38〕《舊唐書》卷一九九《東夷列傳》，中華書局 1975 年版，第 5332 頁。
〔註39〕《舊唐書》卷八四《劉仁軌列傳》，中華書局 1975 年版，第 2791 頁。
〔註40〕韓昇：《白江之戰的唐朝兵力》，《海東集》，上海人民出版社 2009 年版，第 159 頁。
〔註41〕《舊唐書》卷八四《劉仁軌列傳》，中華書局 1975 年版，第 2794 頁。
〔註42〕馬漢：《海權對歷史的影響》，第 53 頁。
〔註43〕《資治通鑒》卷二○一，中華書局 1956 年版，第 6340 頁。
〔註44〕《資治通鑒》卷二○一，中華書局 1956 年版，第 6341 頁。

孫仁師也是參與白江之戰的將領，在白江之戰前夕率領臨時徵集的部隊
七千，前往百濟，這代表了唐朝統治者穩定決策後給予意志堅韌之劉仁軌的
支持，是寶貴而有限的支持。公元 663 年日本軍四萬侵入百濟，唐高宗「詔
右威衛將軍孫仁師為熊津道行軍總管，發齊兵七千往。」〔註45〕與劉仁軌部
萬人匯合後，於當年八月發生白江之戰。這次海戰唐軍全殲了敵軍，是非常
值得稱頌的也是唐麗戰爭唯一的海戰戰績。影響白江之戰的勝負因素是多重
的，關於此次海戰具體的歷史記載較為簡略，劉仁軌和孫仁師二人的指戰水
準究竟多高很難作具體論證，但其取勝功績無法否認，因此可以得出其具備
相當的水戰指揮能力的結論。此戰當中劉仁軌「四戰捷，焚其（日本）舟四百
艘，煙焰漲天，海水皆赤，賊眾大潰。」〔註46〕

五、唐新戰爭時期跨海作戰將帥素質表現

唐新戰爭大體分兩條戰線，半島北部的高句麗故土為唐朝陸上主力與新羅
軍、高句麗反抗勢力爭奪高句麗故土的主戰場，而半島南部的百濟故土則為唐
軍跨海偏師為保守百濟熊津都督府而與新羅軍作戰的側翼戰場，這兩個戰區在
當時並不相鄰，被新羅佔領地隔開，而劉仁軌與薛仁貴分別指揮和遭遇了主要
的水戰戰役。薛仁貴曾長期負責朝鮮半島南部百濟防禦方面軍的作戰，在海陸
戰場都有作戰，雖為一代名將，但此次表現較遜。劉仁軌在唐新戰爭最後一年
出任主帥，主持半島北方作戰，雖有勝績，但出場太晚，以下分別討論。

（一）薛仁貴

薛仁貴最初就在唐太宗首次征東的遼東陸戰中脫穎而出，自河東家鄉應募
後在遼東陸路主戰場廝殺有功：「仁貴恃驍悍，欲立奇功，乃著白衣自標顯，持
戟，」「所向披靡」。唐太宗當時親自指揮一場戰役作戰，在高山上督戰，望見
薛仁貴在戰鬥中的卓越表現後令人馳馬下山問其姓名，事後賞以金帛，授游擊
將軍之職，曾曰：「朕舊將皆老，欲擢驍勇付閫外事，莫如卿者。朕不喜得遼東，
喜得虎將。」〔註47〕應該說，唐太宗對薛仁貴的期許很高，也反映出薛仁貴是
唐建國後在邊事中湧現的第二代軍事將領，有區別於參與開國的長孫無忌等第
一代的開國將帥。唐麗戰爭戰後之初薛仁貴擔任朝鮮半島羈縻州鎮守軍主將，

〔註45〕《新唐書》卷二三六，第 6201 頁。
〔註46〕《舊唐書》卷八八《劉仁軌列傳》，中華書局 1975 年版，第 2791～2792 頁。
〔註47〕《新唐書》卷一一一，第 4140 頁。

新羅發動戰爭前一段時間他不在海東，在唐新戰爭爆發後出任百濟方面軍主將，但在唐新戰爭中他戰績不佳，海陸聯戰節節敗潰。筆者研究發現唐新戰爭中唐軍作戰表現的特點是陸戰雖敗多勝少尚可不斷反攻，而水戰節節敗退。

唐麗戰爭中的薛仁貴在遼東陸路主戰場作戰，表現較好，如總章元年（668年）破金山城，乘勝將三千人攻打古城扶餘城，諸將以其兵力較少而予以勸止，薛仁貴曰：「兵不必多，顧用之何如耳。」遂為前鋒，大破敵軍，殺獲萬餘，「扶餘川中四十餘城皆望風請服。」在薛仁貴調任西北作戰期間也有「三箭定天山」的勇武美名流傳。總章元年高宗問侍御史賈言忠遼東諸將孰賢，對曰：「薛仁貴勇冠三軍；龐同善雖不善鬥，而持軍嚴整；高侃勤儉自處，忠果有謀；契苾何力沉毅能斷，雖頗忌前，而有統御之才；然夙夜小心，忘身憂國，皆莫及李勣也。」〔註48〕雖然看出薛仁貴似非統帥級人才，但是作為勇將的評價也是比較高的。

唐新戰爭的事實證明水戰確非薛仁貴所長，一開戰就在海上就遭受慘敗：

> （公元671年）冬十月六日，（新羅）擊唐漕船七十餘艘，捉郎
> 將鉗耳大侯士卒百餘人，其淪沒死者，不可勝數。〔註49〕

在此次作戰之前唐軍在海上發生損失，風浪一直是主要原因，極少有作戰直接損失。在冷兵器時代兵糧同船，漕戰兩用的現象是可能的，甚或是常規的。比如參加白江之戰的唐船就包括不少漕船。〔註50〕可是越到唐新作戰後期，作為百濟方面軍主將的薛仁貴作戰表現越是差強人意，與一代名將形象不符：

> （公元675年，唐軍）來攻泉城。我（新羅）將軍文訓等，逆
> 戰勝之，斬首一千四百級，取兵船四十艘。仁貴解圍退走，（新羅軍）
> 得戰馬一千匹。〔註51〕

在泉城戰役中發生水陸交戰，唐軍陸勝海負，損失兵船四十艘，若都為戰船則損失兵員可能超過五千。唐軍損失戰馬千匹，也很影響戰鬥力，在制海權易手的情況下很難補充。接下來到次年冬天，整整一年時間缺乏戰事記

〔註48〕《資治通鑒》，卷二〇一，中華書局1956年版，第6354頁。
〔註49〕《三國史記》，第97頁。
〔註50〕《舊唐書》卷八四，中華書局1975年版，第2794頁。
〔註51〕《三國史記》，第100頁。

載。唐軍在大同江以南僅掌握很小的海濱孤立據點。儀鳳元年（676年）新羅軍發動伎伐浦水戰，薛仁貴部喪失在朝鮮半島南部最後的橋頭堡，堪稱唐新戰爭「最後一戰」，此是薛仁貴又一慘重敗績：

> 「冬十一月，沙飡施得領船兵，與薛仁貴戰於所夫里州伎伐浦，敗績。又進，大小二十二戰，克之，斬首四千餘級。」〔註52〕

此次水戰資料僅此數十字。此次新羅軍出動水師，二十二戰說明作戰激烈而頻繁，唐軍死去四千戰士就算都是水軍，相當於30艘戰船的兵力，可見參戰唐水師之弱，或許薛仁貴也是「巧婦難為無米之炊」。但是「斬首」之外必還有不少死傷，《舊唐書》稱仁貴「坐事徙象州」，就是因為此事。薛仁貴最後堅守的所夫里州伎伐浦即百濟的泗沘港，是唐朝和朝鮮半島南端保持海路暢通的據點，唐軍押送百濟君臣入華及劉仁願領兵赴鎮守任全由此港出入，唐軍也曾以之作為針對新羅的軍事基地。〔註53〕此地失陷，意味著唐軍完全撤出百濟地域，薛仁貴因此承擔責任。

（二）劉仁軌

到唐新戰爭晚期，唐軍作戰形勢艱難，上元元年（674）正月唐朝換將，以劉仁軌為高句麗正面軍主將：

> 以左庶子、同中書門下三品劉仁軌為雞林道大總管，衛尉卿李弼、右領軍大將軍李謹行副之，發兵討新羅。〔註54〕

李弼是李勣的弟弟，或許唐朝要借用他兄長生前平定高句麗的威名，但是未能出征而去世。李謹行一直是高句麗陸路戰場的前線指揮官。唐新戰爭至此已打了八年，唐朝逐漸失去制海權和戰略優勢。劉仁軌的戰略才能再次展現，但展現空間有限，而唐軍也已是強弩之末。公元675年二月唐新兩軍恢復交戰，其間一年時間已缺乏戰事記錄。劉仁軌指揮下先有七重城戰役為中心的南北海陸夾擊，再有買肖城三勝：

> 劉仁軌大破新羅之眾於七重城，又使靺鞨浮海，略新羅之南境，斬獲甚眾。仁軌引兵還。詔以李謹行為安東鎮撫大使，屯新羅之買肖城以經略之，三戰皆捷，新羅乃遣使入貢，且謝罪。〔註55〕

〔註52〕《三國史記》，第100頁。
〔註53〕《三國史記》，第494～495頁。
〔註54〕《資治通鑑》卷二〇二，中華書局1956年版，第6372頁。
〔註55〕《資治通鑑》卷二〇二，中華書局1956年版，第6375頁。

　　劉仁軌其人具有海陸軍事全局的戰略觀念，重視過去南北海陸夾攻的成功經驗，而小試牛刀，立竿見影。看來劉仁軌最後的作戰原則上還是重視南北海陸鉗擊的態勢，北邊陸軍取得七重城和買肖城戰捷，南邊利用靺鞨海上力量攻擊新羅南部，但北方戰線維持在浿江以南，未見在半島南部開闢新的軍事根據地，屬於純粹的牽制性作戰，已不復雄風。唐朝最後放棄繼續有限投入，劉仁軌在海陸都無用武之地。

　　唐軍水軍中顯然也有胡姓的番將，如史料記載中被新羅軍在水戰中「捉郎將鉗耳大侯士卒百餘人」。〔註56〕其人經歷及才幹如何不得而知。

六、小結

　　由於體制和文化的關係，隋唐海上力量的組織並非常備體制，而海軍將領也多係陸軍和內陸作戰出身，臨時募集則缺乏富有海戰經驗的將才，懂航行的水手好募集，訓練有素的海軍士卒難求，故此作戰潛力並未發揮到極致，也必然影響了海上力量的成長和實戰效果。隋唐跨海指揮作戰的諸將在征東前有海上遠征經驗的實際只有陳棱一人，隋唐在純粹的海面作戰中取勝的只有白江海戰一次戰役。

　　隋唐府兵制源出北朝，帶有少數民族部落兵制的遺風，遵循兵農合一的原則，屬於大陸兵制的性質，本無海軍軍種和編制。隋朝偏愛江淮籍將帥是因為重視他們的水上經驗，而唐的海上軍事力量是臨時根據戰爭需要招募南方人員為戰士，將領則全為內陸出身的北人，但經多次實戰逐步鍛鍊而來。到唐高宗時府兵制衰落，唐軍在朝鮮半島戰鬥人員主力是少數民族部族兵和募兵、兵募等，缺乏海上常備正規部隊。其實可以發現在唐麗戰爭後期，不僅士卒待遇和素質下降，〔註57〕唐軍將領指揮作戰的素質表現也在下降，這也直接影響了唐新戰爭中唐軍的表現。白江海戰前並無真正意義上的純粹海

〔註56〕《三國史記》，第97頁。
〔註57〕如兵募「手腳沉重者多，勇健奮發者少，兼有老弱，衣服單寒，唯望西歸，無心展效，」緣「從顯慶五年以後，頻經渡海，不被記錄。州縣發遣兵募，人身少壯、家有錢財、參逐官府者，東西藏避，並即得脫；無錢參逐者，雖是老弱，推背即來。顯慶五年，破百濟勳，及向平壤苦戰勳，當時軍將號令，並言與高官重賞，百方購募，無種不道。泊到西岸，唯聞枷鎖推禁，奪賜破勳，州縣追呼，求住不得，公私困弊，不可言盡。發海西之日，已有自害逃走，非獨海外始逃。又為征役，蒙授勳級，將為榮寵，頻年征役，唯取勳官，牽挽辛苦，與白丁無別。」見《舊唐書》卷八十四，第2793頁。

戰發生，而白江之戰後唐軍的海戰甚至包括兩栖戰呈現戰績表現為不斷戰敗。唐軍將帥薛仁貴、李謹行等人基本都是傳統陸軍將領，其才幹本不具備海軍將領的素質，當然唐將也出現人才斷層，如薛仁貴和劉仁軌都是唐帝國建國後對外作戰培養的一代將帥，基本屬唐軍第二代將帥。在唐新戰爭爆發當年，滅高句麗的統帥李勣已經年過七十，而當初滅百濟的主帥蘇定方已經 65 歲，劉仁軌年高 64 歲，在當時均屬高壽之人，即使薛仁貴業已 54 歲，李謹行則為 45 歲。〔註58〕用這樣一批年老的傳統陸軍將領統帶臨時召募的水手新兵來打海上和兩栖作戰，很難保證繼續勝利。缺乏常備的海軍體制使隋唐海上力量的發展被限制在較低的水平。

　　影響戰爭勝負的因素是多重的，但是將帥素質甚至包括兵員作戰素質對隋唐東征成敗而言肯定也都是重要因素之一。

〔註58〕據各人墓誌銘及傳記，見《舊唐書》、《新唐書》和《唐代墓誌彙編》，上海：
　　　　上海古籍出版社 1992 年版。

第八章　隋唐時期海上軍事力量的特點、影響和地位

　　「從人類開始利用海洋以來，一個大的歷史教訓就是囿於陸上戰略的一方最終必敗。」——蒙哥馬利

　　隋唐東征是一場漫長的戰爭，因高句麗對抗隋朝而起，東征史上不僅發生了長期的陸上戰爭，期間還有不少海戰和海上後勤運輸活動發生，對於戰爭結果和戰役勝負，海上軍事力量曾經起到一定的重要作用。筆者近年來致力於海上力量在東征中作用研究，研究這個問題一是因為筆者近年來關於隋唐東北亞海洋軍事史的研究的繼續，二是因為筆者對東北亞歷史相關的戰略理論問題的興趣。期間筆者發現研究隋唐海上力量的意義不僅揭示其與東征的多重關係，隋唐本身反映了中國海洋史和軍事史的階段性重要發展，也反映了古代中國處理對外關係的戰略手段的變化，隋唐王朝海上軍事力量的發展和其對外關係發生了密切的關係。故本文再予探索。

一、特點之一：非常備性

　　隋唐海上軍事力量的特點首先是非常備性，兵員以臨時調動、召募為主。

　　中國古代海軍自宋代才形成常備軍事體制，之前歷代海軍都是非常設的。漢代有常設水軍，即「樓船」，[註1]但無常設水軍將領，因為漢兵制規定「不

〔註 1〕張鐵牛、高曉星：《中國古代海軍史》，北京：解放軍出版社，2006 年修訂版，第 24 頁。

立素將，無擁兵專制之虞」，〔註2〕「江淮以南多樓船士。」〔註3〕這種水軍是內陸河水軍為主。漢武帝因支持東甌而伐閩越，海上有一路出動的是會稽水軍，〔註4〕元鼎五年（前112）統一南越動用了10萬樓船軍。元封元年（前110）西漢水路夾攻滅閩越。漢武帝進攻朝鮮半島兵分兩路，海上一路是由樓船將軍楊僕率領樓船兵5萬跨過渤海。東漢建武十八年（42）馬援南征，其麾下有樓船將軍段志率部浮海進入紅河逆水而上，擊敗徵側軍，次年馬援率樓船兩千及陸軍2萬餘人南下九真。以上這些海上部隊都是由樓船軍為主臨時組織，且都無海上敵軍出現和海上作戰發生。

隋朝和唐前期實行府兵制，府兵是不按水陸分兵種專業的。隋唐東征多次都分海陸兩路。隋文帝首次東征，海軍組建的史料具體內容是謎。東征前隋朝派兵跨海擊林邑國，但是作戰人員並不依賴南方和海疆提供，當時的這支水軍其實並不具備海戰實戰的經歷和經驗。〔註5〕只有陸戰發生，並無水上交戰發生。隋煬帝還派陳棱等遠征「琉球」。〔註6〕。但是水軍如何組織並無記錄。

隋煬帝東征共三次，大業八年（612）煬帝首征：「又發江淮以南水手一萬人，弩手三萬人，嶺南排鑵手三萬人。」〔註7〕這七萬人是海上一路兵力的來源基礎。隋軍的船也是臨時建造為主，如大業七年（611）元弘嗣奉命到山東半島監造船隻三百餘艘。〔註8〕

唐朝的東征海上軍事力量處在不斷招募和組織的狀態當中。貞觀十八年（644）唐太宗首次出兵，陸上一路在用兵遼東前就曾「發天下甲士，招募十萬，並趨平壤，以伐高麗」。〔註9〕「遠近勇士，應募及獻攻城器械者不可勝數」。太宗自稱「今征高麗，皆取願行者，募十得百，募百得千，其不得從軍

〔註2〕（宋）錢子文：《補漢兵志》，第1頁，見《二十五史補編》，北京：中華書局，1955年版，冊1。
〔註3〕（宋）錢子文：《補漢兵志》，第5頁，見《二十五史補編》，北京：中華書局，1955年版，冊1。
〔註4〕《漢書》，卷6，《武帝紀》，第188頁，冊1，北京：中華書局，1962年。
〔註5〕《隋唐東征成敗與將帥才能素質——以跨海作戰為中心的考察》，《史林》2014年第1期。
〔註6〕目前也有觀點認為這次遠征的對象「琉球」是臺灣地區，筆者不想加入考證辯論，且無論是琉球還是臺灣，對海上軍事力量的組織特點評價不受影響。
〔註7〕《資治通鑒》卷一一，北京：中華書局，1956年版，第5654頁。
〔註8〕《隋書》卷七四，北京：中華書局，1973年版，第1701頁。
〔註9〕《舊唐書》卷三，北京：中華書局1975年版，第57頁

者，皆憤歎鬱邑，豈比隋之行怨民哉！」〔註10〕張亮統領水上一路，率江、淮、嶺、硤勁卒四萬，自萊州泛海趨平壤。〔註11〕也有史料稱其「帥江、吳、京、洛募兵凡四萬」。〔註12〕兵源範圍略有擴大，募兵為主。「江、吳、京、洛」是可以籠統包括「江、淮、嶺、硤」的，江吳之兵為南方水兵，京洛之兵應為北方招募的軍人。

　　貞觀二十二年（648）太宗發動了對高句麗的第三次集中作戰，同時「又命江南造大船，遣陝州刺史孫伏伽召募勇敢之士」。〔註13〕召募範圍不明，但既在江南造船，應該包括南方人員。

　　唐前期兵募在武德、貞觀年間以自願投募為主，但有「背軍逃亡」現象，高祖武德二年發布「罪無輕重，皆赦除之」的詔書。〔註14〕高宗時府兵制繼續衰落，到唐新戰爭期間唐軍在朝鮮半島作戰的主力是內附部族兵和募兵，仍然缺乏海上常備正規部隊。唐高宗東征，有大量兵募參加，河南、河北、淮南10餘州「募得四萬四千六百四十六人」，〔註15〕顯慶五年派人發遣兵募，已出現「人身少壯，家有錢財參逐官府者，東西藏避，並即得脫，無錢參逐者，雖是老弱，推背即來」，〔註16〕顯然帶有強制性質。在唐前期府兵制向募兵制過渡的歷史時期，初期的募兵、兵募人員的意志和素質下降影響了唐軍作戰素質。在唐麗戰爭後期，兵募表現出「手腳沉重者多，勇健奮發者少，兼有老弱，衣服單寒，唯望西歸，無心展效，」這是因為「從顯慶五年以後，頻經渡海，不被記錄。州縣發遣兵募，人身少壯、家有錢財、參逐官府者，東西藏避，並即得脫；無錢參逐者，雖是老弱，推背即來。顯慶五年，破百濟勳，及向平壤苦戰勳，當時軍將號令，並言與高官重賞，百方購募，無種不道。洎到西岸，唯聞枷鎖推禁，奪賜破勳，州縣追呼，求住不得，公私困弊，不可言盡。發海西之日，已有自害逃走，非獨海外始逃。又為征役，蒙授勳級，將為榮寵，頻年征役，唯取勳官，牽挽辛苦，與白丁無別。」〔註17〕這樣的軍事力量作戰效率不會太高。

　　五代十國時期是短暫而混亂的分裂時期，很多南方政權像南唐、荊南都

〔註10〕《資治通鑒》卷一九七，6216頁。

〔註11〕《舊唐書》卷一九九上，第5322頁。

〔註12〕《新唐書》卷二二〇，北京：中華書局1975年版，第6189頁。

〔註13〕《舊唐書》卷一九九上，第5326頁。

〔註14〕《唐大詔令集》卷八十三。

〔註15〕《舊唐書》卷四《高宗本紀上》。

〔註16〕《舊唐書》卷八十四《劉仁軌傳》。

〔註17〕《舊唐書》卷八十四，第2793頁。

有水軍，但因為天下未定，制度化無從談起。

到了宋代，負責海防的常備水軍出現。北宋水軍沒有獨立的統率機構，附屬於殿前侍衛兩司的步軍司中，最大的水軍部隊是登州水師，防禦遼國。仁宗慶曆年間組織了廣南巡海水軍，[註18]《武經總要》記載「命王師出戍，置巡海水師營壘」於廣南，巡邏範圍遠至「九乳螺洲」，即西沙群島，[註19] 南宋更在沿海設置制置使司負責海防，舟船數千。

因此，隋唐五代時期是最後的非常備海軍歷史時期。隋朝和唐朝在開始東征高句麗之前並無海軍，為戰爭需要而組建。

二、特點之二：多用江南募兵

隋唐海上力量的第二個特點是兵員募集有意識選擇了南方的水手和戰士，以保證具備水上作戰的專業能力，登陸作戰的能力強。

隋大業八年（612）煬帝首征：「又發江淮以南水手一萬人，弩手三萬人，嶺南排鑹手三萬人。」[註20] 胡三省作注稱：「鑹，小矟也。」長江下游出水手和弩手四萬，嶺南出兵力三萬，估計其中嶺南排鑹手對於下大艦後的登陸行動具有價值。

唐初仍然實行府兵制，但是南方兵府較少，據《通典》有 574 府，[註21]據正史記載與近人考證，有名稱位置可考的折衝府共 627 個，[註22] 如關內道多達 289 個，而山南道有 15 個，淮南道有 9 個，江南道有 7 個，劍南道有 11 個，嶺南道有 6 個，加起來算南方不過 48 個而已。

貞觀十八年（644）唐太宗首次出兵。張亮統領水上一路，「率江、淮、嶺、硤勁卒四萬」。[註23] 史料又有稱「帥江、吳、京、洛募兵凡四萬，吳艘五百」。[註24] 喬鳳岐考證為水軍七萬。[註25] 兵力來源廣泛，南北方都有。

〔註18〕《武經總要》前集卷二十，北京：商務印書館，2017 年版，第 336 頁。

〔註19〕《武經總要》前集卷二十，第 337 頁。

〔註20〕《資治通鑒》卷一一，第 5654 頁。

〔註21〕《通典》卷二十九，北京：中華書局，1988 年版，第 810 頁

〔註22〕勞經原《唐折衝府考》，羅振玉《唐折衝府補考》，谷霽光《唐折衝府考校補》，見《二十五史補編》，北京：中華書局，1955 年版，第 6 冊

〔註23〕《舊唐書》卷一九九上，北京：中華書局，1975 年版，第 5322 頁。

〔註24〕《新唐書》卷二二〇，北京：中華書局 1975 年版，第 6189 頁。

〔註25〕喬鳳岐《隋唐皇朝東征高麗研究》，北京：中國社會出版社，2010 年版，第 127 頁。

「江、吳、京、洛」是可以籠統包括「江、淮、嶺、硤」的，江吳之兵恐為南方水兵，與「江、淮、嶺、硤」地域來源可以對應，似應包括主要的航行技術人員，範圍包括江淮地區和嶺南在內的長江中下游，即來自水鄉的有航行經驗的人，京洛之兵應為北方招募的軍人，似應為登陸作戰主力。

貞觀二十一年（647）唐太宗二打高句麗。海上一路以牛進達為青丘道行軍大總管，「發兵萬餘人，乘樓船自萊州泛海而入。」又以李世勣為陸路遼東道行軍大總管，「將兵三千人，」「兩軍皆選習水善戰者配之。」〔註26〕兩路人馬都配以「習水善戰者」。有史料云「遣慣習滄波，能以少擊眾者而配隸焉」，〔註27〕這種作戰部隊可以適應兩棲作戰的需要，且可以少勝多，具有很強的戰鬥力，類似今天的海軍陸戰隊或兩棲戰特種部隊，作戰機動性強，以致高句麗守軍「多棄城而遁」。其來源缺乏記錄，只能推測為南方水鄉來源。《冊府元龜》卷985《外臣部·征討第四》記載「牛進達、李海岸入高麗境，凡百餘戰，無不捷」。同時，唐朝開始一輪大規模造船，九月太宗命江南宣、潤、常、蘇、湖、杭、越、臺、婺、括、江、洪十二州造船350艘。〔註28〕

貞觀二十二年（648）太宗發動了在其統治期內對高句麗的第三次集中作戰，以薛萬徹將兵三萬餘自萊州泛海。〔註29〕海上進軍係唯一作戰方式，但未知兵源來源。

唐新戰爭是東征的最後階段。高句麗之戰一結束，新羅發動對朝鮮半島的兼併戰爭。咸亨二年（671）新羅入侵百濟。薛仁貴出任雞林道總管，致書新羅稱：「高將軍之漢騎，李謹行之蕃兵，吳楚棹歌，幽并惡少，四面雲合，方舟而下，依險築戍，闢地耕田，此，王之膏盲也。」〔註30〕所謂「吳楚棹歌」必然也是南方來的水軍人員，也就是類似上文來自江淮的兩棲作戰人員。

三、特點之三：將領多來自陸軍

隋唐海上軍事力量的特點之三是隋唐既無常備海軍，也就無職業海軍將領，就指揮官陸戰出身居多，缺乏水戰職業素質基礎。隋朝多用來自南方的有水上生活和作戰經驗的將領，戰術效果較佳，但由於實際戰況所限，並無優異

〔註26〕《資治通鑒》卷一九八，第6246頁。
〔註27〕《冊府元龜》卷九八五，北京：中華書局，1960年版，第3951頁。
〔註28〕《資治通鑒》卷一九八，第6249頁。
〔註29〕《資治通鑒》卷一九八，第6252頁。
〔註30〕《三國史記》，吉林文史出版社，2003年版，第92頁。

海戰表現，登陸後作戰表現較好。而唐朝史料記錄的將領主要是陸戰成名的北方籍將領，在唐麗戰爭期間戰績尚可，在唐新戰爭中海戰表現差強人意。

隋文帝的海上征東主帥周羅睺係九江尋陽人，原南陳水軍將領。〔註31〕周羅睺「年十五，善騎射，好鷹狗，任俠放蕩，收聚亡命，陰習兵書。」他曾隨上將吳明徹與北齊軍戰於江陽，於亂軍中突圍救吳氏性命。「太僕卿蕭摩訶因而副之，斬獲不可勝計。」又曾救蕭摩訶於重圍中，因平賊十二洞封侯。〔註32〕東征「遭風，船多飄沒」，無功而還。〔註33〕

煬帝征東三次，海上一路以來護兒為主帥。來氏為江都人，家鄉白土村「密邇江岸」。〔註34〕此人參與滅陳有功，任泉州刺史，管轄重要海港。煬帝首次東征，來護兒帥「舳艫數百里，浮海先進，入自浿水，去平壤六十里，與高麗相遇」。〔註35〕來護兒副手為周法尚，另有武賁郎將費青奴見於史冊而無傳，來護兒子來弘、來整隨軍出征，來整首征登陸後立功，而次征亦隨軍效力，但都缺少記載。〔註36〕來護兒輕敵冒進，〔註37〕敵軍伏兵平壤郭內，來護兒大敗，士卒還者不過數千，敵軍追及船邊，周法尚整軍擊退之。〔註38〕周法尚曾參與伐陳，轉戰遠至嶺南，得賞賜極，〔註39〕在疆場的表現亦非庸手。煬帝二次出兵，來護兒回師平叛。第三次用兵，來氏已破二城，並大破敵舉國援兵，煬帝下詔退兵。來氏只好作罷。〔註40〕曾經跨海遠征「琉球」的陳稜在隋煬帝的首次征東隨軍立功，第二次出征則負責留守東萊基地，並奉詔赴揚州造艦。〔註41〕

唐代征東多以來自北方地區的陸軍將領統領海上偏師，其海上指戰表現良莠不齊。唐新戰爭中海上將領表現遠不及唐麗戰爭，後者水戰紀錄幾乎不存在，海上一路主要是登陸作戰。唐太宗初用諸將為秦府舊人或當年平定華北所得

〔註31〕《隋書》卷四五，北京：中華書局1973年版，第1239頁。
〔註32〕《隋書》卷六五，北京：中華書局1973年版，第1523頁。
〔註33〕《隋書》卷六五，北京：中華書局1973年版，第1525頁。
〔註34〕《隋書》卷六四，北京：中華書局1973年版，第1515頁。
〔註35〕《資治通鑒》卷一八一，北京：中華書局1956年版，第5662頁。
〔註36〕《北史》卷七六，北京：中華書局1974年版，第2592頁。
〔註37〕《北史》卷七六，第2591頁。
〔註38〕《資治通鑒》卷一八一，北京：中華書局1956年版，第5662頁。
〔註39〕《北史》卷七六，第2599頁。
〔註40〕《北史》卷七六，第2592頁。
〔註41〕《隋書》卷六四，北京：中華書局1973年版，第1519頁。

「山東豪傑」，之後參與跨海作戰指揮者包括薛萬徹、蘇定方、劉仁軌等。

太宗首次東征，海上一路主將張亮為鄭州滎陽人，係下層經營農業者出身，歸唐後為秦王府車騎將軍，是太宗親信。〔註42〕貞觀十八年張亮登陸遼東，「亮素怯懦，無計策，但據胡床，直視而無所言」，「太宗知其無將帥材而不至責」。〔註43〕常何為張亮副手，本為唐初中央禁軍將領，據陳寅恪先生〔註44〕和黃永年教授考證是玄武門事變中幫助太宗的北門將領。〔註45〕可見太宗首次東征所用海上一路正副主將都是缺乏水戰經歷的人，僅僅是「政治正確」。

太宗二打高句麗，牛進達為海路主將，「右武侯將軍李海岸副之，」〔註46〕「凡百餘戰，無不捷」，〔註47〕牛進達本山東人士，隋末歸唐，曾隨侯君集征西北，在太宗首次征東時在長孫無忌麾下為將戰於遼東陸路。李海岸曾征戰西北，事蹟不詳。唐太宗於貞觀二十二年（648）發動第三次戰役，主將為薛萬徹，〔註48〕係雍州咸陽人，原籍敦煌，登陸後有大勝。〔註49〕

高宗時發生跨海平百濟遠征勝利，指揮官蘇定方本「冀州武邑人，」〔註50〕參與東征前所立軍事功勳都是陸戰，是征西名將。顯慶五年（660），蘇定方率戰船兩千餘隻至百濟熊津江口登陸。〔註51〕說明蘇定方應具備指揮大型軍隊航行、登陸的能力。蘇部登陸後一路捷開得勝。〔註52〕是年四月還充任陸路主將之一，參與圍攻高句麗。〔註53〕

劉仁軌任百濟鎮守軍主將。公元663年日軍侵入百濟，龍朔二年（662）朝廷遣孫仁師帶兵七千浮海赴熊津，〔註54〕在劉仁軌指揮下：「四戰捷，焚其

〔註42〕《舊唐書》卷六九，北京：中華書局1975年版，第2515頁。
〔註43〕《舊唐書》卷六九，北京：中華書局1975年版，第2516頁。
〔註44〕陳寅恪：《唐代政治史述論稿》，北京：商務印書館，2011年版，第241頁。
〔註45〕黃永年：《敦煌寫本常何墓碑和唐前期宮廷政變中的玄武門》，《文史探微》，北京：中華書局，2000年版。
〔註46〕《資治通鑒》卷一九八，北京：中華書局，1956年版，第6246頁。
〔註47〕《冊府元龜》卷九八五，第3951頁。
〔註48〕《資治通鑒》卷一九八，北京：中華書局1956年版，第6252頁。
〔註49〕《舊唐書》卷六九，北京：中華書局1975年版，第2518頁。
〔註50〕《舊唐書》卷八三，北京：中華書局1975年版，第2777頁。
〔註51〕《舊唐書》卷八三，北京：中華書局1975年版，第2779頁。
〔註52〕《舊唐書》卷八三，北京：中華書局1975年版，第2779頁。
〔註53〕《資治通鑒》，卷二〇〇，北京：中華書局，1956年版，第6324頁。
〔註54〕《舊唐書》卷一九九，北京：中華書局，1975年版，第5332頁。

舟四百艘」。〔註55〕因此可以得出其具備相當的水戰指揮能力的結論。劉仁軌戰略智慧較高。白江之戰發生前一段時間裏,百濟殘餘勢力作亂,聯絡倭國,形勢緊張。高句麗還沒打下來,百濟唐軍與國內的聯繫只能靠海上。高宗一度想撤軍放棄。劉仁軌上書勸阻,強調了借助百濟對高句麗實行海陸南北夾攻的戰略。〔註56〕唐高宗時期,參與跨海作戰的還有水軍指揮官郭待封、運糧官馮師本,缺少記載。

薛仁貴最初在太宗首次征東中自河東家鄉應募後在疆場廝殺有功,唐麗戰爭中表現較好,如總章元年(668)破金山城,乘勝將三千人攻扶餘城,殺獲萬餘,「扶餘川中四十餘城皆望風請服。」後調任西北也有「三箭定天山」的勇武美名。唐新戰爭證明水戰確非薛仁貴所長,一開戰就在海上就遭受慘敗。〔註57〕之前唐軍在海上發生損失,風浪一直是主要原因,極少有作戰直接損失。可是越到唐新作戰後期,薛仁貴作戰表現越是差強人意:

「(公元675年,唐軍)來攻泉城。我(新羅)將軍文訓等,逆戰勝之,斬首一千四百級,取兵船四十艘。仁貴解圍退走,(新羅軍)得戰馬一千匹。」〔註58〕

儀鳳元年(676)新羅軍發動伎伐浦水戰,薛仁貴部喪失在朝鮮半島南部最後的橋頭堡:

「冬十一月,沙餐施得領船兵,與薛仁貴戰於所夫里州伎伐浦,敗績。又進,大小二十二戰,克之,斬首四千餘級。」〔註59〕

唐新戰爭末期,上元元年(674)唐朝換將,以劉仁軌為高句麗正面軍主將,任雞林道大總管:「衛尉卿李弼、右領軍大將軍李謹行副之,發兵討新羅。〔註60〕李弼未能出征而去世。李謹行一直是高句麗陸路戰場的前線指揮官。唐新戰爭至此打了八年,唐朝逐漸失去制海權和戰略優勢。劉仁軌具有海陸軍事全局的戰略觀念,重視過去南北海陸夾攻的成功經驗,重複使用,而唐軍也已是強弩之末,不復雄風。〔註61〕

〔註55〕《舊唐書》卷八四,北京:中華書局,1975 年版,第 2791 頁。
〔註56〕《資治通鑒》卷二〇一,北京:中華書局,1956 年版,第 6340 頁。
〔註57〕《三國史記》,第 97 頁。
〔註58〕《三國史記》,第 100 頁。
〔註59〕《三國史記》,第 100 頁。
〔註60〕《資治通鑒》卷二〇二,北京:中華書局,1956 年版,第 6372 頁。
〔註61〕張曉東:《唐朝前期的海上力量與東亞地緣政策》,《國家航海》第 4 輯,上海:上海古籍出版社,2013 年版。

四、特點之四：動員少數民族人員參與

唐朝海上力量的又一個特點是中有不少少數民族參與，是隋唐帝國民族構成的多元性在軍事上的反映。

唐新戰爭中，唐軍水軍顯然有胡姓的番將，如新羅軍在水戰中「捉郎將鉗耳大侯士卒百餘人」。〔註62〕其人經歷及才幹如何不得而知。

此外，劉仁軌在唐新戰爭末期動用了靺鞨水上作戰力量。675 年二月，「劉仁軌大破新羅之眾於七重城，又使靺鞨浮海，略新羅之南境，斬獲甚眾。」〔註63〕唐朝為何調動靺鞨海上作戰力量？唐朝自身海上軍力枯竭了嗎？這是個重要問題。靺鞨在渤海部興起之前主要分為粟末靺鞨和黑水靺鞨以及白山等部。黑水靺鞨與高句麗曾處於對立狀態，早在公元 375 年已發生渡海與百濟聯合進攻高句麗的行為，〔註64〕當時應該具有海上作戰經驗，而在唐朝龍朔元年（661），高句麗、靺鞨聯合襲擊新羅，「發兵水陸並進」，〔註65〕估計存在靺鞨兵充當水上作戰力量的可能性。唐高宗永徽六年（655），有記載表明百濟、高句麗、靺鞨曾聯軍攻擊新羅三十餘城，這也可能也是存在海上作戰，〔註66〕因為靺鞨並不與新羅接壤，也不與渤海黃海接壤，靺鞨水軍應是從日本海出師，攻擊新羅沿海，而不是黃海海濱。隋唐與高句麗作戰，雙方都有徵調遼東周邊部族軍隊的事發生，但調動部族水軍筆者見確是唯一一例，之前隋唐水軍一直依靠中原內地自身力量建設，這當然看出當時的靺鞨部水軍有一定戰力，也可能反映唐軍海上戰力的暫時性不足。

五、特點之五：解決周邊陸上地緣問題的戰略工具

隋唐海上力量的特點還包括它是解決陸地問題的戰略工具，制海權作戰從未成為其目的。

從史料中我們可以發現，隋唐時期海上軍事力量在東征戰爭的絕大部分時間裏都是次要的戰略工具，即作為自遼東進軍的陸軍的戰略側翼使用，隋朝的戰爭計劃是海陸兩路在遼東或是向平壤方向匯合。由於對手高句麗和百

〔註62〕《三國史記》，第 97 頁。
〔註63〕《資治通鑒》卷二○二，北京：中華書局，1956 年版，第 6375 頁。
〔註64〕范恩實：《靺鞨族屬及渤海建國前的靺鞨與周邊關係》，《盛唐時代與東北亞政局》，上海：上海辭書出版社，2003 年版，第 265 頁。
〔註65〕《三國史記》，第 495 頁。
〔註66〕《舊唐書》，卷一九九上，北京：中華書局 1975 年版，第 5331 頁。

濟的海上作戰能力較弱，在唐新戰爭之前，隋唐都沒有和敵人發生海戰的記錄，只有兩栖登陸作戰和運送兵力的記錄。可以想見在唐新戰爭以前，海上的制海權基本是空白，隋唐不需要維持制海權，因為沒人發起挑戰，沒有對手，因此隋唐海軍基本上以運輸和登陸為主要功能和主要表現。

白江之戰後日本曾經驚慌失措地加強海防，日本懼怕唐軍乘勝入侵，在九州的外島佈防，「又於築紫築大堤貯水，名曰水城。」直到翌年八月仍在繼續築城。〔註67〕其實完全沒這個必要，不用說唐朝完全沒有遠征日本的想法，也沒有掌握對馬海峽制海權來脅迫日本的想法和可能。白江之戰只是唐朝增援百濟過程中增援部隊和駐守部隊與侵入當地的日軍發生的一場遭遇戰，並非是針對日本的全面攻勢中的一環。白江之戰的國際影響固然很大，但是單就軍事上的戰役意義而言是侷限於朝鮮半島場景中發生的，雖然結果對制海權造成深刻影響，但本身並非和制海權爭奪有關。

唐新戰爭期間發生的一個很大的海上變化是，隋唐一方不再造船，也就是說海軍開始了萎縮的歷程，但是海戰及損失的記錄卻在出現，同時新羅開始出現黃海上的常備化艦隊，〔註68〕制海權爭奪作戰應該也就拉開帷幕，唐朝對海軍的態度等於拱手出讓制海權。唐高宗在唐新戰爭失敗後曾經有繼續和新羅爭奪的想法，但是這時的唐朝海上力量其實已經衰落，這一切說明唐高宗對海上戰略的態度完全是失敗的。

六、隋唐海上軍事力量的歷史影響

隋唐海上軍事力量對於解決、改善東北亞周邊關係和邊疆安全發揮了重要作用，對於在邊疆和周邊推行羈縻體制和朝貢體制，輔助地緣政治博弈，樹立國家威信，起到了一定作用。

隋唐東征的周邊背景是原屬中國地方少數民族政權的高句麗挑頭，並聯合百濟來抗拒朝貢體制在東北亞的落實，不僅佔據遼東拒不交還中央王朝，而且以遼東為基地侵擾隋唐東北邊境控制線，不僅對隋唐在國際體制中的權威構成挑戰，還對其邊疆安全構成現實威脅。隋唐王朝可以允許高句麗自治，保持在朝貢體制中的實際獨立，但是不可以接受前朝舊轄地遼東分裂在外，

〔註67〕韓昇：《東亞世界形成史論》，第 276 頁。
〔註68〕張曉東：《唐朝前期的海上力量與東亞地緣政策》，《國家航海》第 4 輯，上海古籍出版社 2013 年版。

不能接受高句麗稱霸東北亞。高句麗佔據漢朝故土遼東，並開展周邊擴張，對隋唐王朝造成了安全威脅。隋唐王朝即使不要遼東，也必須解決這一邊疆安全問題。東征軍事活動是為了解決邊疆安全和理順東北亞周邊關係開展的，海軍在其中作用不可小覷。

根據筆者以往的東北亞地區的地緣政治原理研究，在這一地區海上軍事力量可以發揮獨特的戰略作用。〔註69〕回顧政治史，在歷次戰爭中，海上力量顯然在東北亞地區的戰略博弈中起過重要作用，不僅近代的甲午戰爭和日俄戰爭，古代的隋唐東征同樣證明著這一點。隋唐平定高句麗，雖經漫長歲月才消滅這個政權，但是自海上登陸的部隊曾多次逼近平壤和造成圍攻，甚至數次迫使高句麗稱臣。

東北亞地區具有從亞洲大陸東部沿海向太平洋第一島鏈過渡的海陸地理特徵。中國東部瀕臨西太平洋的幾個邊緣海，朝鮮半島則自中國大陸的邊緣延伸向東方海洋，三面都被海洋環抱，而日本列島則處於西太平洋第一島鏈的中間偏北。海洋交流活動是隋唐時期連接東北亞各民族的重要紐帶，國際往來在很大程度上主要依靠海上交通與交往，唐朝、新羅和日本在隋唐時也一度構成過海陸地緣政治的三角關係。因此，即使在隋唐時期，海上力量也發揮過相當的戰略作用和政治影響，這是歷史的必然。

在高句麗之戰的後期，高句麗和百濟、日本串通，威脅隋唐盟國新羅的生存安全，一旦他們得逞瓜分掉新羅，無後顧之憂的高句麗將稱霸朝鮮半島，並全力北上反撲唐朝，而唐朝在東北亞確立朝貢體制的戰略主張必將失敗，東北邊疆將永無寧日。因此，唐朝才會派蘇定方平定百濟，由劉仁軌主持打退日本對半島的覬覦，沒有強大的海上力量是做不到的。唐朝依靠海上軍事力量跨海投送兵力平定了助紂為虐的百濟，開闢從後方打擊高句麗的第二戰線，加速唐麗戰爭勝利。如果不是白江之戰，隋唐海上軍事力量打敗了入侵朝鮮半島的日軍，日本對半島的干預很可能獲得成功，形成對百濟的控制，然後再聯合高句麗滅亡新羅，那樣，一個穩定和諧的東北亞秩序和朝鮮半島秩序就建立不起來，整個地區永無寧日。白江之戰後日本轉向對唐友好和全面學習。唐帝國作為地區領導的權威被對方尊重。

平定高句麗之後，為了實現長治久安，保證邊陲的安寧，唐朝在朝鮮半

〔註69〕張曉東：《隋唐東北亞的地緣環境與政治博弈——以隋唐東征軍事活動為中心的考察》，《軍事歷史研究》2015 年第 3 期。

島乃至整個東北亞推行的是羈縻體制和朝貢體制的混合體系。〔註70〕這種地緣政治成果的取得當然經歷了海上力量的長期發展和運用。新羅的生存和發展其實完全受益於唐朝遠征百濟的勝利。跨海遠征百濟和白江之戰完全扭轉了東北亞地緣政治發展的走向。

在唐新戰爭的後期，唐朝統帥劉仁軌，運用靺鞨海上力量打擊新羅，確保唐朝在體面中退出朝鮮半島，達成妥協，這也是海上軍事力量在地緣政治博弈中發揮作用的明證。

七、隋唐海上軍事力量在軍事史上的歷史地位

首先，歷代海上軍事力量建設和使用遵循的多遵循防禦原則，而隋唐海軍是進攻型的，也是處理對外關係的重要工具。

相比較而言，漢代的海上軍事力量沒有這麼豐富的政治功能，明代鄭和艦隊只是在航行中打擊海盜和反擊錫蘭王的偷襲，並不是以與周邊國家交戰為組建目的，明代支持朝鮮壬辰抗倭作戰是應藩屬國要求而出兵，而隋唐海軍不僅組建目的是為對外軍事活動服務，而且參與了和高句麗、百濟和新羅、日本的多次作戰，作戰動機包括平定地方政權，支持藩屬國，保護羈縻屬州，服務於地緣政治，擊退敵對入侵，執行周邊戰略，維持東北亞周邊秩序等。

作為戰略工具的軍事力量的發展形式受國家戰略定位的約束。中國古代王朝在處理對外關係中動用海上軍事力量的現象相對少見，古代史料中出現「水軍」或「水師」的記錄較多，也有不少學者認為中國古代只有水師而無海軍，甚至有學者把地中海文明性質的海軍作為古代海軍的標準，〔註71〕這主要是因為水師的歷史作用主要為統一和平內亂而作戰，而非控制海洋。中國古代王朝在國家安全和戰略上的外部威脅主要是北方的內亞游牧民族，故而國家安全的軍事資源投入很大一部分是放在內陸亞洲的方向上，著力解決游牧民族的陸權威脅和爭奪西域主導權，到明朝才出現「南倭北虜」海陸並舉的地緣安全問題。古代王朝不重視海洋的另一個原因在於國家安全和社會發展都長期不依賴對外貿易的發展，主要依靠的是自給自足型的傳統大陸農業經濟。但是筆者發現，隋與唐前期的統治者運用海上軍事力量開邊拓疆，

〔註70〕張曉東：《略論顯慶五年後唐朝對百濟政策的兩個問題》，《史林》2018 年第6 期。

〔註71〕倪樂雄：《文明轉型與中國海權》，上海：文匯出版社，2011 年版，第 1 頁。

支持推行朝貢體制和羈縻體制，追求「天下一統」。隋唐東征前後斷續百餘年，最終奠定東北亞國際格局和國際秩序，確立朝貢體系，海上軍事力量在其中確實發揮了相當的作用。

其次，唐海軍的規模巨大，在中國古代海軍中有「空前絕後」的地位。明代鄭和下西洋的艦隊人員和船隻數量規模也難與之相比。

龍朔三年（663）唐高宗曾詔罷 36 州造船。若以洪、江、饒 3 州造船 400 計為標準，則 36 州造船可估為 4800，當然各州造船能力未必相同，但總數應該是很大的規模，推測至少兩千艘以上，因為公元 660 年蘇定方部十幾萬大軍跨海平百濟用船兩千艘左右。蘇定方出徵兵力人數和用船數依《舊唐書》和《資治通鑑》為水路十萬人，依《三國史記》卷五和卷二十八記載則為十三萬，《三國遺事》卷一正文也記載也為十三萬，並注引《鄉記》記載為十二萬二千七百十一人，及用船 1900 艘，故以詳細數字為合理和接近。於是到顯慶五年（660 年）發生跨海平百濟的遠征勝利。此次遠征登陸所使用戰船數，在隋唐東亞地區達到空前絕後的規模，事實上即使在唐朝以後東北亞地區也少有一次戰役可以集中這麼高的船隻數量，並沒有單次兩棲登陸作戰可以一次性投送兵力可以達到如此兵員規模，也包括甲午戰爭和日俄戰爭、朝鮮戰爭在內。

八、小結

首先，隋唐海軍比前代高度發展的重要原因應在於四點。一是造船與航海的技術進步優於前代，〔註 72〕二是魏晉以來水上作戰和水軍發展的經驗豐富，三是魏晉以來海外關係發展頻繁，開拓了對外交往的國際視野，豐富了國際交往，特別在南北朝時期東北亞諸政權與南朝北朝建立了密切的往來與朝貢關係，隋唐王朝因此更加深刻地捲入對外關係的交往中，不得不採用更有效的戰略工具，面對一個聯繫更加緊密的東亞地區，面對海洋上更加密切的國際往來，隋唐的戰略視野被迫擴大，因此對於利用海軍會有更大的投入；四是統一後的隋唐王朝自身有強盛的國力，可以支撐大型海軍建設。

其次，從多方面來看，隋唐海軍的體制和戰略文化方面具有大陸型的特徵，而從古代中國所面對的地緣戰略局面來看，唐宋之際是重要的分水嶺，

〔註 72〕張曉東：《隋唐經濟重心南移與江南造船業的發展分布——以海上軍事活動刺激為中心的考察》，《海洋文明研究》，第一輯。

在此背景中觀察隋唐海上力量的發展會有更多的理解。這裡所說的「唐宋之際」不是日本學者唐宋變革論中的「唐宋之際」，而是指從唐後期到南宋的這段時間。

自秦的崛起到唐代，中國的地緣政治活動大的主題主要是農業民族和游牧民族沿 34 毫米等降水量線周邊進行對立和博弈，並在其中發生融合和兼併，最終在唐代形成二元制的中華化的統一王朝國家。西北和北方始終是中央王朝國家安全的重心。魏晉南北朝時期東亞海上往來已經比較頻繁，但是就東北亞而言，使節往來而不是商業往來的意義更加重要一些。真正興盛的東亞海上航行和民間貿易是在唐朝發展起來的，特別是唐後期，新羅人和中東人一度分別主導了東北亞和東南亞的國際貿易線路。唐代前期的東亞海上商業往來也不如唐朝後期突出。統一的唐帝國及其締造的東亞朝貢體系，再加上朝鮮半島分裂的三國時代被統一的新羅時代取代，使得東北亞出現了海上秩序發展的良好條件。唐朝後期，由於航海發展加快，一個從印度洋到太平洋的國際貿易網真正被構建和充實起來。但在唐前期這種景象還沒有完全出現。宋代開始，中國所面對的海洋問題日益重要。從宋代到元代，不僅海洋貿易發展呈上升趨勢，海洋貿易稅收對國家財政的價值也不斷加大，國家走向通過借海洋實現富強之路似乎已經不遠，但是由於白銀流通的波動和元明之際的動亂，歷史又暫時發生了轉折。相比較而言，在唐前期，在海上軍事和經貿的關係非常淡薄，唐代的戰略思路只能是在之前的戰略文化傳統中延續，不可能脫離大陸型戰略文化的軌道，海洋在戰略中的地位在唐代無法達到南宋和後世那樣的程度。因此，雖然唐代出現了強大的海上軍事力量，但和鄭和下西洋一樣，只能證明唐朝已經存在向海洋發展的巨大潛力，不能證明有成功的轉型經驗及其可能，東亞格局的大陸中心性在唐代沒有改變，唐代的海軍當然是大陸型體制與文化色彩濃重的產物。

第九章　新羅海上力量與東北亞海洋權力

　　「制海權對於一切海洋事業的成功都是十分重要的。」——菲
利浦・科洛姆

　　中國、朝鮮（包括分裂中的南北方）和日本是今天東北亞地區的三個主
要國家，對地區的影響大於其他周邊民族。在唐代，中國的唐朝和渤海，朝
鮮半島的新羅，以及日本，共同聯結在東方海上絲綢之路上，都曾發揮了一
定的海上影響，其中海上軍事力量曾最具規模並能發揮較大國際影響的無非
唐朝和新羅。唐朝在東征結束後就結束了自身海上力量發展的高峰。新羅作
為結束三國時代，首度統一朝鮮半島的國家政權，其地緣政治影響非常重要。
從筆者曾撰文分析過隋唐東征軍事活動背景下的東北亞地緣政治，認為東北
亞分為大陸地帶、過渡地帶和海洋地帶不同地帶，朝鮮半島處於過渡地帶，
是東北亞的戰略重心，而半島西南部和黃海及對馬海峽是這個重心區域的戰
略樞紐，同時海上力量在此特定地緣環境中發揮著獨特的戰略作用。〔註1〕地
理上看，新羅位於中國大陸和日本列島之間，是大陸和海洋之間的過渡地帶。
縱觀歷史，無論是在唐新戰爭晚期的新羅崛起階段，還是在半島統一的新羅
時代，新羅都是東北亞地區除了中國唐朝之外最重要的政權之一，新羅的政
治存在和戰略行為都有重要的影響力。新羅的海上力量一度也是舉足輕重的，
特別是在強盛的唐朝放棄海洋軍力發展的情況下，因此，研究新羅海上軍事

〔註1〕見拙作：《隋唐東北亞的地緣環境與政治博弈》，載《軍事歷史研究》2015年
　　　第3期。

力量興衰及其國際影響具有相當的意義。

一、唐麗戰爭以前的新羅海上力量（前 57 年～公元 644 年）

歷史上的東北亞地區海上國際往來是沿著「東方海上絲綢之路」進行的，這是海上絲綢之路的重要分支通道，通過循海岸水行航線和長江口直發航線等航路連接著古代的中國、朝鮮和日本。從歷史記錄來看，自新羅建國之後，雖然朝鮮半島政權和中國的南北朝都有海上的聘使往來，但直到唐麗戰爭之前，不僅新羅國，包括整個朝鮮半島的政權都缺乏海上軍事力量已經形成的確切史料，包括海上軍事行動的歷史記錄也同樣缺乏。直到隋唐東征前的整個三國時代，朝鮮半島的水軍記錄都是非常稀缺的，即使存在水上軍事力量，也應是不發達的。三國時代的日本和高句麗、百濟、新羅都先後與中國的王朝建立了朝貢冊封的往來關係，彼此之間也有和平來往，也有軍事鬥爭和政治對抗出現。在三國時代格局形成以前朝鮮半島南部列國和日本列島的來往有一些被鄰國「遮斷」的說法被記錄下來，但不能證實這種「遮斷」的具體面目，和是否發生在海上，或是由海上軍事力量通過發動封鎖行動完成。《日本書紀》記載日本在魏晉南北朝時期也曾數次入侵新羅，但並無新羅組織海上軍事反擊和組建水師的資料。

《三國遺事》引《駕洛（伽耶）國記》記載，早在東漢年間，伽耶國「王竊恐滯留謀亂。急發舟師五百艘而追之。（脫）解奔入雞林地界。舟師盡還。事記所載多異與新羅」。〔註 2〕《三國遺事》是新羅僧人撰寫的史書，其中多有誇張的神跡故事，脫解與伽耶王的交流故事中就有人變為鳥類和人自卵而生的事蹟，史料不可盡信，歷史上的伽耶國只是很小的國家，擁有「舟師五百艘」並用來追捕個別逃亡者基本不可信，應屬後人擴大杜撰的傳說故事。

早期的新羅國曾多次面臨日本人和百濟人的軍事威脅，但是對於發展海上力量進行自衛的想法，新羅君臣往往呈消極態度，顯示出航行能力有限。如儒禮尼師今王十二年（295 年）春，君臣對議抗倭之事：

> （新羅）王謂臣下曰：「倭人屢犯我城邑，百姓不得安居。吾欲
> 與百濟謀，一時浮海，入擊其國，如何？」舒弗邯弘權對曰：「吾人
> 不習水戰，冒險遠征，恐有不測之危。況百濟多詐，常有吞我國之

心，亦恐難與同謀。」王曰：「善。」〔註3〕

又如寶勝尼師今王七年（408年）二月，新羅得到訊息，「倭人於對馬島置營，貯以兵革資糧，以謀襲我（新羅）」。新羅本欲先發制人，挑選精兵擊破對馬島的軍事儲備，大臣舒弗邯未斯品上奏稱：「臣聞：兵兇器，戰危事。況涉巨浸以伐人，萬一失利，則悔不可追，不若依險設關，來則禦之，使不得侵猾，便則出而禽之，此所謂致人而不致於人，策之上也。」〔註4〕他指出跨海作戰的風險很大，不如在陸地上依靠防禦設施以逸待勞，國王從之。這體現出了新羅決策層對海洋風險的畏懼。

智證麻立乾王時期新羅海上力量似乎發生了最初的發展，用戰船裝載木偶獅子，威嚇鬱陵島歸附：

> （六年）冬十一月，始命所司藏冰，又製舟楫之利。〔註5〕

> 十三年（512），夏六月，於山國歸服，歲以土宜為貢。於山國在溟州正東海島，或名鬱陵島。地方一百里，恃險不服。伊餐異斯夫為何瑟羅州軍主，謂於山人愚悍，難以威來，可以計服，乃多造木偶獅子，分載戰船，抵其國海岸，告曰：「汝若不服，則放此猛獸踏殺之。」國人恐懼則降。〔註6〕

這是有意義的記載。當時的戰船數量和質量都不得而知，也未必存在常備的水軍，雖然有跨海航行，但關於作戰只有利用戰艦恐嚇活動，也無水戰出現。

唐麗戰爭期間，公元648年冬，新羅金春秋作為使者入唐，回國途中與高句麗軍在海上相遇：

> 春秋還至海上，遇高句麗邏兵。春秋從者溫君解，高冠大衣，坐於船上，邏兵見以為春秋，捉殺之。春秋乘小船至國。」〔註7〕

高句麗邏兵是何軍種、兵種都不得而知，但是既然在海上與金春秋相遇，必然是有軍船，但也很難說高句麗有水軍或是常備水軍，也很難說高句麗在海上有專門的水上巡邏部隊，因為在隋唐高句麗之戰過程中隋唐大量造船，出動不少水軍，卻沒有海戰記錄，僅僅有登陸後作戰的記錄保留下來，沒有

〔註3〕《三國史記》，第30頁。
〔註4〕《三國史記》，第38頁。
〔註5〕《三國史記》，第49頁。
〔註6〕《三國史記》，第50頁。
〔註7〕《三國史記》，第71頁。

任何隋唐和高句麗在海上遭遇的戰事記錄。如果高句麗有海上軍事力量，這種情況不可能出現。

二、新羅海上力量的初步運用（644 年～667 年）

隋朝和高句麗的爭端釀成高句麗之戰，斷續進行到唐朝。唐太宗時高句麗和百濟、日本一度結成了同盟，而唐朝和新羅則站在了另一個陣營。〔註8〕至少在金春秋登上王位之前，朝鮮半島沒有值得一提的水軍，朝鮮半島當地的海上力量也不是影響周邊關係和國際關係的因素。真正的新羅海上軍事力量是在唐麗戰爭末期出現，有組織地進行運用。

唐高宗為了戰勝高句麗，實施平定百濟後從南方攻擊高句麗的計劃，派遣蘇定方於公元 663 年率領十餘萬大軍，乘兩千多艘船跨海出擊百濟，〔註9〕作為盟友的新羅派王子金法敏率戰船百艘自海上前往匯合：

> 王遣太子法敏，領兵船一百艘，迎定方於德物島。定方謂法敏曰：『吾欲以七月十日至百濟南，與大王兵會，屠破義慈都城。』法敏曰：『大王立待大軍，如聞大將軍來，必蓐食而至。』定方喜，還遣法敏徵新羅兵馬。法敏至，言定方軍勢甚盛，王喜不自勝。又命太子與大將軍庾信、將軍品日、欽春等率精兵五萬應之。王次今突城。」〔註10〕

鑒於新羅和黃海之間是被百濟和高句麗隔離開來的，因此新羅艦隊一定是向南繞過百濟來會合唐軍，這對國家不大的新羅來說毫無疑問是海上遠征。新羅王太子金法敏在黃海德物島見到蘇定方後率部返回，因為蘇定方提出了唐軍在登陸後與新羅陸軍兩路鉗擊的計劃，然後新羅王出動由太子和金庾信指揮的五萬大軍與唐軍分路而進。實際上，金法敏的一百艘戰船上應該已經有大批主力部隊搭載，因為《三國史記》記載「王命太子與將軍庾信、真珠、天存等以大船一百艘載兵士會之」。〔註11〕所載兵士應該就是上引《三國史記》的「精兵五萬」，而在見到蘇定方之後，金法敏回見父王金春秋，傳達了蘇定

〔註8〕見拙作《唐太宗與高句麗之戰跨海戰略——兼論海上力量與高句麗之戰成敗》，《史林》2011 年第 4 期，第 42 頁。

〔註9〕張曉東：《隋唐經濟重心南移與江南造船業的發展分布》，《海交史研究》2015年第 1 期，第 82 頁。

〔註10〕《三國史記》，第 74 頁。

〔註11〕《三國史記》，第 494 頁。

方的計劃要求，金春秋出兵是分兩路，一路仍是太子和新羅大將金庾信統領，五萬大軍，而金春秋自己出動到今突城，準備在百濟南部與蘇定方會師。

當時的新羅戰船究竟具有多大的規模？這是最重要的問題。還是要依靠上文對船隻載運標準的研討結論。

根據韓昇教授的分析，《日本書紀》關於白江之戰的記載中無論唐軍還是日軍反覆出現「一百七十艘」，〔註12〕石曉軍則認為日本派出的干涉軍兵力為四萬，〔註13〕韓昇認為以《日本書紀》天智天皇二年三月條所記人較可信，即日本663年出兵朝鮮共2.7萬人。韓昇認為如果平均每船裝載150人，則可載運2.55萬，「大概也就是日軍出動的規模」，而正史記錄焚毀日船400，新羅甚至記為千艘，都不一定準確。〔註14〕以此而論，唐、日戰船皆在每艘平均150人左右。另據《新唐書》和《唐會要》兩史書的記載，上文也曾考證，唐軍平均船載150人以上，唐軍跨海遠征則兵糧馬匹和其他物資都要運輸，400艘船載7萬部隊及相關軍用物資沒有問題。〔註15〕按照相同的標準，新羅的「大船一百艘」短途運輸，至少也應該載1.5萬以上部隊，但是史料中記載新羅太子與金庾信合率一部精兵有5萬之眾，似應都曾在船上，則新羅戰船在當時東北亞船隻載運記錄中為最大，有船載500人的規模。其實這些載運數字估計還都算相對較小，東晉法顯搭乘的印度商舶，每船載約200人，而根據《廣雅》唐代一般海船「大者長二十丈，載六七百人」，〔註16〕三國時東吳海船也可以載運六七百人，比法顯搭乘海船還要大得多。無論東吳海船、東晉印度船還是《廣雅》所記唐海船三者都看似比上述所言唐軍和新羅軍船載基本標準都要大很多，但是筆者想指出的是軍船與民船不同，除了載人、糧、生活用品之外，還要載運大量馬匹、帳篷、武器、旗幟、鑼鼓甚至車仗等等大量軍用裝備，軍船載人比民船相對較少並不意味著船隻規模或運力少於民船，因此，如果史料記載符合事實，新羅的一百艘戰船很有可能具備大量運兵的能力。

〔註12〕韓昇：《東亞世界形成史論》，第255頁。
〔註13〕石曉軍：《唐日白江之戰的兵力及幾個地名考》，《陝西師範大學學報》1983年第3期。
〔註14〕韓昇：《東亞世界形成史論》，第256頁。
〔註15〕張曉東：《隋唐經濟重心南移與江南造船業的發展分布》，《海交史研究》2015年第1期，第82頁。
〔註16〕慧琳：《一切經音義》卷一，第12頁。

經過在陸上和百濟勇將階伯的慘烈較量，新羅軍與唐軍匯合於熊津江口一帶：

> 又聞唐羅兵已過白江、炭峴，（百濟）遣將軍階伯，帥死士五千，
> 出黃山，與羅兵戰，四合皆勝之，兵寡力屈竟敗，階伯死之。於是，
> 合兵御熊津口，瀕江屯兵。〔註17〕

公元 661 年蘇定方率部自百濟北上圍攻平壤，新羅軍起初與之匯合，參與圍攻高句麗，但是平壤圍攻久戰不克，蘇定方和其他唐軍從遼東撤軍後，新羅將領「良圖以兵八百人泛海還國」。〔註18〕這說明新羅在與高句麗作戰中也不過曾借助水軍運輸，排除作戰部隊數量很小，未曾有海戰。平百濟對唐朝和新羅而言都是用海軍而無海戰的戰爭。

不久，在百濟戰場發生白江之戰，唐軍、新羅軍和親唐百濟人的聯軍為一方，支持百濟反唐人士的日軍為一方。公元 663 年七月天智天皇「稍聽水錶之軍政」，八月遣大華下阿曇比邏夫連等將領遠征，〔註19〕次年五月日軍「船師一百七十艘」送扶餘豐璋等就國，〔註20〕六月唐軍會於白江口，〔註21〕大破日軍。白江之戰是影響東北亞格局的一次戰役，日本因此退出半島，唐朝掌握東北亞戰略優勢。缺乏資料證明新羅水軍在白江之戰中的作用，唐朝的海上力量進入鼎盛，掌握了東北亞主要海域的制海權。

三、唐新戰爭與新羅海上力量的崛起（668 年～677 年）

唐麗戰爭於公元 667 年結束，唐朝打算在高句麗和百濟推行羈縻體制，設立安東都護府，扶持親唐人士管理高句麗和百濟故土，可是新羅不允許仇敵百濟重建，企圖乘機統一半島，因此形成了一場唐新戰爭。戰爭的實質是唐朝和新羅雙方爭奪半島的政治主導權，決定東北亞地緣政治格局發展。唐朝的初衷是在朝鮮半島推行羈縻體制，並保障唐麗戰爭的戰果，而新羅則是想徹底扼殺故敵百濟恢復的任何可能性，並在高句麗故土乘火打劫，對羈縻體制的推行實質持抵制態度。比如麟德二年（665 年）七月，唐朝即要求百濟王子扶餘隆與新羅國王金法敏「釋去舊怨」，於八月在熊津城「同盟」。唐朝

〔註17〕 《三國史記》，第 331 頁。
〔註18〕 《三國史記》，第 497 頁。
〔註19〕 《日本書紀》卷二七，經濟雜誌社 1897 年版，第 472 頁。
〔註20〕 《日本書紀》卷二七，第 473 頁。
〔註21〕 《日本書紀》卷二七，第 475 頁。

試圖建立三足鼎立的羈縻體系，實現半島格局新的平衡，但僅留兵2萬之眾，不足以震懾新羅。新羅國王本人不參與和百濟的「盟誓」，對唐的要求陽奉陰違。唐新戰爭歷時九年，唐軍海上部隊多次蒙受損失，制海權逐漸被動搖，而新羅相反，建立了一支有力的海上部隊，有了統一半島的重要資本，在陸上戰場奪取了不少土地。新羅打退了唐朝對半島的政治介入，反倒實現了東北亞地緣政治的海陸三階平衡，即日本所處的海洋地帶、唐朝主導的大陸地帶和新羅控制的半島過渡地帶的三階平衡。換個角度看，也可以說新羅依靠自身海上力量實現了半島過渡地帶和大陸地帶之間的地緣戰略平衡。

根據《三國遺事》記載，公元669年因新羅插手高句麗殘部叛亂，唐軍自海上與新羅交兵，未及接戰即被風浪淹沒。[註22]

咸亨元年（670年）三月新羅軍勾結高句麗叛亂殘部渡過鴨綠江，四月「斬獲不可勝計」。[註23]七月新羅同時在半島南北兩條戰線發起攻擊。咸亨二年（671年）正月新羅發兵侵百濟。薛仁貴奉命前往百濟任主將，甫上任唐軍便在海上遭受慘敗：

> 九月，唐將軍高侃等，率蕃兵四萬到平壤，深溝高壘侵帶方。
> 冬十月六日，（新羅）擊唐漕船七十餘艘，捉郎將鉗耳大侯士卒百餘人，其淪沒死者，不可勝數。[註24]

以往高句麗之戰當中隋唐軍在海上有不少損失，但風浪是主要原因，極少有作戰的直接損失，多是分散和陸續的損失，補充較易。按照《三國遺事》記載唐軍的後續援軍沉沒於海上：

> 唐更遣趙憲為帥，亦以五萬兵來征。（新羅僧）又做其法，舡沒如前。[註25]

這一事蹟的記載與上文一樣缺乏旁證，估計是新羅史料誇大唐軍損失以渲染神跡。也有可能是唐軍給養船發生大量損失。按唐代墓誌銘，咸亨二年海上押運使郭志該即溺死於海上風浪，[註26]年代相去最為接近。

次年（672年）唐新雙方不斷有陸戰發生，兩軍互有勝負。[註27]到咸亨

〔註22〕《三國遺事》，第65頁。
〔註23〕《三國史記》，第88頁。
〔註24〕《三國史記》，第97頁。
〔註25〕《三國遺事》，第65頁。
〔註26〕《（上關）縣令郭君（志該）墓誌銘並序》，第213頁。
〔註27〕《三國史記》，第97頁。

四年（673 年）九月，新羅建立了一支常備化的西海水師：

> 王遣大阿餐徹徹川等，領兵船一百艘鎮西海。唐兵與靺鞨契丹
> 兵來侵北邊，凡九戰，我兵克之，斬首二千百餘級。唐兵溺瓠瀘、
> 王逢二河，死者不可勝計。〔註28〕

新羅組建了一支成規模的海上部隊，鎮守「西海」，即韓國人所稱「西韓國海」，現代的黃海。經過黃海的海上通道包括中國東部、朝鮮半島、日本列島的整個東亞地區最重要的「循海岸水行」，以及自山東半島直發新羅的海上航線。新羅船百艘，若以同時期日本和唐朝戰船計，船上水軍應至少不下萬人，對於尚未統一朝鮮半島的新羅國而言已經是一支很大的海軍。《日本書紀》卷 27 天智天皇十年條記載，當時日本使者四人自唐朝返回，「唐國使人郭務悰等六百人、送使沙宅孫登等一千四百人，總合二千人，乘船四十七隻俱泊於比知島」，唐朝武裝送使團人多勢眾，充作護航，反映新羅水軍日漸崛起，逐步掌握周邊制海權。

組建艦隊的同時，新羅在北方陣地大量築城，〔註29〕其中多為山城，易守難攻，加強了陣地防禦。這一變化對戰略形勢發生重要影響，因為在高句麗之戰中，由於高句麗和百濟缺乏海上力量，唐軍除侵入半島的日本遠征軍外未遭遇任何海上抵抗。如今新羅海師「鎮西海」，已是圖謀把唐軍阻擋甚至消滅在海上，並威脅包抄駐百濟的唐軍，切斷其海上補給來源。新羅常駐黃海海軍的出現奪取了制海權，使唐朝利用山東半島為後方基地支持百濟戰場，從側翼包抄新羅的戰略難以實現。

上元元年（674 年）正月唐朝以劉仁軌為主將。〔註30〕之後發生三次海戰，唐軍一勝而兩負，喪失橋頭堡基地，海上軍事力量損失殆盡，然而新羅佔據大同江以南的大局已定，制海權與海上軍事力量對比形勢轉化的戰略影響也日益明顯。次年（675 年）二月，唐軍先有七重城戰役為中心的南北夾擊，再有唐軍買肖城三勝。〔註31〕接下來的兩年唐軍在半島陸戰和海戰呈現不利局面：

> （秋九月，薛仁貴）來攻泉城。我（新羅）將軍文訓等，逆戰
> 勝之，斬首一千四百級，取兵船四十艘。仁貴解圍退走，得戰馬一

〔註28〕 《三國史記》，第 99 頁。
〔註29〕 《三國史記》，第 99 頁。
〔註30〕 《資治通鑑》卷二〇二，第 6372 頁。
〔註31〕 《資治通鑑》卷二〇二，第 6375 頁。

千四。二十九日，李謹行率兵二十萬，屯買肖城，我軍擊走之，得

戰馬三萬三百八十四，其餘兵仗稱是。〔註32〕

　　泉城戰役水陸交戰，陸勝而海負，唐軍損失兵船40艘，失戰馬千匹。唐軍南線戰馬等物資自海上運輸而來，在制海權喪失的情況下很難補充。接下來的買肖城戰役，「李謹行率兵二十萬」為史文錯訛，中韓學者都主張此觀點，〔註33〕實際應為2萬。新羅在與唐軍作戰同時再度築城於要害，「緣安北河設關城，又築鐵關城」。唐軍、靺鞨軍在北方戰線反攻，雖然攻陷赤木、石峴二城，二城新羅縣令均「力戰」「力竭」戰死，反抗頑強，新羅仍稱「又我兵與唐兵大小十八戰，皆勝之，斬首六千四十七級，得戰馬二百匹」。〔註34〕泉城水戰徹底削弱了百濟唐軍薛部繼續作戰的戰略基礎。接下來直到次年冬天，整整一年缺乏具體戰事，雙方以大同江為界暫停作戰。儀鳳元年（676年）新羅海軍的進攻下，薛仁貴部喪失了在朝鮮半島南部百濟故地的最後的橋頭堡，史稱伎伐浦水戰，是為唐新戰爭「最後一戰」：

　　　　冬十一月，沙餐施得領船兵，與薛仁貴戰於所夫里州伎伐浦，

敗績。又進，大小二十二戰，克之，斬首四千餘級。〔註35〕

　　關於此次水戰資料僅此數十字。薛仁貴堅守的所夫里州伎伐浦即百濟泗沘港，是唐朝和朝鮮半島南端保持海路暢通的最後據點，唐軍也曾以之作為針對新羅的軍事基地：「唐人既滅百濟，營於泗沘之丘，陰謀侵新羅」。〔註36〕唐軍已喪失制海權，不能對南方橋頭堡進行有力支持。保守此地沒有意義和可能，而這其實是海戰連續失利後的必然結果。此次新羅軍從海路進攻，先敗後勝。新羅出動的是「船兵」，則此次作戰顯然是海戰和兩棲作戰。二十二戰說明作戰非常激烈和頻繁。這是文獻所見唐新最後一次戰役。這一年，雙方的戰鬥主要集中在新羅北部邊境地帶，雙方實際控制線基本確定，新羅佔據百濟與高句麗大同江以南，唐朝維持朝鮮半島羈縻體系的計劃和努力破產。儀鳳二年（677年）正月劉仁軌正式從大同江以南撤軍。〔註37〕

〔註32〕《三國史記》，第100頁

〔註33〕拜根興：《七世紀中葉唐與新羅關係研究》，中國社會科學出版社2003年版，
　　　　106～132頁；李昊榮：《新羅三國統合與麗、濟敗亡原因研究》，255頁。

〔註34〕《三國史記》，第100頁。

〔註35〕《三國史記》，第100頁。

〔註36〕《三國史記》，第494～495頁。

〔註37〕《資治通鑑》卷二〇二，第6382頁。

儀鳳三年（678年）新羅國「春正月，置船府令一員，掌船楫事」。〔註38〕早在公元583年新羅就已經成立船府署。這可以看作新羅對船舶航運的重視進一步加強，顯然新羅對海上力量的關注非止一日。作戰至今，唐在朝鮮半島北線的陸軍不斷退卻中仍能反擊，而在南線和半島南部水上戰場確是節節敗退，直至徹底潰敗。最終唐朝接受新羅稱臣，放棄羈縻政策。

四、唐新和解與東北亞海上絲綢之路（公元677年～9世紀早期）

唐新戰爭造成了唐朝和新羅的對立，且雙方的對立僵持了一段時間。但是唐朝最終接受新羅統一半島的事實，和新羅逐漸和解，重構了友好的宗藩關係，完全以朝貢關係取代了原來有限的羈縻關係。此後唐新關係的主流是和平友好交流，唐新交往的海上部分非常重要，這不僅涉及唐新關係，也牽扯整個東北亞的海上交流。

唐新戰爭結束後，朝鮮半島進入統一的新羅時代。新羅鎮西海的常備化水師維持了多久，依然是個謎，因為歷史記錄依然匱乏。在軍閥張保皋興起之前新羅海上力量曾經經歷了一個衰落的過程，而同時東北亞海洋秩序有紊亂的跡象。

新羅和日本在唐新戰爭戰後曾經長期不和，公元8世紀上半期日本海盜不斷出現在新羅海岸，如新羅聖德王二十一年（722年）十月，「築毛伐郡城，以遮日本賊路」。〔註39〕這裡所說的「賊」並不知道是海賊還是官方軍隊。另據《三國遺事》：「開元十年壬戌（722年）十月，始築關門於毛火郡，今毛火村，屬慶州東南境，乃防日本塞垣也。周回六千七百九十二步五尺，役徒三萬九千二百六十二人，掌員元真角干。」〔註40〕到聖德王三十年（731年）夏四月，「日本國兵船三百，越海襲我（新羅）東邊，王命將出兵，大破之」。〔註41〕這是繼白江之戰以來又一支規模強大的日本遠征軍。新羅軍有能力予以擊敗，說明新羅軍事力量仍然強大。史料未說明是否發生海戰或是新羅動用了海軍。是年九月國王命百官會「觀射車弩」。〔註42〕可見對軍備的重視。唐朝也曾經對新羅的弩術感興趣。公元753年八月，「日本國使

〔註38〕《三國史記》，第101頁。
〔註39〕《三國史記》第115頁。
〔註40〕《三國遺事》，第71頁。
〔註41〕《三國史記》，第117頁。
〔註42〕《三國史記》，第117頁。

至，慢而無禮，王不見之，乃回」。〔註43〕

　　此階段東北亞海上環境似乎再次出現權力真空，即沒有一支可以維持制海權的力量。東北亞主要的中心海域環繞著朝鮮半島形成國際間的 U 字形，U 字形的底部即對馬海峽和日本海峽，連接現代的日本海和黃海。連接朝鮮半島與日本列島，是海洋地緣的關鍵，只要有一支海上艦隊掌控這裡的制海權就可實現對整個東北亞國際海域全面影響。但是，渤海軍事力量可以通過這片海域繞過新羅沿海地帶遠航山東半島，說明渤海軍的航行能力很強而新羅海上力量很弱：

　　　　三十二年（733 年），秋七月，唐玄宗以渤海、靺鞨，越海入寇登州，遣大僕員外卿金思蘭歸國。仍加授王為開府儀同三司寧海軍使，發兵擊靺鞨渤海南鄙。會大雪丈餘，山路阻隘，士卒死者過半，無功而還。〔註44〕

　　因此唐朝徹底與新羅實現最終和解，承認大同江以南的新羅治權。開元十年（722 年）新羅「頻遣使獻方物」，〔註45〕由此雙方建立新的情誼。新羅王三十四年（735 年）正月，「遣金義忠入唐賀正。二月，副使金榮在唐身死，贈光祿少卿。義忠回，敕賜浿江以南地」。〔註46〕唐朝希望新羅可以成為牽制渤海的戰略側翼，至少改變渤海水軍在周邊海域暢行無阻的自由。安史之亂以前遼東地區尚在唐朝有力控制之下，如果公元 731 年新羅是用水軍擊潰日本遠征軍的話，渤海只有在新羅允許或者默許的情況下才有可能把水軍派遣到山東半島，但是事實證明新羅並沒有站在渤海一邊，因此只能得出結論，即當時新羅的水軍已經衰落，新羅沒有制海能力。

　　公元 9 世紀新羅的航海力量得到重大發展，但在此之前，東北亞海域出現過相對混亂的局面。仔細觀察史料會發現因果關係很複雜，除了新羅政局的內因，唐朝作為東亞海洋最大的利益攸關方的地緣政策和政治內情也很重要。〔註47〕從史料看安史之亂後新羅海洋軍事相關活動也不再顯著，而唐朝也並未恢復初唐的海上力量，盛唐以後山東半島的藩鎮上報朝廷稱東亞出現了大量「海賊」，在海洋上非法跨國掠賣人口，這也是東亞海域制海權真空

〔註43〕《三國史記》，第 124 頁。
〔註44〕《三國史記》，第 117 頁。
〔註45〕《唐會要》卷八五，上海：上海古籍出版社 2006 年版，第 2028 頁。
〔註46〕《三國史記》，第 117 頁。
〔註47〕張曉東：《唐代後期的海上力量和東亞地緣博弈》，《史林》2013 年第 2 期。

化的結果和表現。安史之亂以後，張保皋勢力崛起之前，唐朝藩鎮淄青鎮一度坐大中國海濱，稱雄東方海洋。淄青鎮李氏集團割據山東半島長達 60 多年，崛起成為唐新間雄踞海陸的勢力。首任節度使李正已任平盧緇青節度觀察使、海運使、押新羅渤海兩番使，轄 15 州，「最稱強大」。〔註48〕李氏權力擴展到海上，控制了黃渤海海運，沿海的生計活動和商業往來均會受到藩鎮的干預操縱。押蕃使始置於開元四年（716 年），〔註49〕可由藩鎮兼任。李氏有權管理朝貢貿易，接轉貢獻，上報番情。〔註50〕李氏政權經濟基礎很大程度上依靠海洋活動，來自海陸的經濟利益和政治權勢互為支持，借外交特權和地利「貨市渤海名馬，歲歲不絕」，對經過山東半島的公私貿易收稅，專擅海利，通過煮鹽〔註51〕、海外通商、奴婢買賣獲得巨大利益，為本鎮割據的財政基礎和李氏家族財富積累發揮了巨大作用。開成元年緇青節度使曾上奏請求讓新羅熟銅盡快過關。私掠人口是海賊的重要活動，李氏與之也有所勾結以從中獲利。李氏不僅在海上成為非法活動的贊助者，在陸地上更成為威脅中央集權的心腹大患，最終招致唐憲宗的翦滅。公元 819 年唐憲宗討伐淄青，「詔遣揚州節度使趙恭，徵發我（新羅）兵馬，王奉敕旨，命順天軍將軍金雄元，率甲兵三萬以助之」。〔註52〕新羅與淄青鎮隔海相望，雖作戰並無不符合新羅的利益，但從史料看並無新羅軍實際參戰，只是裝了裝樣子。

唐憲宗削藩之後不久，藩鎮割據故態重萌，海上秩序也呈現惡化，海賊掠賣人口的現象依然很猖獗：「遍中國以新羅人為奴婢」。長慶三年（821 年）平盧節度使薛平上奏，得皇帝敕旨令依照執行：

> 應有海賊詃掠新羅良口，將到當管登萊州界及緣海諸道，賣為奴婢者。伏以新羅國雖是外夷，常稟正朔，朝貢不絕，與內地無殊。其百姓良口等，常被海賊掠賣，於理實難。先有制敕禁斷，緣當管久陷賊中，承前不守法度。自收復已來，道路無阻，遞相販鬻，其弊尤深。伏乞特降明敕，起今已後，緣海諸道。應有上件賊詃買新

〔註48〕《舊唐書》卷一二四，第 3535 頁。
〔註49〕黎虎：《漢唐外交制度史》，蘭州：蘭州大學出版社 1998 年版，第 509 頁。
〔註50〕黎虎：《漢唐外交制度史》，第 514～515 頁。
〔註51〕有學者甚至認為淄青鎮的富有鹽場是其經濟的重要支撐，見樊文禮：《唐代平盧緇青節度使略論》，《煙臺師範學院學報》1993 年第 2 期。
〔註52〕《三國史記》，第 141 頁。

羅國良人等，一切禁斷。請所在觀察使嚴加捉搦，如有違犯。便准
法斷。〔註53〕

五、公元九世紀新羅海上力量中興（828年～850年）

　　9世紀初葉東北亞海上形勢依然混亂。由於新羅國、唐朝、日本內部的動
盪，逃亡者進入海上，海盜猖獗，海上正常秩序受到嚴重干擾。《三國史記》
記載，新羅連年饑荒，海盜加劇，中央集權受到了削弱。如公元841年，「春，
京都疾疫。一吉餐弘弼謀叛，事發逃入海島，捕之不獲」。〔註54〕在海上有不
少不安定因素存在，特別是海盜和掠賣主要為新羅人口的行為。公元811年
新羅運糧船遭海賊劫掠，飄往日本，〔註55〕新羅通過入唐宿衛王子金長廉求
唐清剿海盜，唐憲宗在元和十年（816年）下令沿海各地打擊不法商人，禁止
掠奪新羅人為生口。但討伐淄青鎮尚未結束，朝廷對於山東半島海疆並無實
際權力可以行使。公元823年，唐穆宗下令歸還被掠買為奴的新羅良民，這
種姿態說明唐朝也希望秩序正常化。但憲宗中興後小規模割據的地方藩鎮和
朝廷衰弱的地方控制力，都不能實現對東方海洋的有效控制。張保皋在李氏
覆滅後數年回到新羅，則其對東方海域的形勢瞭如指掌。張保皋的海洋活動
主要包括立足海島軍事基地，打擊海盜，保護正常有序的海上活動與國際往
來，贊助國際交流與貿易，庇祐海上與海外新羅人的包括貿易和其他生計活
動，帶有強烈的海權色彩。

　　據杜牧《樊川文集》中的《張保皋‧鄭年傳》記載張保皋及親信鄭年本
在唐朝徐州藩鎮軍隊中當兵。張保皋是熟悉海上生活的「海島人」，又名弓福。
公元828年他自唐回國，「後歸國謁王，以卒萬人鎮清海。」〔註56〕逢公元838
年新羅朝廷內亂，張氏分兵五千與鄭年入朝平亂，〔註57〕立神武王。新王「封
清海鎮大使弓福為感義軍使，食實封二千戶」。張保皋因此成為左右韓國朝政
的軍政強人。公元839年，文聖王即位，下教嘉獎張氏，「乃拜為鎮海將軍，
兼賜章服」。〔註58〕張氏遙控國政，坐鎮清海，並以新羅西南沿海的莞島清海

〔註53〕《唐會要》卷八六，第1861頁。
〔註54〕《三國史記》，第150頁。
〔註55〕《續日本後紀》卷二一，「弘仁二年八月甲戌」條，吉川弘文館1979年版。
〔註56〕《三國史記》，第144頁。
〔註57〕《三國史記》，第147頁。
〔註58〕《三國史記》，第149頁。

鎮作為根據地，打擊海盜，組織和庇護國際間航行，實際掌握了東亞國際海域通道的制海權，跨國建造寺廟，〔註59〕資助宗教文化活動，溝通國際交流，促進九世紀初東亞經濟文化交流的新面貌。對於海上活動的有序化，張保皋是有貢獻的。「自大和後，海上無鬻新羅人者」。

在張保皋的時代，日本僧人和使者來華都是乘坐新羅船隻和車輛等交通工具，〔註60〕雇用新羅水手，〔註61〕依靠新羅翻譯〔註62〕和新羅信使。〔註63〕新羅掌東亞航海牛耳，張保皋捐修了中國山東半島沿海的登州赤山法華寺，日僧圓仁來華期間留住該寺廟時，張保皋遣大唐賣物使崔兵馬司來寺慰問。〔註64〕當時中國沿海有很多旅居新羅人，有些城市甚至存在新羅人聚居的社區新羅坊，比如登州當地新羅移民圍繞法華寺而聚居，加之海上船隻和水手多來自新羅，可見新羅人在東北亞國際間海上世界的重要地位。9世紀前期，即使從事唐日貿易的商人群體也是以新羅商人為主，唐朝商人東渡日本也要搭乘新羅商船，史料中的首艘唐朝商船出現於841年，之後東亞商人群的重心才逐漸轉到唐朝商人。〔註65〕可以說新羅人商船航運業的興衰和張保皋的興衰是有著密切關係的。現代莞島周邊考古發現大量陶窯和陶瓷碎片，這是清海鎮具備跨國貿易基地的證明。張保皋還有遣唐賣物使崔暈負責對華貿易，有對日迴易使李忠和楊圓負責對日貿易。〔註66〕

張保皋坐鎮東亞海上樞紐莞島清海鎮，有利於他對東亞海域施加影響，這反映出他對海洋戰略的高度重視。張保皋坐鎮的清海鎮莞島，位於現代韓國的全羅南道莞島郡，本島係韓國六大島之一，其地當朝鮮半島南海疆門，又可隔對馬海峽與日本遙望，是三國間航海必經之地。當地屬暖溫帶海洋性季風氣候，自然條件優越，適於農業水產業。張保皋坐鎮此地，必是依靠強力海軍，通過把守有利的戰略地理位置，把持新羅朝政，利用國際形勢，形

〔註59〕圓仁：《入唐求法巡禮行記》，上海：上海古籍出版社1986年版，第2、62頁。

〔註60〕圓仁：《入唐求法巡禮行記》，第2、199、201頁。

〔註61〕圓仁：《入唐求法巡禮行記》，第2、36頁。

〔註62〕圓仁：《入唐求法巡禮行記》，第2、10頁。

〔註63〕圓仁：《入唐求法巡禮行記》，第2、198頁。

〔註64〕圓仁：《入唐求法巡禮行記》，第2、63頁。

〔註65〕吳玲：《九世紀唐日貿易中的東亞商人群》，《西北工業大學學報》2004年第3期，第21頁。

〔註66〕祝捷：《試論九世紀東亞的海上通交》，延邊大學碩士學位論文，2006年，第18頁。

成了稱尊海上的強大力量。據《續日本後紀》卷 9 記錄，張保皋還曾獨立對日外交活動：「大宰府言，藩外新羅臣張寶高遣使獻方物」，雖遭日方以「為人臣無境外之交也」拒絕，足見張保皋權勢之大。按照圓仁的記錄，張氏本人甚至與日本地方官員有書信往來。〔註67〕

公元 845 年新羅王甚至一度「欲娶清海鎮大使弓福女為次妃」。此時張保皋權勢達到頂峰。畏懼張氏的朝臣提出反對。〔註68〕公元 846 年春「清海弓福怨王不納女，據鎮叛。朝廷將討之，則恐有不測之患」，〔註69〕最終武州人閻長者前往刺殺張氏，結束了其傳奇生涯。〔註70〕850 年「春二月，罷清海鎮，徙其人於碧骨郡。」〔註71〕新羅國將清海鎮居民遷入內陸，消除張保皋的勢力，完全改變了張氏經營海洋的政策，張保皋和同時代新羅海上開拓者的重要成果被連根拔除。

從史實看張保皋的海洋活動中軍事和貿易的部分具有相互支持的關係。以新羅邊防重鎮為根據地組織跨國海商貿易，這不是普通商人或地方官可以做到的，說明張保皋不僅實現了地方割據，其海洋活動還帶有濃重的海權性質，不僅侷限於重商，應該具有一定的海權意識。

六、新羅晚期的海洋政治狀態（公元 850 年至新羅時代結束）

公元 9 世紀後期，新羅周邊海洋形勢又有失控的趨勢。根據記載在新羅第五十一代王真聖女王的時代（887 年～897 年），此王代阿餐良貝王之季子奉使於唐，「聞百濟海賊梗於津島。選弓士五十人隨之。」〔註72〕百濟國已滅亡，文中的「百濟」應該是地理概念的沿用，就是指朝鮮半島西南部沿海地區，也就是東北亞的戰略樞紐所在，這種地區可能成為海盜的溫床，而一旦成為則意味著整個海域的秩序都會出現問題。在新羅歷史的末年，國家分裂，出現泰封、後百濟等割據政權，軍事鬥爭激烈，而海賊得以猖獗，割據者的海軍也趁機發展，但這主要是為了國內軍事鬥爭服務，對國際局勢影響相對有限。

〔註67〕圓仁：《入唐求法巡禮行紀》卷 2，第 81 頁。
〔註68〕《三國史記》，第 150 頁。
〔註69〕《三國史記》，第 151 頁。
〔註70〕《三國史記》，第 151 頁。
〔註71〕《三國史記》，第 151 頁。
〔註72〕《三國遺事》，第 80～81 頁。

作亂者甄萱自稱後百濟王後與中國南方的政權吳越國自海上往來,「遣使朝吳越,吳越王報聘」,〔註73〕後百濟政權甚至也和契丹政權自海上通往,天成二年(927年)十月,「契丹使裟姑麻咄等三十五人來聘,(甄)萱差將軍崔堅伴送麻咄等,航海北行,遇風至唐登州,悉被戮死」。〔註74〕

後百濟和泰封曾進行過數次水上作戰。如新羅孝恭王十三年(910年)六月「弓裔命將,領兵船,降珍島郡,又破皐夷島城」。〔註75〕十四年(911年),甄萱率步騎三千,圍羅州城多日,泰封王弓裔發水軍襲擊之,甄萱引軍而退。〔註76〕這種鬥爭一度還有不小規模。如長興三年(932年)九月「(甄)萱遣一吉餐相貴以船兵入高麗禮城江,留三日,取鹽、白、貞三州船一百艘焚之,捉豬山島牧馬三百匹而歸」。〔註77〕

高麗開國太祖王建最初曾為泰封國將領,於「天復三年癸亥三月,率舟師自西海抵光州界,攻錦城郡,拔之」。〔註78〕王建是泰封國海軍的重要發展者,在海戰中擊敗甄萱:

> (梁開平三年)適(弓)裔以羅州為憂,遂令太祖往鎮之,進
> 階為韓粲海軍大將軍。太祖推誠撫士,威惠並行,士卒畏愛,咸思
> 奮勇,敵境讋服。以舟師次於光州鹽海縣,獲萱遣入吳越船而還。
> 裔喜甚,優加褒獎。又使太祖修戰艦於貞州,以閼粲宗希、金言等
> 副之,領兵二千五百往擊光州珍島郡,拔之。進次皐夷島,城中人
> 望見軍容嚴整,不戰而降。及至羅州浦口,萱親率兵列戰艦,自木
> 浦至德真浦,首尾相銜,水陸縱橫,兵勢甚盛。……乃進軍急擊,
> 敵船稍卻,乘風縱火,燒溺者大半,斬獲五百餘級,萱以小舸遁歸。
> 〔註79〕

從此之後後百濟政權一蹶不振,王建設計擒獲大海賊頭領,以功掌握大權:

> 於是三韓之地,(弓)裔有大半。太祖復修戰艦,備糧餉,欲留

〔註73〕《三國史記》,第558頁。
〔註74〕《三國史記》,第557頁。
〔註75〕《三國史記》,第164頁。
〔註76〕《三國史記》,第164頁。
〔註77〕《三國史記》,第561頁。
〔註78〕《高麗史》卷一,西南師範大學出版社2014年版,第14頁。
〔註79〕《高麗史》卷一,第14頁。

戍羅州。……遂至光州西南界潘南縣浦口縱諜賊境。時有壓海縣賊帥能昌起海島，善水戰，號曰『水獺』，嘯聚亡命，遂與葛草島小賊相結。候太祖至，欲邀害之。……使善水者十餘人，擐甲持矛，乘輕舫夜至葛草渡口，……果獲一小舸，乃能昌也。執送於（弓）裔，裔大喜，乃唾昌面曰：『海賊皆推汝為雄，今為俘虜，豈非我神算乎。』乃示眾斬之。〔註80〕

乾化三年癸酉，（弓裔）以太祖屢著邊功，累階為波珍粲，兼侍中，以召之。水軍之務盡委副將金言等，而征討之事必令稟太祖行之。〔註81〕

然而此時的戰船大小不一，如在乾化四年（914年）「（弓）裔又謂水軍帥賤，不足以威敵，乃解太祖侍中，使復領水軍，就貞州浦口理戰艦七十餘艘，載兵士二千人，往至羅州。」〔註82〕後弓裔命王建「增治舟百餘艘，大船十數，各方十六步，上起樓櫓，可以馳馬。領軍三千餘人，載糧餉往羅州」。〔註83〕

在高麗政權創始人王建開國時仍然流行新羅時期以僧人做法禳鎮海上敵患的做法，這種信仰在以往的唐新戰爭中也曾使用，見上文唐新戰爭相關論述，王建則是請兩位高僧來做法鎮壓海盜：

及我太祖創業之時，亦有海賊來擾，乃請安惠朗融之裔、廣學大緣等二大德，做法禳鎮。〔註84〕

新羅有不少君王崇尊佛教，高僧地位不低，這也是新羅宗教文化和海洋問題發生關係的重要事蹟。

七、小結

新羅的海上軍事力量在中古時期經歷了從無到有，從盛到衰的歷程。新羅海上力量，是在隋唐東征中，主要是在唐麗戰爭後期興起，在唐新戰爭中被用來擊退了唐朝的海上力量，參與了朝鮮半島統一的歷史重任，使得東北亞地緣政治的平衡得以重建，扭轉了原有的歷史走向。新羅海上力量經歷了

〔註80〕《高麗史》卷一，第 15 頁。
〔註81〕《高麗史》卷一，第 15 頁。
〔註82〕《高麗史》卷一，第 16 頁。
〔註83〕《高麗史》卷一，第 16 頁。
〔註84〕《三國遺事》，第 189 頁。

公元 8 世紀的首度衰落之後，恰逢東亞各國中央集權的衰落，東北亞國際海面出現前所未有的亂象，張保皋海洋活動填補了東北亞海上權力的空白，發展新羅航海力量，促進了東北亞海上絲綢之路的新繁榮。張保皋的海權活動目的是促進國際和平往來，而非稱雄爭霸，日本因此獲得海上便利，而唐朝也默許張保皋的海上活動，展示出東方海權維護和平的歷史基因。在新羅結束期的亂局中半島海上力量再次以相當規模出現。

　　由此種歷史經驗可以得出觀察結論，海上力量有助於改變和維持東北亞地區地緣政治的平衡，也是古代新羅得以崛起和實現海洋中興的利器，古代東方海上絲綢之路的地理特性使之對海上力量的護航有所依賴，新羅海上力量曾經是維護海上絲綢之路和平繁榮的重要因素，合作型海權的發展可以為國際和平秩序的進步和雙贏作出貢獻。

第十章　新羅張保皋海洋活動的海權性質和東北亞地緣環境

「部署一打艦隻在一定時刻比掌握一打可以廢止的貿易協定更有價值。」——馬克思・韋伯〔註1〕

「沒有強大的軍事實力，就沒有和平與發展的空間。」——馬漢。

海上力量對東亞地區的歷史發展一直發生著重大影響。唐代前期東亞海域由於遼東領土爭端曾經發生國際間的多次海戰，唐朝、新羅、日本都曾派遣海上武裝力量在朝鮮半島周邊作戰，東亞地緣格局的奠定亦與白江海戰和唐新海戰存在一定關係。唐代後期，海上力量的戰略影響仍在發生深刻變化，新羅張保皋海洋勢力的興起成為東亞歷史上的大事。張保皋活動產生的現象和原因十分深刻，以往已有一定研究，上章已經理清新羅海上力量的發展線索，但因新羅軍閥張保皋的活動影響意義較大，牽涉東亞國際環境背景較為複雜，且史例的理論意義深刻，故本章試圖從地緣政治和海權理論的角度作一專門探索。

新羅海上力量，在隋唐東征中興起，參與了半島統一的歷史重任，使得東北亞地緣政治平衡得以重建，扭轉了歷史走向。新羅海上力量經歷了八世紀的首度衰落之後，恰逢東亞各國中央集權的衰落，東北亞國際海面出現前

〔註1〕〔美〕戴維，比瑟姆：《馬克斯，韋伯與現代政治理論》，浙江人民出版社1989年版，第46頁。

所未有的亂象。張保皋海權活動填補海上權力的空白，促進了東北亞海上絲綢之路的新繁榮。唐朝後期新羅張保皋的海洋活動帶有海權性質，其政治原因是多元的。淄青鎮李氏集團曾一度割據海疆，構成海上影響力，被唐憲宗平定，之後唐朝默許張保皋活動的興起。張保皋的海權活動目的是促進國際和平往來，而非稱雄爭霸，日本也因此獲取海上航行便利，而唐朝寬容默許張保皋的活動。張保皋發展海權的成果最終被扼殺了，以致東北亞的海上局面出現再次失序的苗頭，等到新羅結束期的亂局中半島海上力量再次以相當規模出現。唐朝的國策影響其地緣政策，在戰略上重視內陸，放棄海上開拓和對海上形勢的干預。

一、前期研究與理論問題

張保皋是活動於 9 世紀三四十年代的新羅將領，中國史書稱其為張保皋，韓國史書記為弓巴、弓福，日本的文獻則有記載為張寶高者，關於張保皋的海洋活動，中外學界曾有不少研究，是唐代後期東亞海上跨國活動的重點研究對象。在唐史領域裏研究東亞國際往來關係的中日學者不乏其人，張保皋海上活動曾受到一定重視。拜根興的專著《七世紀中葉唐與新羅關係研究》〔註2〕和《唐朝與新羅關係史論》，〔註3〕韓昇《東亞世界形成史論》〔註4〕等專著，都曾對東亞世界國際往來和國際關係的形成發展諸多問題進行宏觀探索，論文如王小甫《8～9 世紀唐朝與新羅關係論》〔註5〕（《唐研究》第 6 卷），孫光圻的《公元 8～9 世紀新羅與唐的海上交通》〔註6〕，吳玲《九世紀唐日貿易中的東亞商人群》〔註7〕，祝捷的《試論九世紀東亞的海上通交》〔註8〕都論及了張保皋在中國沿海的活動，或分析了唐與新羅間海上路線。拜根興的論文《論九世紀初張保皋海洋活動的動因》（《唐都學刊》，2008 年第 3 期）

〔註2〕拜根興：《七世紀中葉唐與新羅關係研究》，北京：中國社會科學出版社 2003 年版。
〔註3〕拜根興：《唐朝與新羅關係史論》，北京：中國社會科學出版社 2009 年版。
〔註4〕韓昇：《東亞世界形成史論》，上海：復旦大學出版社 2009 年版。
〔註5〕王小甫：《8～9 世紀唐朝與新羅關係論》，《唐研究》第 6 卷，北京：北京大學出版社，2000 年版。
〔註6〕孫光圻：《公元 8～9 世紀新羅與唐的海上交通》，《海交史研究》1997 年第 1 期。
〔註7〕《西北工業大學學報》2004 年第 3 期。
〔註8〕延邊大學 2006 年碩士學位論文。

等對張保皋活動的原因做了研究，指出其歷史動因是航運發展，海洋關聯問題認識提高，東北亞三國中央集權衰微三個方面的原因，〔註9〕分屬航運、科學認識和政治三個方面。韓國學界也高度關注張保皋的歷史，自1989年始陸續成立了「張保皋大使海洋經營史研究會」、「張保皋研究會（韓國海洋大學）」、「海上王張保皋紀念事業會」（海洋水產部）、「張保皋研究會」等一系列研究團體，組織推動資料收集、遺跡調研、國際學術研討等活動的頻繁舉行，主要代表文集有《張保皋的新研究》、《張保皋海洋經營史研究》、《張保皋關係研究論文選集》等，〔註10〕對張保皋進行專門學術研究。韓國還多次向中、日派遣踏查團，開展重認識、再評價。拜根興在《唐朝與新羅關係史論》第二章《九世紀張保皋海洋活動關聯問題研究的現狀》中回顧了「涉及問題的探討」「學術界的實地考察」，「國際學術會議的召開」等方面，總結了中日韓乃至其他國家的張保皋研究。總的來看，研究者多就張保皋活動和國際經濟文化交流活動本身進行考證和評估，從中可見雖然韓國和美國學者對張保皋冠以「海上王」的稱號，〔註11〕且韓國學者沿用此稱號者不在少數，但無人從海權理論和地緣政治角度對張保皋現象進行分析，或從制海權、海上力量角度探索。

　　海洋地緣問題之重要，其實在古今是一致的。近代以來受到重視的海權理論是涉及海洋的最重要的地緣政治學理論。不僅張保皋現象以及唐代東亞海權狀態，海上力量對地緣政治的作用，以及當時唐朝廷的認識和實踐等問題，目前仍缺少研究。雖然張保皋海上活動的經濟文化價值受到一些重視，但如海上權力從李正己父子向張保皋的易手以及張保皋如何控制海洋，唐朝中央的政策態度如何理解，仍需要從戰略的角度加以認識。

　　近代海軍戰略家馬漢提出「海權論」，地緣政治學中海權定義已在長期歷

〔註9〕拜根興：《唐朝與新羅關係史論》，北京：中國社會科學出版社2009年版，第七章「九世紀初張保皋海洋活動的動因」。

〔註10〕金文經、金成勳、金井昊編《張保皋海洋經營史研究》，李鎮，1993；《張保皋關係研究論文選集》（含《韓國篇》、《中國·日本篇》兩集，海上王張保皋紀念事業會，2002。

〔註11〕韓國學者崔南善的《新羅清海鎮大使張保皋——1100年前的東方海王》在1929年5月和12月的《怪奇》上發表《新羅清海鎮大使張保皋——1100年前的東方海王》，首度稱張保皋為「東方海王」，1955年美國人雷夏威出版專著《圓仁在唐旅行》，稱張氏為「海上貿易王」。

史實踐中逐漸形成約定俗成，海權的實質就是一個國家對海洋的戰略控制力，而這種控制力與軍事上的「制海權」有關卻並不等同於「制海權」。海權是基於生存發展必須依賴於對外貿易的經濟形態而催生的，海權的源起必須是有對海上貿易生命線維護的需要。古代地中海的雅典、迦太基和羅馬都是借助海權興起，古希臘城邦科林斯為了保護海上貿易而建立強大海軍，爭奪制海權，而航海民族腓尼基人建立的迦太基以現代的突尼斯為基地建立龐大的商業帝國，依靠商業發展進步，依靠海上力量保護海上貿易線，首先在地中海全境建立海上霸權。近代崛起的西方強國英國、西班牙、荷蘭、美國都是受海外貿易的刺激，為保護國家海上經濟生命線，出於海外市場和資源的依賴，而發展強大的海上力量謀求海洋霸權。古代中國都是大陸型的傳統農耕文明國家，國家安全與社會生存都不依賴海洋活動，傳統文化觀念也不重視海洋開發開拓，因此由發達的海洋貿易而滋生的海權追求就受到了冷落。

　　海權的重要基礎包括海上力量和制海權。海上軍事力量重要作用之一為奪取制海權，制海權屬於軍事學概念，和地緣政治關係密切，其定義為「交戰一方在一定時間內對一定海域的控制權。目的是為遂行預定作戰任務創造條件。按作戰規模和持續時間，分為戰略制海權和戰術制海權。奪取和保持制海權是獲得海上作戰主動權的基礎。在現代條件下，制海權依賴於相應的制空權、水下控制權和制電磁權來保障。」〔註12〕在西方軍事學語境中準確的「制海權」一詞是 thalassocracy，（來自古希臘語 θαλασσα，）包含強大海上軍事力量和強大海上商業力量的組合，包含海上軍事霸權和海上商業貿易霸權兩方面含義，與古希臘軍艦和商船合二為一的現象相吻合，與後來的 sea power 和 command of seas 的意思相去甚遠，後兩者一是海上力量，二是海洋控制之意。海權是海上貿易權力和軍事權力的相結合，以及相互促進，在海權的權力結構中海上軍事力量要維護和保障海上貿易的發展，而後者要為前者提供財政支持，這種地緣權力模式的最初創始是古希臘的米諾斯和雅典。

二、張保皋海洋活動的歷史性質

　　張保皋的海洋活動主要包括立足海島軍事基地，打擊海上盜賊，保護正常有序的海上貿易活動與國際航行往來，贊助國際交流與貿易，庇祐海上與

〔註12〕《辭海》，第 2455 頁。

海外新羅人的包括貿易和其他生計活動，影響國際海域，既帶有國家政權海洋控制與開拓的特徵，也帶有強烈的海權色彩。倪樂雄教授指出：「『依靠海洋通道的外向型經濟結構』是海洋國家的基本特徵，也是引發海權的第一要素。」〔註13〕張保皋的活動特徵也是如此，顯然具有濃重的海權色彩。

據杜牧《樊川文集》中的《張保皋鄭年傳》記載張保皋及親信鄭年本是在唐朝徐州藩鎮軍隊中充當兵卒出身。張保皋是熟悉海上生活的「海島人」。公元828年他自唐回國，「後歸國謁王，以卒萬人鎮清海。」〔註14〕逢公元838年新羅朝廷內亂，國王自殺，張氏分兵五千與鄭年入朝平亂，〔註15〕立神武王，新王「封清海鎮大使弓福為感義軍使，食實封二千戶。」張保皋因此成為左右韓國朝政的軍政強人。公元839年，文聖王即位，於八月大赦，下教嘉獎張氏，「乃拜為鎮海將軍，兼賜章服。」〔註16〕通過兵變廢立，張氏實現對國政的掌控，且坐鎮清海，掌握東亞國際間海洋活動的交通主導權，並以唐朝山東沿海地域和新羅西南沿海的莞島清海鎮作為根據地，打擊海盜，組織和庇護國際間航行，實際掌握了東亞國際海域通道的制海權，跨國建造寺廟，〔註17〕資助宗教文化活動，溝通國際交流，導引出九世紀初葉東亞經濟文化交流的新面貌。在張保皋的時代，日本僧人和使者來華都是乘坐新羅船隻和車輛等交通工具，〔註18〕雇用新羅水手，〔註19〕依靠新羅翻譯〔註20〕和新羅信使。〔註21〕張保皋的活動超越國界，而新羅航運業也同樣掌東亞航海牛耳，張保皋修建了中國山東半島沿海的登州赤山法華寺，日僧圓仁來華期間留住該寺廟時，張保皋遣大唐賣物使崔兵馬司來寺慰問。〔註22〕當時中國沿海有很多旅居新羅人，有些城市甚至存在新羅人聚居的社區新羅坊，又比如登州赤山當地新羅移民圍繞張保皋捐造的法華院而聚居，加之海上船隻和水手多

〔註13〕倪樂雄：《從海權到陸權的歷史必然》，見《文明轉型與中國海權》，上海：文匯出版社2011年版，第30頁。
〔註14〕《三國史記》，第144頁。
〔註15〕《三國史記》，第147頁。
〔註16〕《三國史記》，第149頁。
〔註17〕〔日〕圓仁：《入唐求法巡禮行記》，第2、62頁。
〔註18〕〔日〕圓仁：《入唐求法巡禮行記》，第2、199、201頁。
〔註19〕〔日〕圓仁：《入唐求法巡禮行記》，第2、36頁。
〔註20〕〔日〕圓仁：《入唐求法巡禮行記》，第2、10頁。
〔註21〕〔日〕圓仁：《入唐求法巡禮行記》，第2、198頁。
〔註22〕〔日〕圓仁：《入唐求法巡禮行記》，第2、63頁。

來自新羅，可見新羅人在東北亞國際間海上世界的重要地位，張保皋也因此對東亞海洋發生重大影響力，跨國修建新羅人聚會場所，組建在唐新羅人網絡，控制和影響碼頭港口，船隊遍及各港口碼頭。九世紀前期，從事唐日貿易的商人群體以新羅商人為主，唐朝商人東渡日本也要搭乘新羅商船，史料中的首艘唐朝商船出現於 841 年，之後東亞商人群的重心才逐漸轉到唐朝商人。〔註23〕當時新羅海商在日本北九州地區也形成了一定的存在和影響力。其實早在八世紀前期日本和新羅的貿易關係正如現存正倉院文書中的「買新羅物解」中所展現的一樣，貿易活動也是前往日本的新羅使團的活動的一部分，這一期間日本與新羅間的貿易活動尚且以國家間貿易為主，民間貿易尚未興起。新羅從八世紀後半期開始，由於其中央政府對地方控制的衰弱，致使地方勢力興起，社會混亂，誘發了大量流民的出現。從日本方面的記錄可見，八世紀中期開始新羅流民以乞求歸化的名義大量流入日本。新羅海商開始進出日本北九州地區的時間大約是八世紀中後期。在九世紀初，日本在對馬島增設新羅譯語、國博士以求能夠滿足溝通的需求。承和九年（842 年）新任的大宰大貳藤原衛向朝廷提出四條建議，說新羅海商「寄事商賈，窺國消息」，因此建議完全禁止新羅海商進入境內，中央政府認為「專禁入境，事似不仁」而沒有許可，最終給出的處分是「比於流來，充糧放還。商賈之輩飛帆來著，所齎之物任聞民間令得迴易，了即放卻。但不得安置鴻臚以給食」，承認了民間貿易的合法性，並進一步放寬了對民間貿易的許可，但是對新羅人入境定居進行了更嚴格的管控。

可以說新羅人商船航運業的興衰和張保皋的興衰是有著密切關係的。現代莞島周邊考古發現大量陶窯和陶瓷碎片，這也是清海鎮具備跨國貿易基地的證明。張保皋還有遣唐賣物使崔暈負責對華貿易，有對日迴易使李忠和楊圓負責對日貿易。〔註24〕

張保皋從未進京直接掌權，而是依靠親信鄭年等人和自己的軍事影響力遙加操控，自己坐鎮東亞海上樞紐莞島清海鎮，這樣更有利於他對東亞海域施加影響，這反映出他對海洋戰略的高度重視。發展海權還是海上力量，無論以何種方式發展海洋控制管理都要注意海洋戰略地理問題，張保皋坐鎮的

〔註23〕吳玲：《九世紀唐日貿易中的東亞商人群》，《西北工業大學學報》，2004 年第
　　　　3 期，第 21 頁。
〔註24〕祝捷：《試論九世紀東亞的海上通交》，第 18 頁。

清海鎮莞島，位於現代韓國的全羅南道莞島郡，海岸線長 33.5 公里，面積 62.6
平方公里，最高海拔 644 米，北部沿海平原有耕地，周邊一帶列島 200 多個，
本島係韓國六大島之一，北邊有長興半島、高興半島、海南半島環繞，南邊
有所安群島和巽竹列島拱衛，受到列島和半島的屏障，處於朝鮮半島南端中
日韓之間「循海岸水行」水道中間點，其地當朝鮮半島南海疆門，又可隔對
馬海峽與日本遙望，是三國間航海必經之地，海洋地理位置堪稱戰略樞紐。
當地屬暖溫帶海洋性季風氣候，自然條件優越，適於農業水產業。張保皋坐
鎮此地，建立地方政權，必是依靠強力海軍，通過把守有利的戰略地理位置，
把持新羅朝政，利用海外和海上的新羅人航海力量，海外新羅人社會，以及
有利的國際形勢，形成了一股稱尊海上的強大力量。據《續日本後紀》卷九
記錄十二月二十七日張保皋還曾獨立進行對日外交活動：「大宰府言，藩外新
羅臣張寶高遣使獻方物」，遭到日方以「為人臣無境外之交也」拒絕，足見張
保皋權勢之大。但是日本允許了使臣「其隨身物者，任聽民間令得交關」。按
照日僧圓仁的記錄，張氏本人甚至與日本地方官員有書信往來，〔註25〕從張
保皋的歷史影響看，後人所賦予的「海上王」這一稱號是當之無愧的。

　　對於海上活動的有序化，張保皋是有貢獻的。「自大和後，海上無鬻新羅
人者」。在之前由於新羅國、唐朝、日本內部的動盪，逃亡者進入海上，海盜
猖獗，海上正常秩序受到嚴重干擾。如公元 841 年，「春，京都疾疫。一吉餐
弘弼謀叛，事發逃入海島，捕之不獲。」〔註26〕在海上有不少不安定因素存
在，特別是海盜和掠賣主要為新羅人口的行為。在張保皋之前，唐淄青鎮李
正已集團把持通海之利，依靠特權獲得很多利益，也是對中外正常關係構成
消極影響。

　　公元 845 年新羅王甚至一度「欲娶清海鎮大使弓福女為次妃。」此時張保
皋權勢達到頂峰。畏懼張氏權勢膨脹的朝臣提出反對：「今弓福海島人也，其女
豈可以配王室乎？」〔註27〕這樁聯姻的失敗成為張保皋與朝廷決裂的導火索，
公元 846 年春「清海弓福怨王不納女，據鎮叛。朝廷將討之，則恐有不測之患」，
〔註28〕最終武州人閻長者前往刺殺張氏，結束了其傳奇生涯。〔註29〕公元 850

〔註25〕圓仁：《入唐求法巡禮行紀》卷二，第 81 頁。
〔註26〕《三國史記》，第 150 頁。
〔註27〕《三國史記》，第 150 頁。
〔註28〕《三國史記》，第 151 頁。
〔註29〕《三國史記》，第 151 頁。

年「春二月，罷清海鎮，徙其人於碧骨郡。」〔註30〕新羅國將清海鎮居民遷入內陸，其後果不僅在於消除張保皋的勢力，也是完全改變了張氏經營海洋的政策。張氏為首以新羅人為核心的海洋力量必然受到沉重打擊，張保皋和同時代新羅海上開拓者的重要成果被連根拔除，這對海上交通是沉重打擊。

　　從史實看張保皋的海洋活動中軍事和貿易的部分顯然具有相互支持的關係。得到列國政府的支持或默許，以新羅邊防重鎮為軍事基地和根據地組織跨國海商貿易，甚至接近獨佔的地步，這不是普通商人或地方官可以做到的，說明張保皋不僅實現了地方割據，其海洋活動還帶有濃重的海權性質，不僅僅侷限於重商，此人應該具有一定的海權意識。

三、張保皋海洋活動之前的唐新國際關係

　　張保皋發展海上力量開展海洋活動得以成功的原因值得深思。拜根興認為張保皋海洋活動的歷史動因是航運發展，海洋關聯問題認識提高，東北亞三國中央集權衰微三方面的原因，〔註31〕分屬航運、科學認識和政治三方面。但是就政治角度而言，仔細觀察史料會發現因果關係是很複雜的，除了新羅內因，唐朝自身的海洋地緣政策也是決定性因素，因為作為東亞最大國家和朝貢制國際體系的盟主，對海上形勢來說，唐帝國的地緣政策才是最為舉足輕重的。這就必須對張保皋海洋活動展開之前的地緣政策和周邊關係的歷史進行檢討。張保皋掌權之前的東亞海洋歷史背景宏大，首先不僅要從東亞國家中央集權興衰看，也要從唐朝初年海洋局面歷史發展角度入手探討，其中兩個重要問題是唐新海上國際關係的來龍去脈與唐朝淄青鎮李氏割據集團海洋活動的興衰，分別予以論述。

　　唐新關係經歷了曲折的發展，新羅的海洋活動在唐朝前期就一度呈現出強勢。唐新兩國先曾結成針對高句麗百濟和日本的同盟，之後爆發了爭奪朝鮮半島主導權的唐新戰爭，唐朝和新羅在海陸兩方面都曾進行了激烈的軍事較量，唐朝在失利後予以讓步，承認新羅的利益訴求，接受新羅稱臣和對半島的實際控制，到唐玄宗時正式承認新羅對半島的領土主權，並加強和改善關係，在防禦靺鞨方面合作，共同穩定東亞局勢。

　　在東征作戰中，隋唐帝國特別是唐朝發展了強大的海上軍事力量，跨海

〔註30〕《三國史記》，第151頁。
〔註31〕拜根興：《唐朝與新羅關係史論》，第七章「九世紀初張保皋海洋活動的動因」。

東征百濟，一度掌握了東亞海洋的制海權。〔註32〕唐麗之戰後，唐朝推進朝鮮半島羈縻體系建設的地緣政策與新羅國圖謀半島統一的政策發生衝突，引發了唐新戰爭。在作戰中，唐朝海上部隊遭受重大損失，咸亨四年（673）新羅組建了常備化的水師，「王遣大阿餐徹徹川等，領兵船一百艘鎮西海」，〔註33〕掌控了黃海制海權。唐新戰爭結束之初，朝鮮半島周邊制海權應主要為新羅水師控制。東亞中日韓三國間水路樞紐，特別是最重要的「循海岸水行」航路在軍事上當主要為新羅勢力影響。唐朝自唐新戰後未見重建海軍的記載，客觀上放棄了東亞海洋航路的控制權。沒有資料表明新羅戰後解散「鎮西海」的水師，公元688年新羅「加船府卿一人」，〔註34〕繼續表現出對航運部門的重視。

　　新羅和日本的關係在唐新戰後曾經長期不和，八世紀上半葉新羅仍會遇到來自日本的海上入侵，如公元722年新羅「築毛伐郡城，以遮日本賊路。」〔註35〕公元731年「日本國兵船三百艘，越海襲我東邊，王命將出兵大破之。」〔註36〕是年九月國王命百官會「觀射車弩。」〔註37〕唐高宗時期史料記錄表明新羅弩善可射達千步。可見新羅對軍備建設的重視，並很有可能依舊保有強大的海陸武備。公元753年「秋八月，日本國使至，慢而無禮，王不見之，乃回。」〔註38〕

　　盛唐時期唐朝正式承認新羅對大同江以南的領土，並謀求針對靺鞨的戰略合作，利用新羅牽制渤海政權。雙方的地緣戰略需要導致謀求合作關係。公元735年二月唐朝借新羅回國之朝貢使臣「敕賜浿江以南地」，〔註39〕肯定了唐新戰爭以後懸而未決的領土爭議。六月新羅遣使謝恩賜，使唐新關係徹底穩定下來，實現正常化的邦交和長期友好。在公元733年唐玄宗封授新羅國王為「開府儀同三司寧海軍使」，令新羅「發兵擊靺鞨南鄙」。〔註40〕開元

〔註32〕張曉東：《唐太宗與高句麗之戰跨海戰略——兼論海上力量與高句麗之戰成敗》，《史林》2011年第4期。
〔註33〕《三國史記》，第99頁。
〔註34〕《三國史記》，第107頁。
〔註35〕《三國史記》，第115頁。
〔註36〕《三國史記》，第117頁。
〔註37〕《三國史記》，第117頁。
〔註38〕《三國史記》，第124頁。
〔註39〕《三國史記》，第118頁。
〔註40〕《三國史記》，第117頁。

十年（722 年）「頻遣使獻方物」。〔註41〕公元 756 年玄宗御製五言十韻詩賜新羅王，「嘉新羅王歲修朝貢，克踐禮樂名義」即使安史之亂當中新羅保持忠誠，遣使入蜀朝見，唐玄宗再次賜詩嘉獎。〔註42〕

唐新戰爭之後，安史之亂以前，新羅必曾有段較長時期保持了有效的海上軍事力量和掌控包括黃海的周邊制海權。隨著中央集權的衰落，新羅應也難保持長期強有力的海上存在，從史料看安史之亂後新羅海洋軍事相關活動也不再顯著。新羅海洋強態不可持久，而唐朝也並未恢復初唐海上存在，盛唐以後山東半島的藩鎮上報朝廷稱東亞出現了大量「海賊」，也就是海盜，跨國掠賣人口，這也是東亞海域制海權真空化的標誌。即使在唐朝平定割據作亂的淄青鎮軍閥李氏家族之後，海賊掠賣人口的現象依然很猖獗，難以杜絕。「遍中國以新羅人為奴婢」。張保皋在華當兵期間正是在新羅人大量掠賣為奴的事實刺激下誓願消除這一社會現象。

四、淄青鎮李氏集團的海洋活動

安史之亂後，張保皋勢力崛起之前，唐朝淄青鎮坐大海濱，打破東方海洋的平衡。唐憲宗最終實行削藩，瓦解了淄青鎮，使海上權力再度「空心化」，這也是張保皋得以坐大的條件之一。

首先，淄青鎮李氏集團活動的性質與海洋聯繫密切。

淄青鎮李氏集團割據山東半島，作為安史之亂後出現的最大叛鎮割據東方沿海長達數十年。李氏係高句麗裔後代，崛起成為唐新間雄踞海陸的勢力，世襲統治山東沿海六十多年，先後由李正已、李納、李師古、李師道三代人統治。李氏坐大始於李正已，曾任平盧緇青節度觀察使、海運使、押新羅渤海兩番使，檢校工部尚書，御史大夫，轄十五州之地，「最稱強大」。〔註43〕李氏的權力不僅在於沿海陸地，也擴展到海上，控制了黃渤海海運，新羅人在沿海的生計活動和商業往來均會受到地方藩鎮的干預操縱。唐代邊境長官擁有一定的外交權力，比如押番使一職始置於開元四年（716 年），〔註44〕可由地方藩鎮兼任，分掌外交權。淄青鎮節度使兼任押番使，有權管理朝貢

〔註41〕《唐會要》卷八五《新羅》，冊下，第 2028 頁。
〔註42〕《三國史記》，第 125 頁。
〔註43〕《舊唐書》卷二四，《李正已傳》，中華書局 1975 年版，第 3535 頁。
〔註44〕黎虎：《漢唐外交制度史》，第 509 頁。

貿易，接轉貢獻，上報番情，〔註45〕《唐會要》卷24《諸侯入朝》載「淄青統押海番，每年皆有朝事，比差部領，人數較多。」渤海和新羅使節入唐第一站就是由登州新羅館渤海館接待。公元839年由張保皋扶立的新羅新王遣使來唐，尚且「遺淄青節度使奴婢」。〔註46〕新羅新王以奴婢贈送淄青節度使是買通方便的賄賂，這說明淄青節度使在東方海疆的權勢依然灼人，依然是可以對新羅和中國外交往來施加不小的影響力，新羅奴婢的「市場」依然很大。然而賄賂的事情沒有瞞住唐皇帝，並得到唐皇帝的恩免，「詔令歸國。」〔註47〕作為買通方便的賄賂，說明即使唐朝消滅李氏之後的淄青節度使權勢依然灼人，何況李氏掌權的時代，新羅一定提供了不少奴婢給李氏。以此看東方海域最有權勢的早非新羅國，而是淄青鎮。

　　李氏謀利海上，對海洋有著不小影響力，其財政基礎和海洋活動也有著密切聯繫，其活動與張保皋可以形成對比。出於牟利和加強自身實力的目的，淄青鎮也會對很多海上活動予以默許甚至贊助。李氏集團借外交特權和地利「貨市渤海名馬，歲歲不絕」，對經過淄青鎮山東半島的公私貿易收稅，參與貿易，積累實力，作威作福，專擅海利，通過煮鹽〔註48〕、海外通商、奴婢買賣獲得巨大利益，為本鎮割據的財政基礎和李氏家族自身的財富積累發揮了巨大作用，而李氏家族之得益也反過來進一步刺激了其對割據權力和海上牟利的追求，構成相互促進。如開成元年緇青節度使專門上奏朝廷，請求讓新羅熟銅盡快過關，這樣關注民間貿易，必然和李氏集團自身利益有關。李氏參與奴婢貿易不說，還很喜歡蓄奴，據史書記錄到末代節度使李師道的時候不僅有親信的奴婢參與政務，還成為引起藩鎮權力鬥爭的重要原因之一，這無疑也刺激了海上奴婢私掠活動。唐代東亞海域的海賊和後來明代的倭寇有相似之處，包括海上流亡者甚或地方勢力的參與，不僅掠奪，而且兼事貿易，私掠人口是海賊的重要活動，李氏與之也有所勾結以從中獲利。

　　唐德宗即位後，李氏借朝廷糾纏於平定河北淮西叛鎮與防禦西北吐蕃入侵之機，鞏固自身，還曾多次「貢獻」，麻痺朝廷。如建中元年（780年）「李

〔註45〕黎虎：《漢唐外交制度史》，第514～515頁。
〔註46〕《三國史記》，第148頁。
〔註47〕《三國史記》，第148頁。
〔註48〕有學者甚至認為淄青鎮的富有鹽場是其經濟的重要支撐，見樊文禮：《唐代平盧緇青節度使略論》，《煙臺師範學院學報》1993年第2期。

正己內不自安，遣參佐入奏事」〔註49〕，兩次「貢獻」，一次三十萬緡，一次三萬緡。這些貢獻當然來自李氏地方政權的錢財積累，不少當來自海利。

李氏集團成敗的海洋歷史影響同樣是深刻的，為了自身割據長久的需要而插手國際海上活動，形成「軍事商業複合體」，造成惡性的海上影響。顯然淄青鎮李氏集團對中韓兩國之間的海域擁有最大的實際影響力。

以上述來看，李氏割據政權的經濟基礎很大程度上依靠海洋活動，也刻意推動海洋活動牟利來擴大自己的經濟利益，來自海陸的經濟利益和政治權勢互為支持促進，這一點符合「軍事商業複合體」的特徵。海洋商業資本和海上軍事力量的相結合，構成海上「商業軍事複合體」，是近代西方出現的海權實體的重要特徵，包括早期的殖民主義強國或者有專許特權可以組建軍隊和壟斷貿易的英荷東印度公司等，這樣的實體生存發展的重要基礎是海上貿易，必以追求海權為目標，取得對海洋的控制力，軍事上要以海上力量掌控制海權，保證海上貿易的順利進行，實現自己生存發展利益。西漢時期的吳王劉濞也曾培植自己的軍事和商業勢力，「即山鑄錢，煮海為鹽，誘天下亡命人，謀作亂」，〔註50〕以商業活動輔助軍事割據，這一原則和緇青李氏相通，但劉濞沒有謀求海上跨國商貿利益。李氏集團追求海上權勢和海上商利，但終究是立足於陸地的割據，軍事上依靠藩鎮募兵，具有內陸傳統性質，海上軍事力量並不強大，也沒有用兵海外，這一方面是割據權勢畢竟有限，一方面是其海上利益未受到來自外國的挑戰和干擾。毫無疑問淄青鎮對唐新間海域擁有很大甚至可能是最大的實際影響力，但有海洋權力而無海權，甚至海軍和制海權，其海洋活動本質上是影響消極的甚至反秩序的。這和張保皋有所不同。

第二，李氏集團不僅在海上成為非法活動的贊助者，在陸地上更成為威脅中央集權的心腹大患，最終招致唐憲宗的翦滅。

安史之亂以後一段時間裏叛鎮猖獗，朝廷心腹大患的重中之重是河北藩鎮，淄青鎮並不是首當其衝的，但著迷於割據所致利權的李氏集團同樣是追求世襲的合法化與割據的長久化，採取了狡猾的方式，明裏暗裏總是站在河北藩鎮一邊，與朝廷作對。淄青鎮李氏不但支持和叢恿叛鎮，而且按照組織「俠盜」入京暗殺朝廷命官，沿著朝廷的運河生命線搞破壞，企圖在洛陽製

〔註49〕《資治通鑒》卷二二六，第 7281 頁。
〔註50〕《史記》，卷一〇六《吳王劉濞列傳》，中華書局 1982 年版，第 2825 頁。

造屠殺暴亂，以恐怖活動的方式動搖人心，恫嚇朝廷。雖然淄青鎮在對抗初期僅僅採取境外恐怖活動而不是出兵參戰，但其屬於主動出境活動，且深入京師，恐怖活動打擊的空間範圍與河北藩鎮僅在本境和周邊抵禦朝廷討伐不可同日而語。淄青鎮的這種戰略存在及其激烈手段使衝在前面的河北淮西藩鎮得到了很大的支持鼓舞。淄青鎮的存在不僅在沿海陸地挑戰中央的權威，也在海上分散了中央政權的國際影響力，削弱了外交權威。消滅淄青鎮割據勢力對唐王朝的根本利益來說是必須的。

　　李氏雖然內心反對中央集權重新得以加強，但在唐德宗時期的叛鎮作亂中主要是持觀望態勢，沒有積極參與作戰。到唐憲宗時期皇帝致力中興，決心加強集權，平定藩鎮，淄青節度使李師道便積極地對朝廷的政策進行破壞活動，於元和十年（815年）暗中組織恐怖破壞，給朝廷平定淮西鎮「拖後腿」：

> 　　師道素養刺客奸人數十人，厚資給之，其徒說師道曰：『用兵所急，莫先糧儲。今河陰院積江、淮租賦，請潛往焚之。募東都惡少年數百，劫都市，焚宮闕，則朝廷未暇討蔡，先自救腹心。此亦救蔡一奇也。』師道從之。自是所在盜賊竊發。辛亥暮，盜數十人攻河陰轉運院，殺傷十餘人，燒錢帛三十餘萬緡匹、穀二萬餘斛，於是人情恇懼。〔註51〕

李師道還派刺客入京暗殺負責軍事的丞相武元衡，暗殺裴度不成：

> 　　元衡入朝，出所居靖安坊東門。有賊自暗中突出射之，從者皆散去，賊執元衡馬行十餘步而殺之，取其顱骨而去。又入通化坊擊裴度，傷其首，附溝中，度氈帽厚，得不死。……京城大駭，……賊遺紙於金吾及府、縣，曰：「毋急捕我，我先殺汝。」故捕賊者不敢甚急。……於是京城大索，公卿家有復壁、重橑者皆索之。〔註52〕

　　是年八月李師道置留後院於東都，作為恐怖活動據點，「時淮西兵犯東畿，防禦兵悉屯伊闕。師道潛內兵於院中，至數十百人，謀焚宮闕，縱兵殺掠，已烹牛饗士。明日，將發，其小卒詣留守呂元膺告變，元膺亟追伊闕兵圍之。賊眾突出，防禦兵躡其後，不敢迫，賊出長夏門，望山而遁。是時都城震駭……」〔註53〕

〔註51〕《資治通鑒》，卷二三九，第7711頁。
〔註52〕《資治通鑒》，卷二三九，第7713頁。
〔註53〕《資治通鑒》，卷二三九，第7715頁。

留守呂元膺以重賞發動山民「山棚」入山偵察得李師道黨徒，出動官軍圍捕盡獲之：

> 得其魁，乃中嶽寺僧圓淨，故嘗為史思明將，勇悍過人，為師道謀，多買田於伊闕、陸渾之間，以舍山棚而衣食之。有訾嘉珍、門察者，潛部分以屬圓淨，圓淨以師道錢千萬，陽為治佛光寺，結黨定謀，約令嘉珍等竊發城中，圓淨舉火於山中，集二縣山棚入城助之。……留守、防禦將二人及驛卒八人皆受其職名，為之耳目。元膺鞫訾嘉珍、門察，始知殺武元衡者乃師道也。〔註54〕

十月「東都奏盜焚柏崖倉。」〔註55〕十一月「盜焚襄州佛寺軍儲。盡徙京城積草於四郊以備火。」「戊寅，盜焚獻陵寢宮、永巷。」〔註56〕到元和十一年（816年）正月又有「盜斷建陵門戟四十七枝。」〔註57〕估計都是李師道同黨所為。

淄青鎮此次採取如此極端手段與朝廷作對，原因有二，一是李氏勢力做大已非一日，割據力量日益鞏固，網羅黨羽日益強大，故敢鋌而走險，二是李氏決心抗拒朝廷平藩努力，希望把海疆稱雄的基業保住。李氏可以收買這麼多武藝高強的各地匪徒作「門客」和死黨，足見其處心積慮樹立勢力和財力雄厚。

到十一月李師道的作亂開始陞級，但還沒有出兵正面支持叛鎮，而是數次攻擊臨近運河沿線武寧鎮州縣，以動搖朝廷的生命線為戰略目的，但沒有得逞，為節度使李愿所敗。〔註58〕

元和十三年（818年），朝廷討伐的壓力增大，李師道集團內部出現矛盾，李師道的部下僚屬有人主張獻地自贖，而得寵的妻姜家奴主張保有割據權勢，引發了內訌。〔註59〕七月朝廷正式討伐淄青鎮，〔註60〕元和十四年（819年）李氏集團內部矛盾加劇，部將劉悟倒戈殺李師道。在作戰後期，淄青鎮曾因財政消耗而加徵商稅，「軍用屈，率賈人錢為助」。唐憲宗於元和十四年（819

〔註54〕 《資治通鑒》卷二三九，第 7716 頁。
〔註55〕 《資治通鑒》卷二三九，第 7716 頁。
〔註56〕 《資治通鑒》卷二三九，第 7719 頁。
〔註57〕 《資治通鑒》卷二三九，第 7721 頁。
〔註58〕 《資治通鑒》卷二三九，第 7720 頁。
〔註59〕 《資治通鑒》卷二四〇，第 7747～7750 頁。
〔註60〕 《資治通鑒》卷二四〇，第 7751 頁。

年）剝奪李師道的押蕃使，轉授淮南節度使，以此剝奪李氏的外交權力，「但擔憂李師道利用職務的權威對唐朝廷造成更大的危害當是主要目的」，〔註61〕斬斷李氏對海疆和外交的權勢合法性。

商人貿易、奴婢、海上通商外交權是李氏權勢的重要源泉及工具，而這些都被動搖。

有趣的是，在平定淄青鎮的時候，唐朝要求新羅出兵協助，按照《三國史記》新羅出動三萬部隊，公元819年，「秋七月，唐鄆州節度使李師道叛。憲宗將欲討平，詔遣揚州節度使趙恭，徵發我兵馬，王奉敕旨，命順天軍將軍金雄元，率甲兵三萬以助之。」〔註62〕新羅國境與淄青鎮隔海相望，但並不接壤，軍隊只能自海上派遣，作戰並無不符合新羅的利益。但從中韓唐代史料來看，並無新羅軍隊實際參戰或跨海航行的紀錄，可以認為新羅的軍隊沒有實際出動，只是裝了裝樣子回應唐朝。耐人尋味的是唐朝實際並不需要新羅的軍事援助，而這種老式遠征對唐朝並無實際價值，除了宣示唐朝在海東的國際權威，還有什麼意義？

李氏集團覆滅後，海賊和掠賣新羅人口的現象愈演愈烈，長慶三年（821年）平盧節度使薛平上奏，得皇帝敕旨令依照：

> 應有海賊誘掠新羅良口，將到當管登萊州界及緣海諸道，賣為奴婢者。伏以新羅國雖是外夷，常稟正朔，朝貢不絕，與內地無殊。其百姓良口等，常被海賊掠賣，於理實難。先有制敕禁斷，緣當管久陷賊中，承前不守法度。自收復已來，道路無阻，遞相販鬻，其弊尤深。伏乞特降明敕，起今已後，緣海諸道。應有上件賊誘買新羅國良人等，一切禁斷。請所在觀察使嚴加捉搦，如有違犯。便准法斷。〔註63〕

其中這種海上亂象和淄青鎮割據勢力的削弱也並非沒有關係。唐憲宗中興活動的成功，消滅了淄青鎮這一割據勢力，把淄青鎮一分為三。但是隨後由於憲宗及其繼任者沒有處理好藩鎮體制問題，使中興成果再度喪失，割據局面再度彌漫在華北平原上，淄青大鎮的海洋影響消失了，而朝廷的權威並沒有恢復到安史之亂前的水平，並沒有深入東方，而東部沿海林立的小藩鎮

〔註61〕《唐朝與新羅關係史論》，第239頁。
〔註62〕《三國史記》，第141頁。
〔註63〕《唐會要》卷八六，第1861頁。

並沒有代替淄青鎮的資本和權勢，朝廷對地方的治理並未到位不說，海上秩序也呈現惡化，這為後來張保皐新羅人海上勢力的崛起留下了一定的空間。按照《三國史記》的記載，九世初的新羅國出現了連年的饑荒，人民流離失所，海上的盜賊加劇，新羅的中央集權受到了削弱。公元 811 年新羅運糧船遭海賊劫掠，飄往日本，〔註64〕新羅通過入唐宿衛王子金長廉求唐朝清剿海盜，唐憲宗在元和十年（816 年）接受這一要求，下令沿海各地打擊不法商人，禁止掠奪新羅人為生口。但是討伐淄青鎮李氏的軍事行動方興未艾，朝廷對於山東半島海疆並無實際權力可以行使。張保皐本人也正因唐朝削藩後銷兵的政策而回到祖國。823 年，唐穆宗下令歸還被掠買為奴的新羅良民，一律放歸本國，這種姿態說明唐朝認識到容忍奴隸貿易就是縱容海上盜賊，等於破壞海上國際秩序，這和淄青鎮李氏集團喜好掠賣來的奴婢，勾結不法商人，支持國際不法商貿，腐蝕海上秩序已經做出了明確的分割。但唐朝既然著力削藩銷兵，不希望藩鎮坐大的局面重現，而小規模割據的地方藩鎮和朝廷衰弱的地方控制力，都已經不能實現對東方海洋的有效控制，但是憲宗中興後出現的唐中央與地方的微弱平衡卻是唐朝樂於看到和推行的現實，管制東方海洋的重任只能「另擇賢能」。張保皐在華時期是淄青鎮李氏割據集團的盛期，而張氏是在李氏覆滅之後數年回到新羅，則其對東方海域的形勢瞭如指掌，有深刻和獨特的理解。

五、唐朝的國策與地緣政策的海洋缺失分析

從以上兩方面的論述看，唐朝前期的地緣政策結果是讓步於新羅，退出海洋，放棄制海權，而唐朝後期的政策目標侷限於消滅強鎮，而對「取而代之」加強海洋控制沒有興趣，這展現了唐朝地緣政策的海洋缺失。張保皐海上活動得勢的一個重要原因顯然和唐朝的地緣政策有著密切關係，唐朝在地緣戰略上最為重視的是西北陸權而非東方海洋，這種地緣政策和國策有著深刻聯繫。

按照陳寅恪先生的研究，唐朝實行「關中本位政策」，此政策涉及面很廣，源於西魏宇文泰組織集結地域內力量，並加以融合，〔註65〕「宇文泰率領少

〔註64〕《續日本後紀》卷二一，「弘仁二年八月甲戌」條。
〔註65〕《唐代政治史述論稿》，《外族盛衰之連環性及外患與內政之關係》，北京：商務印書館 2012 年版，第 198 頁。

數西遷之胡人及胡化漢族割據關隴一隅之地，」而「李唐承襲宇文泰『關中本位政策』，全國重心本在西北一隅，」〔註66〕「關中本位政策」經隋至唐，雖有變化，但基本堅持下來，到唐後期甚至演變為「長安集團與河北集團政治文化對立之形勢」。〔註67〕

筆者以為「關中本位」可以看成是隋唐國策，反映出隋唐帝國在戰略上高度重視關隴核心區，以為政治布局的基點。按照陳寅恪的觀點，這一政策對國家外交也有頗深影響，故唐重視西北開拓，遠征蔥嶺，保守安西四鎮，〔註68〕甚至影響唐朝東北方政策：「唐室為西北之強敵所牽制，不得已乃在東北方取消極退守之策略。」〔註69〕「唐承宇文氏『關中本位政策』，其武力重心即府兵偏置於西北一隅，去東方之高麗甚遠。」〔註70〕「唐代之中國連結新羅，制服百濟，藉以攻克高麗，而國力分於西北吐蕃之勁敵，終亦不能自有，轉以為新羅強大之資」。〔註71〕這實際上也是唐朝對外地緣政策的基礎。以唐朝前期唐麗戰爭和唐新戰爭來看，在唐代國策以西北內陸為戰略重心的情況下，國家海上力量的發展和海洋開拓並沒有被放在最重要的地位來加以考慮，這對唐的東北亞地緣政策發生支配性的影響。

唐前期在西北的西域執行開拓的戰略，唐後期執行重視保守開拓成果的政策，而在東北則截然不同。唐前期延續隋朝的地緣政治發展慣性，為解決與高句麗的爭端和敵對關係而用兵遠至朝鮮半島南端的百濟，連年大力用兵，不斷展開外交活動並發展海上力量，而在解決高句麗與百濟之後，唐朝雖然有遼東和高句麗之外的意外收穫，但在唐新戰爭中一經遭受挫折後即開始收縮戰線，承認新羅對大同江南的主權，放棄海上軍事活動，到唐後期甚至棄遼東地與渤海國，這明明是「重西輕東」的地緣戰略。

〔註66〕《唐代政治史述論稿》下篇，《外族盛衰之連環性及外患與內政之關係》，第326頁。

〔註67〕《唐代政治史述論稿》下篇，《外族盛衰之連環性及外患與內政之關係》，第210頁。

〔註68〕《唐代政治史述論稿》下篇，《外族盛衰之連環性及外患與內政之關係》，第331頁。

〔註69〕《唐代政治史述論稿》下篇，《外族盛衰之連環性及外患與內政之關係》，第334頁。

〔註70〕《唐代政治史述論稿》下篇，《外族盛衰之連環性及外患與內政之關係》，第334頁。

〔註71〕《唐代政治史述論稿》下篇，《外族盛衰之連環性及外患與內政之關係》，第335頁。

　　在當時，東亞國家中唐朝和新羅都是傳統的自給自足型農業國家形態，各國都缺乏現代海權意識。發展海權的兩個動力是國家安全與社會經濟生存的需要，這兩個條件在唐代甚至中國古代往往缺乏。唐朝以前中國的東方海濱沒有出現過軍事威脅，沒有來自海上的威脅，統治者的軍事戰略視野主要集中於內陸。陳寅恪認為唐朝國人不善海戰，但唐麗戰爭中海濱騷擾戰、平百濟戰役和白江海戰已證明唐海上力量曾是東亞一流，故唐新戰爭結局雖與作戰失利有關，但和「關中本位政策」仍具有一定聯繫，〔註72〕卻不是陳寅恪認為的唐在吐蕃兵鋒威脅下放棄半島的具體原因〔註73〕。因為韓昇認為「從時間上看，唐朝是在新羅問題告一段落後，才將注意力轉移到西線的」，〔註74〕而筆者檢索史料，未見唐新戰爭中薛仁貴赴東線後吐蕃在西北發動有力攻勢，唐新作戰結束於676年冬，而到678年秋唐將李敬玄才在西線發動對吐蕃的反擊，〔註75〕時隔一年半，則陳寅恪與韓國學者徐榮教認為的唐朝需要調兵西北並不成立。

　　朝在朝鮮半島放棄維持羈縻制度的地緣政策，放棄通過海上軍事力量重奪黃海制海權，也不尋求在東方海洋重建強大海軍，結果把朝鮮半島戰略控制和黃海制海權拱手讓與新羅，當然新羅只以統一半島為追求，並不威脅唐朝的東方沿海國防安全。新羅執東亞海上航路北路牛耳多年，直到盛唐的一段時間內保持了有力的軍備，抵禦日本入侵，在客觀上為唐朝充當了東方海上的屏障，牽制日本和靺鞨，雖然日本在唐新戰後仍會在海上入侵半島和日本海沿海的靺鞨部，但對唐朝缺乏威脅的能力。

　　安史之亂後唐德宗初即位想要平定東方叛鎮，結果引起大亂，吐蕃趁機大舉入侵，暫時平息之后德宗朝廷軍事方面以加強西北邊防為主。初唐解決遼東爭端問題，與新羅達成妥協之後，在東方海上也沒有軍事威脅，因此也缺乏發展海上力量的壓力和需要。由於作為朝貢體系盟主的唐朝缺乏有力的海洋戰略，不發展遠海軍事力量，也不謀求海洋霸權，在唐朝前期也不存在可依靠的國際法和相應的條約，東亞國際海洋的權力在各國管轄的近海之外

〔註72〕《唐代政治史述論稿》下篇，《外族盛衰之連環性及外患與內政之關係》，第326～327頁。

〔註73〕《唐代政治史述論稿》下篇，《外族盛衰之連環性及外患與內政之關係》，第345頁。

〔註74〕韓昇：《東亞世界形成史論》，第273頁。

〔註75〕《資治通鑒》卷二〇二，第6384頁。

實際存在真空，張保皋海上活動的合理性和必要性就都有了基礎。

在這裡值得一提的還有日本的海洋政策，日本在七世紀之前一直圖謀樹立朝鮮半島南部的控制權，日本大和政權自 413 年至 502 年向南朝朝貢，向宋朝要求加封「使持節、都督、倭、百濟、新羅、任那、秦韓、慕韓六國諸軍事」的稱號，但因百濟為獨立邦國，且接受南朝冊封，故日本的追求始終未能實現。公元 633 年唐朝在白江之戰中擊敗日本和親日百濟勢力的聯軍，挫敗日本軍事入侵朝鮮半島的遠征行動。戰後受挫的日本致力於學習唐朝，在唐新戰爭中基本持局外旁觀的態度。新羅統一半島，海上力量強盛，日本無機會再次成功入侵，轉為謀求和平為主的國際交流政策，來華使節、留學生、僧侶也搭乘新羅船隻。實際上，日本對於安史之亂後東亞海洋秩序包括對張保皋活動採取的態度是「搭車」，沒有主動地參與塑造和整頓。至於日本的海洋政策的動因本章不予贅述。

六、小結

張保皋海洋活動的歷史背景宏大，關涉隋唐東亞歷史發展的整體軌跡，原因是多元的，本章難以整體論述，僅從地緣政治角度提出一點看法。張保皋海權活動興起的政治原因不僅在於東亞各國中央集權衰落和新羅國政內因，也與唐朝的國策和地緣政策有關。唐朝前期的地緣觸角自唐新戰爭後從東亞海域收縮，唐朝後期更因為藩鎮割據和堅持國策而著重追求大陸統治狀態的平衡和西北陸權的穩定，結果還是基本放棄了對海洋權力的追求。唐新戰爭後唐帝國作為東亞朝貢體系的盟主，在海上影響力徒有虛名而已，在無論對於東亞國際海洋權力、海上力量、海洋戰略各方面都有所缺席的情況下，在東亞海洋地緣博弈中是近乎出局的狀態，因此鄰邦張保皋活動的興起絕非偶然的。

但是唐朝後期對東亞的政策態度，仍然可以理解為存在積極面。唐新戰爭後到盛唐的一段時間裏，作為東亞朝貢領袖的唐朝逐漸和新羅建立了友好的國際關係，到唐後期更是堅持與新羅等東方鄰邦睦鄰往來，面對海洋活動控制權從沿海藩鎮向新羅易手採取了順應的態度，配合張保皋打擊海盜，包括對新羅張保皋掌控國際海權的默許，在客觀上體現了唐新共治東亞海域的「雙贏」智慧，也是對海洋權力格局巧妙處理。這也是重要的歷史啟示。

第十一章　結論：地緣環境與戰略力量——隋唐東征史所反映的地緣政治原理

> 「世界前進的速度和方向主要由地理條件和自然環境所決定，除此以外，動力的作用下，這種原始素材逐漸被編織到歷史之中。」
> ——馬漢〔註1〕

> 「歷史上常常有驚人的相似之處。」——馬克思、恩格斯〔註2〕

　　作為本書的結束，筆者認為有必要從理論問題的角度來回味和總結整個隋唐東征背後的歷史與戰略原理。

　　歷史學認為地理是歷史的舞臺，區域歷史問題的研究更要注重地理的視角，筆者認為地理其實也是軍事活動的舞臺。軍事活動是政治活動的工具，當政治矛盾尖銳到一定程度，軍事鬥爭不可避免。地理條件的相對穩定，使得國際地緣政治活動有跡可循，可以遵循並呈現出一定的規律性，當然這種規律性不是絕對的，隋唐時期的東征軍事活動正是東北亞地理環境與政治、軍事關係的集中反映。目前隋唐東征研究成果不少，但是以往對這段軍事史的研究往往集中於作戰及其政治背景本身，沒有從東亞地區海陸地理格局的

〔註1〕　馬漢：《亞洲問題》，見《論海權的歷史影響：1660～1783年：附亞洲問題》，北京：海洋出版社，2013年版，第453頁。

〔註2〕　馬克思和恩格斯：《論波蘭問題（1948年2月22日）》，《馬克思恩格斯選集》第2卷，北京：人民出版社1972年版，第291頁。

角度進行分析論述。筆者也曾對唐代東征中唐太宗對於跨海戰略的決策作用〔註 3〕和唐新戰爭中海上軍事力量對作戰成敗所起的戰略作用〔註 4〕做過研究，但當時對隋唐海上力量發揮作用的深刻地理原因及其地緣政治原理〔註 5〕尚不能了然。本章引入政治地理學理論，以隋唐東征軍事活動為考察對象，藉此剖析隋唐東北亞周邊的地緣環境與政治博弈，探索影響東北亞地緣政治發展的重要戰略因素。從政治地理學理論的視角看，隋唐東征軍事活動在客觀上反映了亞洲東部大陸地帶、邊緣地帶和海洋地帶三個地帶上的軍事政治力量角逐。隋唐王朝、高句麗（或新羅）和日本分別成為這三種地帶的主導性力量，其中朝鮮半島及其周邊海域是東北亞地區的戰略重心，而朝鮮半島西南部和黃海及對馬海峽是這個重心區域的戰略樞紐，當時的百濟國則佔據著邊緣地帶戰略樞紐的位置。正是在唐朝發展強大海上軍事力量並控制百濟之後，才實現了東征之役的戰略突破，這也反映了海上力量在當地的戰略影響舉足輕重，在東北亞地緣環境中起到了特殊作用。

一、政治地理學理論視角與東北亞地理特徵

隋唐東征戰爭包括隋唐高句麗之戰和後來的唐新戰爭。高句麗之戰的起因是本屬中國地方政權的高句麗在隋朝建立後，侵犯隋唐邊陲，佔據遼東，挑戰隋唐王朝的政治地位。如果高句麗勝利，將會主宰從遼河流域到對馬海峽的廣大地域，將構成對隋唐王朝邊疆安全的重要挑戰，隋唐也無法落實在東亞地區構建朝貢體系以及其他理順周邊關係的計劃。高句麗的崛起及其擴張方向反映了自大陸邊緣地帶崛起的地緣力量向大陸內部擴張。高句麗之戰結束後，新羅出兵企圖奪取高句麗和百濟的疆土，與唐朝開戰，這是後來的「唐新戰爭」，反映新羅圖謀主導邊緣地帶，或者說邊緣地帶出現了一個統一力量。東征是當時東北亞地區各政權間政治矛盾不斷激化的結果，主要矛盾來自唐朝和新羅對朝鮮半島主導權的爭端。唐朝計劃在朝鮮半島推行的是羈縻體制和朝貢體制混合的體制，前者的色彩大於後者，羈縻體制主要在高句

〔註 3〕張曉東：《唐太宗與高句麗之戰跨海戰略》，《史林》2011 年第 4 期。

〔註 4〕張曉東：《唐朝前期的海上力量與東亞地緣政策：以唐新戰爭前後為中心》，《國家航海》第 4 輯，上海：上海古籍出版社 2013 年版。

〔註 5〕一般來說，學術研究承認地緣政治和政治地理（地理政治是同義詞）。也有學者認為地緣政治是近代才有的，筆者認為政治地理的術語適合於古代，地緣政治也不例外，不待現代主權國家的誕生而後行。

麗和百濟故土上有所區別地推行，百濟政治體制發展方向存在模糊性，而在
新羅和唐的關係上主要是建構朝貢制關係。唐帝國的計劃如果順利長期實施，
則反映大陸強國對邊緣帶的主導甚至是控制態勢。新羅的期望存在很大不同，
新羅的目的和行動在於消滅百濟的政治殘留，奪取大同江以南的高句麗故土，
建立一個足夠強大的半島國家，然後在此基礎上接受唐朝通過朝貢制施行的
國際領導。研究這種政治博弈不得不從地區的客觀特徵出發，首要是認識區
域地理，而想要深刻理解政治地理關係，必須借鑒地緣政治學理論工具和視
角。〔註6〕

　　本章引入的理論方法和工具來自地緣政治學海陸二分論和三分法，重點
借鑒英國地理學家、地緣政治學大師麥金德的海陸權理論及其視角，同時借
鑒美國戰略理論家、政治地理學家斯皮克曼重視邊緣地帶的理論及其觀點。
地緣政治學上的二分論是一種政治地理觀察方法，它「把國際關係的主體看
成是海權和陸權之間、『大陸心臟地帶』和『邊緣地帶』之間及地空之間的矛
盾和對立，他們形成了地緣政治中的基本矛盾。」〔註7〕地緣政治學中海權論
是美國戰略家馬漢提出的，而陸權論一般認為是麥金德提出的，兩者拉開了
地緣政治權力研究中的對立二元論序幕。但是嚴格的說，麥金德並非不重視
海權，而是以海權的視角去審視陸權，提出研究兩種權力博弈甚至互生其中
的地緣格局。這兩位大概同時期的理論巨匠思想有一部分相同之處，而二者
對對方也有一定瞭解。麥金德的著名論文《地理學的範圍和方法》和《歷史
的地理樞紐》基於對亞歐大陸周邊海上強國與內部陸權強國之間的戰略競爭，
及雙方對亞歐大陸邊緣地帶的博弈的認識，提出了海陸相對立的地緣政治研
究二分法。〔註8〕這種認識方法有偏頗之處，但是也有客觀認識存在。麥金德
認為歐亞大陸是世界地緣政治爭奪的制高點，是「大陸島」，以大陸島為中心
形成三層地緣結構，即樞紐地帶、邊緣地帶或內新月形地帶、「海上世界」的

〔註6〕在一般情況下，地緣政治學和政治地理學是同義詞。麥金德開拓了現代全新
　　　的政治地理學觀念，是一位大師級的思想家。在麥金德之前，西方人文地
　　　學已經有悠久的傳統，但主要集中於對景觀的關注和對文化地理觀、經濟地
　　　理狀況的研究，比如環境是如何影響不同地區文化性格等問題是關注的重點。
　　　古代中國人則關注沿革地理和兵要地理，也就是軍事地理。

〔註7〕李義虎：《地緣政治學：二分論及其超越》，北京：北京大學出版社2007年版，
　　　第4頁。

〔註8〕〔英〕麥金德著，林爾蔚，陳江譯：《歷史的地理樞紐》，北京：商務印書館，
　　　2007年，第46～47頁。

外新月形地帶。〔註9〕歐亞大陸內部包括從蒙古高原擴越中亞直到東歐的廣大地帶，曾是古代游牧民族橫行的通道和基地，即「樞紐地帶」或「心臟地帶」；古代草原帝國常常攻擊大陸沿海和周邊組成的「邊緣地帶」；而更外圍的新月形地帶則為後來海上強國的領土和勢力範圍，三個部分有機地構成同心圓結構。麥金德引入海洋國家和大陸國家的概念，認為近代俄國成為世界領土面積最大的國家後，佔據中亞代替游牧民族成為陸上強國，與西方海洋強國在「邊緣地帶」也就是雙方的中間地帶進行戰略爭奪，東歐和位於大陸腹心地帶的中亞成為戰略關鍵。事實上，二戰結束後，確實出現了兩個超級大國在全球範圍內進行戰略對抗和戰略爭奪的地緣政治格局。

1919年麥金德在《民主的理想與現實》一書中繼續使用二分法，把亞歐大陸樞紐區域概念擴展為新的心臟地帶概念。1943年他發表論文《周圍的世界與贏得和平》，對自己以往觀點作出修改，根據當時的二戰形勢來動態地理解心臟地帶，包括烏拉爾以西的蘇聯與東歐地區和部分北歐地區。二戰後期斯皮克曼提出強調邊緣地帶重要性的新的三段論，他吸收麥金德理論的精華，以「倒式」的方式〔註10〕提出邊緣地帶控制權的戰略價值不亞於大陸內部的樞紐地帶，大陸內部的強國和海上強國誰控制了邊緣地帶，誰就可以佔據戰略優勢。〔註11〕實際上，斯皮克曼堅持了麥金德提出的權力（力量）二分論和地理上的海、陸、邊緣三段論。不過，麥金德重視大陸內部的控制權，強調大陸內部「樞紐地帶」的戰略優勢，他認為：「誰統治了東歐，誰就能主宰心臟地帶，誰統治了心臟地帶，誰就能控制世界島；誰統治了世界島，誰就能主宰世界。」〔註12〕而斯皮克曼卻更重視邊緣地帶的戰略地位，他從二戰經驗和戰後形勢出發，指出除了源自大陸心臟地帶的向外的政治和軍事「壓迫」，邊緣地帶的實力分布「將繼續具有極端的重要性」，〔註13〕並斷言：「誰支配著邊緣地帶，誰就控制歐亞大陸；誰支配著歐亞大陸，誰就掌握世界的命運。」〔註14〕斯皮克曼實際上對麥金德的理論進行了修正，但他們對地理格局的認識是一致的，兩者的區別僅限於對戰略要害的定位，即

〔註9〕 〔英〕麥金德著，林爾蔚，陳江譯：《歷史的地理樞紐》，第68頁。
〔註10〕 「倒式」的形容見李義虎：《地緣政治學：二分論及其超越》，第86頁。
〔註11〕 〔美〕斯皮克曼著，劉愈之譯：《和平地理學》，北京：商務印書館1965年版。
〔註12〕 〔英〕麥金德著，林爾蔚，陳江譯：《歷史的地理樞紐》，第13頁。
〔註13〕 〔美〕斯皮克曼著，劉愈之譯：《和平地理學》，第96頁。
〔註14〕 〔美〕斯皮克曼著，劉愈之譯：《和平地理學》，第78頁。

應該是邊緣地帶還是大陸內部？筆者認同戰略大師麥金德的理論，同時贊同斯皮克曼重視邊緣地帶的觀點。

以海陸二分法進行劃分，東北亞的政治地理結構也可劃分為三部分：朝鮮半島周邊包括中國東北地區外側是海陸過渡地帶，具有邊緣地帶的特徵；處於太平洋第一島鏈的日本是島國，是海洋地帶；而中國和西伯利亞絕大部分屬於大陸地帶。俄羅斯作為一個國際力量是近代才出現在東北亞的，之前的西伯利亞幾乎是權力真空。按照麥金德的理論，朝鮮半島和大半個中國都屬於邊緣地帶，在歷史上是大陸內部游牧民族軍事入侵的對象，但筆者認為，三種地帶的關係要能夠動態的在具體的時間空間條件中去理解。在古代中國，統一王朝初創和強盛時期，華夏帝國的中央政府一旦解決了北方游牧民族的威脅，控制東北地區後，就屏蔽或替代了麥金德所說的源自心臟地帶並稱雄邊緣地帶的游牧民族大陸強國角色，結果以邊緣地帶強國的身份填充了地緣政治權力結構中陸上強國的位置。因此，在古代的東北亞地區，中國王朝控制的大陸地區、朝鮮半島、日本列島三個部分常常構成了東北亞大陸地帶、海洋地帶及中間地帶三段不同地理區域。

借鑒斯皮克曼重視邊緣地帶的思想，筆者認為東北亞地區的海陸過渡地帶或是說邊緣地帶在朝鮮半島，它是東北亞的戰略重心。朝鮮半島是自亞洲大陸東部伸出的狹長地理條塊，隔對馬海峽與日本列島相望，鴨綠江以南的半島東西兩岸間最大寬度為 360 公里，南北的距離則為 840 公里，半島南北縱深大，東西跨度窄。半島北與中國遼河流域比鄰，南部向西與山東半島隔海相望，最近的直線距離亦不足 200 公里，向東隔對馬海峽與日本列島相對。朝鮮半島自古以來常常是大陸強國和海上強國戰略博弈的焦點。中國的國防安全與半島及周邊的政治局勢有著密切關係。

對於朝鮮半島及其臨近海域而言，其內部的樞紐在半島西南部及其附近黃海和對馬海峽海域。半島的山脈多集中於東側日本海沿岸，「朝鮮半島多山少平原，山地和丘陵約占三分之二。北部和東部地勢略高，西部和南部坡度平緩，形成小的平原和低地。」〔註 15〕因此半島的河流多自東部山地發源，流向中國東海和黃海，南部的河流多以雨水補給為主，在下游形成沖積平原。自古從半島前往其他國家都可借助漢江等江入海遠航。半島兩側的水溫也不同，日本海較寒冷，港口條件差，再加上日本暖流的分支和中國沿岸海水寒

〔註15〕《列國志·韓國》，北京：社會科學文獻出版社 2010 年版，第 8 頁。

流分支在半島西岸交匯，因此半島西岸的漁業比東岸發達。黃海東海一側海水較溫暖，有不凍港，因此良港和下游盆地都集中在西部海岸線，其中以半島西南部的濱海地帶為主，如現代的釜山是韓國乃至西太平洋地區的重要城市和韓國第一大港口，直到現代半島南部和西南部仍然是經濟最發達的地帶，「在首都圈以外，韓國西部的發展明顯好於東部。」〔註16〕熊津江口的仁川是現代韓國西海岸最大港口，與山東、遼寧隔海相望，歷史上朝鮮通過仁川與清朝進行貿易，而唐朝跨海遠征軍就是從仁川登陸。自古至今極少有登陸戰在朝鮮半島日本海海岸一側發生，兩栖戰總是集中在半島黃海東海側和對馬海峽的良港牙山、釜山、仁川等地發生，且多是在半島南部。在日本海海岸發動登陸戰，則會面臨高峻的崖地和山嶺阻隔。

　　黃海被稱為是中國的國門，也是中國和朝鮮半島之間的海上戰略通道，而對馬海峽則是日本列島與朝鮮半島及亞洲大陸之間往來的捷徑，也是連接日本海和黃、東二海的戰略通道。歷史上，海陸軍事強國的海軍力量是否能夠足以掌控黃海和對馬海峽制海權，進而跨海投送兵力，影響半島周邊戰事局勢，在戰略上至關重要。這一制海權也是東亞歷次國際衝突的戰略關鍵。

　　除了上述軍事與交通諸方面因素，氣候因素也提升了制海權的戰略價值，因為半島的寒冷氣候不利於長期陸戰，特別是長年行軍運輸，利於作戰的季節短暫。這裡位於北溫帶，冬夏兩季較長，各地溫差大。夏天持續高溫，冬天受西伯利亞氣團影響，西北季風呼嘯而來。7、8月份為梅雨季節，常有颱風掠過進而引發暴雨和洪災。陳寅恪先生曾指出：「中國東北方冀遼之間其雨季在舊曆六七月間，而舊曆八九月至二三月又為寒冬之時期。故以關中遼遠距離之武力而欲制服高麗攻取遼東之地，必在凍期已過雨季未臨之短時間獲得全勝而後可。否則，雨潦泥濘冰雪寒凍皆於軍隊士馬之進攻餽糧之運輸已甚感困難，苟遇一堅持久守之勁敵，必致無功或覆敗之禍。」〔註17〕隋唐時期遼東還有不少沼澤，而山地高原地形占朝鮮半島面積 3/4 以上，當時的高句麗、新羅又有修築山城的傳統，前者在遼東修築了不少山城，且多處於交通要道，〔註18〕使隋唐軍隊在遼東陸路每取得一步進展都要付出相當的傷亡代

〔註16〕《列國志·韓國》，第4頁。

〔註17〕陳寅恪：《唐代政治史述論稿》，第335頁。

〔註18〕〔韓〕高麗大學韓國史研究室著，孫科志譯：《新編韓國史》，濟南：山東大學出版社2010年版，第40頁。

價和時間物資消耗。早寒、沼澤和為數眾多的山城〔註19〕構成進軍障礙，提
高了對後勤供應的要求。儘管自古發展陸權形態的大陸國家能以強大的陸上
力量介入半島，但如大陸國家一旦因為山地和氣候所困而與半島國家進入僵
持狀態，其優勢力量會在寒冷的山地逐漸被消耗。歷史上，幾乎任何一次在
朝鮮半島發生的國際戰爭都出現了寒冬的僵持與消耗作戰。朝鮮半島地形多
山地，易守難攻。無論高句麗還是新羅都充分利用了遼東或是朝鮮半島北部
的山城嬰城固守，以逸待勞，從東漢到隋朝類似的戰術沿用了數百年。本來
進行在古代自中國華北平原出發繞過渤海的陸路漫長艱難，因此隋唐海軍在
控制了制海權之後還可以在半島南端登陸開闢橋頭堡，投送兵力，開闢第二
戰場，以形成海陸配合的戰略態勢，降低後勤成本，改變北部山地戰場的僵
持不下。

二、隋唐東北亞的國際地緣環境與軍事鬥爭

　　上述提出的東北亞地緣歷史原理視角可與隋唐東征的周邊軍事政治環境
相互印證。

　　首先，在隋唐時期，東北亞主要的政治體分別處於大陸地帶、邊緣地帶、
海洋地帶三種地緣地帶，國際環境中存在著海陸兩種軍事力量，因此也存在
著海陸兩種權力的博弈，結果東北亞地區呈現出三種地帶運用兩種軍事力量
的競爭。

　　位於大陸地帶的隋唐帝國和邊緣地帶的地區強國高句麗之間圍繞遼東歸
屬權發生爭執，雙方的矛盾一度成為東北亞地區主要矛盾，在唐朝初期，這
種矛盾激化演變為兩個陣營的對立。從位置來看，高句麗、百濟、新羅位處
半島，是地理上的海陸過渡地帶和戰略上的邊緣地帶，而隋唐帝國控制的戰
略位置正相當於大陸地帶，位於第一島鏈的日本國恰恰是海洋地帶和海洋國
家。隋唐帝國和高句麗政權爭奪的我國遼東地區處在邊緣地帶和大陸地帶的
夾縫當中。從戰略意圖看，高句麗圖謀永久佔據遼東，稱霸朝鮮半島，甚至
控制和兼併百濟、新羅，圖謀主導和一統邊緣地帶，再加上其和隋唐的矛盾
使其戰略投入的主要方向被鎖定在西面，構成面向大陸內部的擴張態勢。隋
唐帝國要實現一統，收復遼東失地，使高句麗臣服，重建朝貢體系，需要把

〔註19〕參見楊秀祖：《高句麗軍隊與戰爭研究》，第6章「高句麗軍隊的戰略戰術及
防禦工事」；魏存成：《高句麗遺跡》，第2章「山城」。

政治影響力從大陸地區擴大到邊緣地帶。日本立足島國，卻自南北朝時期就圖謀侵入朝鮮半島，企圖自海洋地帶出發控制和奪取邊緣地帶。三者的地緣政治博弈焦點最終集中在了朝鮮半島這一邊緣地帶。

隋文帝因高句麗的對抗而出兵，但半途而廢，隋煬帝發動了三次東征，勞民傷財以至亡國。唐朝建立後，唐高祖對東亞外交少有作為，百濟雖然首先向唐進貢並得到冊封，但雙方利益不同，高祖表示不必如此勤貢，並勸告百濟和新羅和解，但百濟一心欲滅新羅，不聽勸告。〔註 20〕於是，百濟轉與高句麗結盟，甚至納質日本。〔註 21〕「新羅佔領漢江和朝鮮南部的任那，與百濟、高句麗和日本的關係緊張。」〔註 22〕漢江是新羅進入黃海、和中國進行經濟文化交流、打破百濟和高句麗阻撓封鎖的戰略通道。新羅控制漢江可以分割高句麗和百濟，威脅百濟的生存。貞觀十六年（643 年）高句麗和百濟聯合「以絕新羅入朝之道。」〔註 23〕新羅無法爭得出海口。高句麗和百濟、日本結夥圍攻新羅，百濟為了對付仇敵新羅而向高句麗和日本兩邊低頭，三國聯合抗拒唐朝的政治努力，結果展示了三種地帶被三個國家（唐、高句麗、日本）分別主導的地緣政治事實。唐朝平定了北方的突厥，成為大陸帝國，主導大陸地帶；高句麗佔據遼東，利用百濟壓迫新羅，成為半島強國，主導海陸過渡的邊緣地帶；日本崛起於海上，接受百濟「入貢」，有成為海洋強國的資質。於是，唐朝、高句麗和日本各自主導一種地緣地帶，但都在競爭對邊緣地帶的主導權，其中唐朝和高句麗直接正面交鋒，爭奪遼東，百濟和新羅則落入高句麗和日本之間乃至整個東北亞的政治地理夾縫中。

位於海洋地帶的日本，在古代並不甘於將自己置身於東北亞國際政治的邊緣位置，而是常會尋找機會覬覦朝鮮半島，日本早在中國南北朝時期就試圖借南朝的冊封來滿足對半島南部的主權要求。〔註 24〕從隋朝到唐太宗時期，日本始終沒有對半島進行直接軍事干預，可是其海上力量一直在成長中，戰備一直在進行。皇極天皇元年（642 年）九月，「復課諸國造船舶。」〔註 25〕

〔註 20〕 張日善：《百濟與中國的關係》，延邊大學碩士學位論文，2001 年，第 16 頁。
〔註 21〕 張暾：《唐朝與高句麗、百濟關係的惡化及其原因》，《北方文物》2008 年第 2 期。
〔註 22〕 韓昇：《東亞世界形成史論》，第 219 頁。
〔註 23〕 《唐會要》卷九九，第 2026 頁。
〔註 24〕 韓昇：《東亞世界形成史論》，第 103～106 頁。
〔註 25〕 德川光圀：《日本史記》卷九，合肥：安徽人民出版社 2013 年版，第 64 頁。

孝德天皇大化元年（645年）百濟遣使「朝貢」，「百濟使兼領任那調使，巨勢德太古宣詔責百濟使，卻還貢物，遣三輪栗隈東人、馬飼造觀察任那國界。」〔註26〕任那是日本對朝鮮半島南部部分地區的稱呼，是日本長期覬覦的地方。到齊明天皇五年（659年）三月，「阿倍比羅夫率舟師一百八十艘討蝦夷，降之。」〔註27〕六年（660年）三月則「遣阿倍比羅夫，率舟師二百艘伐肅慎。」〔註28〕肅慎是對中國東北部族的稱呼。可見日本海軍已經踏足對岸大陸。齊明天皇七年（661年）正月，由於百濟餘黨求援，天皇「親帥舟師西征。」途中駕崩，她生前還曾大興土木，令水工鑿渠，「以船二百隻，運石上山石於宮東山，疊以為垣。」曾動員「工匠役夫十餘萬人」，〔註29〕當時日本船隻動員能力的規模可見一斑。七月「唐將軍蘇定方與突厥契苾何力等，水陸俱進，薄高麗城下。」〔註30〕眼看唐朝就要把高句麗攻陷，狡猾的日本乘機加快入侵。天智天皇即位後發兵五千護送百濟王子扶餘豐歸國，壬戌歲（662年）五月「大將軍阿曇比邏夫帥舟師一百七十艘至百濟，宣敕立（扶）餘豐為王，」「是歲，將救百濟，修繕甲兵，備具船舶糧食。」次年「百濟貢調。」〔註31〕三月日本戰將「率兵二萬七千伐新羅。」〔註32〕八月發生白江海戰戰役。

　　到唐高宗時期，唐軍攻陷百濟，困於百濟餘黨的反抗，日本認為機會到來，出動海軍跨海前往半島，扶持傀儡的百濟王子。如果日本得逞，唐軍將會被趕出半島南部，而日本將成為投送兵力到朝鮮半島的海上強國，壓制新羅，控制半島南部，把自己的軍事和政治勢力深入邊緣地帶，如此一來，日本和高句麗可能會分別控制朝鮮半島南北部，把大陸強國唐帝國擠出邊緣地帶。此後，中日之間發生的白江大海戰，則正是古代海洋國家和大陸強國在邊緣地帶進行的一次海上較量，此戰以大陸國家唐帝國的軍事勝利而告終。作為發展了強大海軍的唐帝國顯示出有充分能力掌控黃海制海權，有能力打退日本對東北亞邊緣地帶的武裝干預，並消滅了日本海軍，奪取了對馬海峽的制海權，迫使日本軍事力量退回國內。白江海戰目前一般被認為是影響東

〔註26〕德川光圀：《日本史記》卷九，第65頁。
〔註27〕德川光圀：《日本史記》卷九，第71頁。
〔註28〕德川光圀：《日本史記》卷九，第71頁。
〔註29〕德川光圀：《日本史記》卷九，第72頁。
〔註30〕德川光圀：《日本史記》卷一〇，第74頁。
〔註31〕德川光圀：《日本史記》卷一〇，第74頁。
〔註32〕德川光圀：《日本史記》卷一〇，第74頁。

亞國際格局的一次重要戰役。大陸強國通過發展海軍擊敗海洋國家，進而取得對邊緣地帶的戰略主導權，這正是白江海戰反映的事實，也說明一旦大陸國家發展海上力量，奪取制海權，將會形成強大的海陸複合型戰略影響力。

其次，朝鮮半島甚至包括整個東北亞的戰略地理樞紐在朝鮮半島西南部，其在地緣政治上歸屬何方控制對地區局勢是舉足輕重的，也是數次改變戰局甚至東亞格局的關鍵，是各方海陸博弈的焦點。

近代海軍戰略家馬漢曾指出：「如果一個國家的地理位置，除了具有便於進攻的條件之外，大自然已使它坐落在便於進入公海的通道上，同時還使它控制了一條世界主要貿易通道，顯而易見它的地理位置就具有重要的戰略作用。」〔註33〕這一形容同樣適用於在古代國際交通格局中具備獨特地位的百濟。

朝鮮半島中、南部的漢江、熊津江等河流發源於東部，穿越半島流入黃海，是半島內部通往外部海洋的貿易通道，半島南部可通過漢江入海前往當時東亞最為先進的隋唐。新羅對地理條件依賴尤甚，因為新羅和隔海相望的日本都要到中國隋唐來朝貢和交流，如果不繞過百濟海岸線的話，就只有用武力控制漢江沿岸。新羅和百濟的關係在唐初完全破裂後，新羅與之爭奪漢江流域的鬥爭就更加激烈。但是百濟有高句麗和日本的支持，佔據著優勢，這使新羅變成了一個在東北亞地緣格局中看上去最為無足輕重的小國，面臨著滅亡。

從山東半島到朝鮮半島和日本進行友好往來的「東方海上絲綢之路」在春秋時期業已開闢。南北朝時期半島北部的高句麗向南遷都至平壤，以陸上霸權影響黃海制海權，迫使百濟等國開闢直通長江流域的東海新航路，〔註34〕但受技術水平限制，航行面臨風險較大，雖然可以縮短跋涉的時日和距離，卻「是一條最危險，遇難率極高的航路」。〔註35〕結果受技術水平的制約，經漢代至南北朝，自山東半島去朝鮮半島和日本的航線主要依靠「循海岸水行」通道，即沿著山東半島和遼東半島之間的島鏈和朝鮮半島西海岸線行進至對馬海峽。〔註36〕這條航線易辨識，風險較小，而直跨黃、東海的航線則風浪

〔註33〕馬漢：《海權對歷史的影響》，第42頁。

〔註34〕張日善：《百濟與中國的關係》，延邊大學碩士學位論文，2001年，第10頁。

〔註35〕〔日〕藤家禮之助：《日中交流二千年》，北京：北京大學出版社1982年版，第99、103頁。

〔註36〕劉鳳鳴：《山東半島與東方海上絲綢之路》，北京：人民出版社2007年版，第1～2頁。

大，難辨識。隋唐時高句麗儘管可倚仗地理位置隔斷各國來華陸路以及濱岸的「循海岸水行」通道，但百濟除了可以選擇向北穿越高句麗進入中國，也可選擇沿海岸水行或跨黃海東海到中國南北方，海上跨海峽可到日本。日本新羅與中國往來如果沿「循海岸水行」則必經百濟近海，日本可以跨東海直航中國，但新羅只能經對馬海峽，從百濟海岸線附近經過，別無他法。因此，在東北亞交通格局中惟有百濟佔據地理上的中心位置，可以最為自由方便地與諸國來往，而其他國家間往來路線都有被第三國阻撓的可能，這種可能性以新羅最大。隋唐與新羅往來要經高句麗百濟控制範圍。儘管高句麗是除隋唐外最強大的東亞政權，可百濟具備最要害的地緣政治地位。

以此而論，隋唐應把百濟作為外交和用兵的重點，出兵百濟具有援救新羅、平定百濟、擊破反唐聯盟、隔離日本、鉗擊高句麗等多重戰略價值。但是如何付諸實施卻不僅由隋唐的意願和實力決定，也由外交形勢和道義地位決定，因為隋唐出兵是出於道義號召和國家安全的需要，也有統一的需求，而非侵略擴張。隋唐奉行的國際關係理念是儒家的「天下一家」政治理想，而古代東方國家要維護國家安全也缺乏後來國際體系中處理國與國關係的手段和準則。高句麗堅持佔據遼東，〔註37〕欺壓百濟新羅，對隋唐構成威脅，故隋唐只能平定高句麗，實現統一和東亞格局正常化。但百濟、新羅自南北朝以來接受中國中央政府的冊封，多次朝貢，相互並無爭端衝突，因此隋朝只能在外交上設法聯合百濟、新羅，缺乏對其實行軍事干涉和政治強迫的理由。隋唐對重點戰略目標的認定經歷了一段時間。

三、隋唐東征用兵方略及其成敗

隋唐東征作戰可劃分為隋朝高句麗之戰、唐麗戰爭和唐新戰爭。跨海平百濟之戰和白江海戰、唐新海戰分別是這次作戰的戰略轉折，第一個標誌著唐朝軍事力量被投送到東北亞戰略樞紐地帶，佔據了整個格局的要害，第二個標誌日軍被排除在邊緣地帶之外，喪失了干預整個地區戰略形勢的可能，第三個則標誌著新羅對邊緣地帶的控制和唐朝的主導權被排除在邊緣地帶之外。隋唐用兵方略也經歷了一個演變過程。隋唐進軍朝鮮半島南端並開闢第二戰場，可以構成南北鉗擊之勢，即使是側翼牽制，也是非常有利的。這樣的戰略，既符合朝鮮半島的軍事地理特徵，也有戰略理論依據。分兵海陸兩

〔註37〕韓昇：《東亞世界形成史論》，第178～180頁。

路實施鉗擊早在隋朝首次東征就已實施，但是抓住戰略地理重點——百濟以實施跨海戰略卻是在唐太宗時期才形成。

據《舊唐書》記載「太宗將伐遼東，召靖入閣，賜坐御前，」太宗問詢征伐遼東之事，李靖自稱願往盡力，太宗憫其年老多病而未准許。〔註38〕

唐代兵書《李衛公問對》中有唐太宗和李靖關於用兵高句麗的戰略討論，文字也許並非「紀實」，但提出和總結了「奇正」用兵方略。這部分文字是全書內容的肇始，有開宗明義之功。《四庫全書總目提要》稱「其書分別奇正，指畫攻守，交易主客，於兵家微意時有所得。」〔註39〕中國傳統兵學理論中有「奇正」之說，「奇正」在不同語境中具體含義有差異，但在唐朝東征的戰略問題上，「奇正」一詞有喻指分兵鉗擊的戰略之義，即在戰略上主攻和側翼可以相互支持，兩者也可相互轉化。《孫子兵法》云「凡戰者，以正合，以奇勝。」曹操作注釋指出「正者當敵，奇兵從傍擊不備也。」「先出合戰為正，後出為奇」，即用兵過程中正奇兩路兵馬分進合擊，那一路為實現突破的主攻是可以相互轉化的。〔註40〕《李衛公問對》中唐太宗就此認為「以奇為正，以正為奇，變化莫測，斯所為『無形者』歟？」李靖表示贊許。〔註41〕

隋唐用兵基本堅持了「奇正」方略，即各個時期都是出兵兩路，分別從海陸實施「鉗擊」。一路是自陸路按部就班地穿越遼東打向高句麗，進行野戰，逐個圍攻、攻陷遼河以東到大同江以北的山城；一路是自海上以「偏師」的形式登陸敵軍的後方，或自遼東半島南端登陸形成夾擊，或自鴨綠江、大同江江口入河登陸，直搗王城平壤，或跨海遠征百濟，在敵國後方建立橋頭堡。東征經歷了漫長歲月，隋唐主力曾先與高句麗在東北亞內陸的冰天雪地苦戰數十年，隋朝自隋文帝發兵之後，隋煬帝又出兵三次，窮兵黷武，不得要領，以至於亡國，海上部隊始終不曾遠涉大同江入海口以南的登陸點。最終唐王朝發展強大海軍並遠征半島南部建立橋頭堡實行南北夾擊，才找到打敗對手的戰略良方。唐太宗出兵三次之後才制定了跨海出征的戰略計劃，但是很快去世，〔註42〕執行卻是由唐高宗完成的，高宗時期平定了高句麗、百濟，又和新羅發生軍事衝突。

〔註38〕《舊唐書》卷六七，第2478頁。

〔註39〕《武經七書》，北京：中華書局，2007年，第515頁。

〔註40〕《武經七書》，第527頁。

〔註41〕《武經七書》，第528頁。

〔註42〕張曉東：《唐太宗與高句麗之戰跨海戰略》，《史林》2011年第4期。

　　隋唐陸上戰場侷限於遼東地區，缺乏選擇自由，但是海上戰場卻有多種選擇，選擇跨海登陸突擊點的科學與否直接影響作戰的效率乃至戰爭成敗。隋唐在選擇最具戰略價值的登陸點的過程中，實際上經歷了一番摸索，付出了很大代價，這不僅僅與其軍事力量發展的階段性有關，也和君王戰略決策智慧有關，更受外交因素制約。隋唐跨海登陸的地點大體可以分為遼東半島南端、鴨綠江口、大同江口、百濟沿海等區域。

　　根據筆者以往的研究，隋朝對百濟的團結是失敗的，也不能在軍事上取得新羅的支持，兩國基本是「坐山觀虎鬥」。〔註43〕戰略形勢轉折的契機是發生在唐太宗時期東北亞兩個軍事聯盟陣營即高句麗－百濟－日本陣營和唐－新羅陣營的成型。如前所述，唐朝建立以後，唐高祖對東亞外交少有作為，高句麗、百濟、日本三國結成陣營。武德九年新羅和百濟使者向唐控訴高句麗阻斷其陸上入朝道路，又「屢相侵掠」，〔註44〕《三國史記百濟本紀》記載公元653年百濟與日本通好，且自646年中止對唐朝貢，借助高百日聯盟孤立和包圍新羅，把新羅和唐朝分隔開來。唐與百濟合作成為不可能。貞觀十七年（643年）新羅向唐求援，奏百濟奪其四十餘城，聯合高句麗「謀絕新羅入朝之路」，〔註45〕提醒並給予了唐朝出兵半島南部的道義理由和外交機遇。唐太宗借機提出跨海平百濟戰略，但新羅使者應對無措以致戰略貽誤。〔註46〕這是隋唐首次提出跨海平百濟戰略。貞觀二十二年（649年）新羅使再次借兵，說百濟「攻陷數十城」，面臨滅亡危機。〔註47〕太宗皇帝決心跨海出征，計劃明年發兵三十萬，〔註48〕而經過此前的三次出征，海軍逐步南移登陸作戰選點，戰鬥力和經驗得到了提升。但次年唐太宗病逝，跨海戰略決策者是太宗，執行者卻是高宗。〔註49〕

　　唐高宗顯慶五年（660年），唐將蘇定方率軍十三萬，戰船近兩千隻渡海攻百濟，〔註50〕先抵達「至（百濟）國西德物島」，〔註51〕後赴熊津江口於仁

〔註43〕張曉東：《唐太宗與高句麗之戰跨海戰略》，《史林》2011年第4期。
〔註44〕《三國史記》，第252頁。
〔註45〕《資治通鑑》卷一九七，第6204頁。
〔註46〕《三國史記》，第68頁。
〔註47〕《三國史記》，第70頁。
〔註48〕《資治通鑑》卷一九九，第6258頁。
〔註49〕張曉東：《唐太宗與高句麗之戰跨海戰略》，《史林》2011年第4期。
〔註50〕喬鳳岐：《隋唐皇朝東征高麗研究》，第157頁。
〔註51〕《三國史記》，第494頁。

川登陸後擊敗敵軍，水陸並進，長驅而入平定百濟。〔註 52〕以此次單次登陸作戰投送兵力絕對數量規模論，在東亞軍事史上是空前絕後的。平定百濟和之後的白江海戰保證了唐朝對東北亞戰略樞紐的控制。

　　隋唐高句麗之戰能夠不斷保持攻勢的一個重要原因是能夠維持一支強大的海軍，唐軍的勝利源自發展海軍，攻取百濟，而後來的唐新戰爭以唐朝的失敗收場，其中的一個重要原因是海軍衰落，雄風不再，輸給了新羅，百濟失陷。〔註 53〕

　　唐新戰爭是東征戰局的第三階段，結束於儀鳳元年（676 年）朝鮮半島西南部海岸的一場海戰——「伎伐浦水戰」。〔註 54〕所夫里州伎伐浦即泗沘港，是唐朝和半島南端保持海路暢通的據點，是半島西南部的重要港口，唐軍也曾以之作為對新羅的作戰基地。〔註 55〕經歷一系列水戰失利和陸戰的節節敗退，唐軍喪失了在半島南部最後的橋頭堡及制海權。同時強大的新羅常備化水師早已發展起來。具體過程曾有論述，此處不再展開。〔註 56〕

　　經此戰新羅成功的控制了大同江以南的整個朝鮮半島，實現了對邊緣地帶主要部分的控制，包括對戰略樞紐的控制，同時在這個海陸過渡地帶發展起來一支東亞地區僅存的強大海軍，稱雄黃海。此時日本的海上力量還沒有恢復過來，唐朝短期沒有可能也沒有打算恢復海上力量，於是與新羅相互尋求和解，三個地帶間遂達成了一種戰略平衡。這樣，東北亞政治格局出現恢復穩定的機會。海上力量此消彼長的決定影響在這樣一個軍事地理格局中確實是顯而易見的。

四、小結

　　綜上所述，本書認為在歷史上，海上力量對比變化一度是影響隋唐時期東北亞地區戰事和外交成敗，影響周邊關係與國際形勢的重要因素。借鑒政治地理學理論視角，以隋唐東征軍事活動為考察對象，筆者對隋唐東北亞的

〔註 52〕《舊唐書》卷八三，第 2779 頁。
〔註 53〕張曉東：《唐朝前期的海上力量與東亞地緣政策：以唐新戰爭前後為中心》，《國家航海》第 4 輯，上海：上海古籍出版社 2013 年版。
〔註 54〕《三國史記》，第 100 頁。
〔註 55〕《三國史記》，第 494～495 頁。
〔註 56〕張曉東：《唐朝前期的海上力量與東亞地緣政策：以唐新戰爭前後為中心》，《國家航海》第 4 輯，上海：上海古籍出版社 2013 年版。

地緣環境和政治博弈有新的認識。隋唐東征軍事活動，實際上也體現出了大陸地帶、邊緣地帶和海洋地帶不同力量之間的政治軍事鬥爭；朝鮮半島及其周邊海域處在邊緣地帶，是東北亞的戰略重心，而半島西南部和黃海及對馬海峽是這個重心區域的戰略樞紐；同時海上力量在此特定地緣環境中發揮著獨特的戰略作用。即使在隋唐時期，海上力量和制海權的戰略價值對實現國防和外交目標有重要意義。左右制海權的一國擁有較多的外交和戰略籌碼。海上力量對比變化扭轉數次戰事和地緣形勢。其實不僅隋唐，之後各個歷史時期發生在東北亞地區的各種軍事鬥爭，皆反映了該地區地緣環境和政治博弈的特點、規律，這對當代中國處理東北亞國際關係，維護東北亞局勢穩定，同樣具有重要現實啟示。

隋唐東征高句麗實行海陸夾攻的戰略。自遼東陸路實施主力推進會遇到氣候、敵方城壘防禦體系、補給交通線漫長等困難，短期內推進較難，而海軍作戰有機動性強、補給運輸較易、戰場選擇權較大等優勢。唐代東征之所以取得勝利，無論從後勤交運、兵力投送、海上作戰、登陸突擊等各角度看，海上力量起了重要的戰略作用。隋唐東征高句麗之所以取得勝利，海上力量起了重要的戰略作用，唐朝利用海上力量控制了東北亞地區的戰略樞紐百濟，推動了局勢的轉折，而唐新戰爭的失敗則與唐朝海上軍事力量衰落及新羅海上軍事力量興起不無關係，也與朝鮮半島周邊重要海域制海權失於新羅有關。唐麗戰爭後唐朝希望在朝鮮半島推行羈縻制和朝貢制混合的體制，但新羅堅持反對並努力統一半島，最終唐朝放棄原有目標，唐新戰爭而非唐麗之戰重構了東亞國際格局。

隋唐海上軍事力量在隋朝開始初步形成，在唐太宗時重建，在唐高宗時達到頂峰，在唐新戰爭中開始衰落。隋朝的海軍兵將皆用熟悉水性的江淮人，但對海軍的使用不善，沒有發揮應有作用。唐朝大量使用江南地區的水兵，但多使用北方籍陸軍出身的傳統將領指揮水軍作戰，在江南地區大量造船，出現三十六州的大範圍造船業動員，形成超過十二萬人和近兩千艘的空前規模跨海作戰力量，取得跨海平百濟戰役的勝利，擊敗日本海軍，推動了高句麗之戰的順利結束。唐新戰爭中，唐朝基本停止造船，而在海上戰場不斷發生損失，新羅則發展了一支常備化海軍，掌握了黃海制海權。新羅海上力量也曾是東北亞歷史上一支重要的航海力量，在唐麗戰爭中初步形成，而在唐新戰爭中崛起，此後經歷了一段時間的衰落，到九世紀由張保皋主導實現復

興後再次走向衰落。

此外，東北亞海洋史表明，不僅是在有限的衝突時期，即使在較長的和平時期，海上力量同樣是影響和平時期國際間關係的重要的積極因素。九世紀新羅張保皋海上力量就曾通過海權建樹，良性重塑了海上秩序，推動了海上和平交流的高潮。在唐玄宗時期，唐朝和新羅實現唐新戰後徹底和解，這是東方海上絲綢之路實現繁榮和張保皋新羅航海業崛起的重要保障和前提條件。海上力量發揮戰略作用，也是新羅張保皋發展海權的實力基礎。

總的來看隋唐王朝對海上力量的戰略作用認識存在侷限性，帶有強烈的時代特徵，對海上力量的發展和利用有成有敗。隋唐沒有常備的海上軍事力量，國防安全和地緣利益的重心在西北，儘管存在個別君王和將領有著較開闊的海陸全局視野，如唐太宗和劉仁軌，但是隋唐時期國家戰略和國策有其大陸特徵，國家利益在東北亞周邊是分層次、可取捨的，特別是與唐朝在西北的政治重心與國家利益相比，因此唐朝沒有為朝鮮半島的所有地緣問題都做出認真而全面的努力。古代中國經濟以大陸性傳統農業為主要結構，缺乏海外發展動力，而影響海上力量發展的因素是多元的，既包括文化傳統和經濟技術，也有軍事體制和政策原因，需要實踐經驗和技術手段。隋唐國策和地緣戰略根據當時地緣環境和社會形態為主要依據，海洋意識缺失，體制和文化的缺陷限制海上力量的發展。

通過本課題的研究，可以認識到隋唐史研究可以通過海洋的觀察視角進一步擴展，來豐富充實我們對東北亞周邊關係史的認識。雖然古代海權難以在東北亞社會條件下得以有效發展，可是隋唐王朝與周邊新羅政權的海洋活動及其實踐成敗使我們認識到海上力量發展對於經濟和社會、政治都有著重要影響。古今地緣特徵具有一定的相似點，我們不能以「事後諸葛亮」的方式苛責古人的言行，承認其歷史的侷限性，但在領略豐富的歷史經驗之後，應當認識到在東北亞地區，處理或促進周邊關係，必須重視海洋，以求更好地開展海上活動，維護國家利益。

參考文獻

一、古典文獻

1. 孫子,《十一家注孫子》〔M〕,北京:中華書局,2010 年。

2. 陳壽,《三國志》〔M〕,北京:中華書局,1959 年。

3. 常璩著,任乃強校注,《華陽國志校補圖注》〔M〕,上海:上海古籍出版社,1987 年。

4. 《晉書》〔M〕,北京:中華書局,1974 年。

5. 《梁書》〔M〕,北京:中華書局,1973 年。

6. 《南史》〔M〕,北京:中華書局,1975 年。

7. 《北史》〔M〕,北京:中華書局,1974 年。

8. 《隋書》〔M〕,北京:中華書局,1973 年。

9. 《舊唐書》〔M〕,北京:中華書局,1975 年。

10. 《新唐書》〔M〕,北京:中華書局,1975 年。

11. 《資治通鑒》〔M〕,北京:中華書局,1956 年。

12. 《唐會要》〔M〕,上海:上海古籍出版社,2006 年。

13. 《冊府元龜》〔M〕,北京:中華書局,1982 年。

14. 《唐語林校證》〔M〕,北京:中華書局 1987 年。

15. 《元和郡縣圖志》〔M〕,北京:中華書局,1983 年。

16.《中國地方志集成》,《山東府縣志輯》〔M〕,南京:鳳凰出版社,2004 年。

17.《通典》〔M〕,北京:中華書局,1984 年。

18.《太平寰宇記》〔M〕,北京:中華書局,2008 年。

19. 慧琳,《一切經音義》〔M〕,上海:上海古籍出版社,2008 年。

20.《太平御覽》〔M〕,上海:上海古籍出版社,2008 年。

21.《武經七書》〔M〕,北京:中華書局,2007 年。

22.〔高麗〕金富軾著,孫文範等校勘,《三國史記》〔M〕,長春:吉林文史出版社,2003 年。

23.〔高麗〕一然,《三國遺事》〔M〕,長春:吉林文史出版社,2003 年。

24.《高麗史》〔M〕,西南師範大學出版社,2014 年。

25.《日本書紀》〔M〕,經濟雜誌社,1897 年。

26.《續日本後紀》〔M〕,吉川弘文館,1979 年。

27. 德川光圀,《日本史記》〔M〕,合肥:安徽人民出版社,2013 年。

28. 圓仁,《入唐求法巡禮行記》〔M〕,上海:上海古籍出版社,1986 年。

二、考古資料

1. 周紹良,《唐代墓誌彙編》〔M〕,上海:上海古籍出版社,1992 年。

2. 拜根興,《百濟移民墓誌石刻資料彙集》,//見拜根興,《唐代高麗百濟移民研究:以西安洛陽出土墓誌為中心》〔M〕,北京:中國社會科學出版社,2012 年。

3.《全唐文補遺》〔M〕,西安:三秦出版社,1998 年。

4. 山東省博物館,平度縣文化館,《山東平度隋船清理簡報》〔J〕,《考古》,1979 年第 2 期。

三、專著

1.〔日〕鬼頭清明,《日本古代國家的形成與東亞》〔M〕,東京:校倉書房,1976 年。

2.〔日〕堀敏一著,韓昇編,韓昇、劉建英譯,《隋唐帝國與東亞》〔M〕,昆明:雲南人民出版社,2002 年。

3. 〔日〕藤家禮之助,《日中交流二千年》〔M〕,北京:北京大學出版社, 1982 年。

4. 〔韓〕全海宗,《韓中關係史研究》〔M〕,首爾:一潮閣,1970 年。

5. 〔韓〕高麗大學韓國史研究室著,孫科志譯,《新編韓國史》〔M〕,濟南: 山東大學出版社,2010 年。

6. 〔韓〕李昊榮,《新羅三國統合與麗、濟敗亡原因研究》〔M〕,首爾:書 景文化社,1997 年。

7. 〔英〕崔瑞德編,《劍橋中國隋唐史》〔M〕,北京:中國社會科學出版社, 1990 年。

8. 〔英〕麥金德著,林爾蔚,陳江譯,《歷史的地理樞紐》〔M〕,北京:商 務印書館,2007 年。

9. 〔英〕朱利安・S,科貝特,《海上戰略的若干原則》〔M〕,上海:上海人 民出版社,2012 年。

10. 〔英〕李約瑟,《李約瑟中國科學技術史》〔M〕,北京:科學出版社,2008 年。

11. 〔美〕斯皮克曼著,劉愈之譯,《和平地理學》〔M〕,北京:商務印書館, 1965 年。

12. 〔美〕戴維・比瑟姆,《馬克斯,韋伯與現代政治理論》〔M〕,杭州:浙 江人民出版社,1989 年。

13. 〔美〕羅伯特・西格著,劉學成等譯《馬漢》〔M〕,北京:解放軍出版社, 1998 年。

14. 〔美〕馬漢著,蕭偉中,梅然譯,《海權論》〔M〕,北京:中國言實出版 社,1997 年。

15. 〔美〕馬漢,《海軍戰略》〔M〕,北京:商務印書館,2012 年。

16. 〔美〕馬漢,《論海權的歷史影響:1660～1783 年:附亞洲問題》,北京: 海洋出版社,2013 年。

17. 〔德〕馬克思、恩格斯,《馬克思恩格斯選集》,北京:人民出版社,1972 年。

18. 〔英〕朱利安・S・科貝特,《海上戰略的若干原則》,上海:上海人民出

版社，2012 年。

19. 〔美〕吉原恒淑，詹姆斯・霍姆斯，《紅星照耀太平洋》，北京：社會科學文獻出版社，2014 年。

20. 〔德〕喬爾根・舒爾茨、維爾弗雷德・A・赫爾曼、漢斯—弗蘭克・塞勒編，鞠海龍、吳豔譯，《亞洲海洋戰略》，北京：人民出版社，2014 年。

21. 〔美〕威廉・H・麥尼爾，《競逐富強——公元 1000 年以來的技術、軍事與社會》〔M〕，上海：上海辭書出版社，2013 年。

22. 全漢昇，《唐宋帝國與運河》，「中央研究院」歷史語言研究所專刊〔M〕，上海：商務印書館，1946 年（民國三十五年）。

23. 金毓黻，《東北通史》〔M〕，北京：五十年代出版社，1981 年。

24. 陳寅恪，《唐代政治史述論稿》〔M〕，上海：上海古籍出版社，1982 年。

25. 岑仲勉，《隋唐史》〔M〕，北京：中華書局，1982 年。

26. 周振鶴，《隨無涯之旅》〔M〕，北京：三聯書店，1996 年。

27. 軍事科學院編，《中國軍事通史》〔M〕，北京：軍事科學出版社，1998 年。

28. 黎虎，《漢唐外交制度史》〔M〕，蘭州：蘭州大學出版社，1998 年。

29. 徐曉望，《媽祖的子民——閩臺海洋文化研究》〔M〕，上海：學林出版社，1999 年。

30. 袁剛，《隋煬帝傳》〔M〕，北京：人民出版社，2001 年。

31. 魏存成，《高句麗遺跡》〔M〕，北京：文物出版社，2002 年。

32. 王仲犖，《隋唐五代史》〔M〕，上海：上海人民出版社，2003 年。

33. 拜根興，《七世紀中葉唐與新羅關係研究》〔M〕，北京：中國社會科學出版社，2003 年。

34. 劉炬、姜維東，《唐征高句麗史》〔M〕，長春：吉林人民出版社，2006 年。

35. 劉鳳鳴，《山東半島與東方海上絲綢之路》〔M〕，北京：人民出版社，2007 年。

36. 李義虎，《地緣政治學：二分論及其超越》〔M〕，北京：北京大學出版社，2007 年。

37. 張文才，《太白陰經新說》〔M〕，北京：解放軍出版社，2008 年。

38. 曲金良主編,《中海海洋文化史長編·先秦秦漢卷》〔M〕,青島:中國海洋大學出版社,2008 年。

39. 韓昇,《東亞世界形成史論》〔M〕,上海:復旦大學出版社,2009 年。

40. 拜根興,《唐朝與新羅關係史論》〔M〕,北京:中國社會科學出版社,2009 年。

41. 王小甫,《唐、吐蕃、大食政治關係史》〔M〕,北京:中國人民大學出版社,2009 年。

42. 楊秀祖,《高句麗軍隊與戰爭研究》〔M〕,長春:吉林大學出版社,2010 年。

43. 喬鳳岐,《隋唐皇朝東征高麗研究》〔M〕,北京:中國社會出版社,2010 年。

44. 董向榮,《列國志·韓國》〔M〕,北京:社會科學文獻出版社,2010 年。

45. 榮新江,《唐研究》卷 16〔M〕,北京:北京大學出版社,2010 年。

46.《辭海》〔M〕,上海:上海辭書出版社,2010 年。

47. 張曉東,《漢唐漕運與軍事》〔M〕,上海:上海書店出版社,2010 年。

48. 譚其驤,《長水集(續編)》〔M〕,北京:人民出版社,2011 年。

49. 陳寅恪,《唐代政治史述論稿》〔M〕,北京:商務印書館,2012 年。

50. 王穎主編,《中國海洋地理》〔M〕,北京:科學出版社,2013 年。

51. 曲金良主編,《中國海洋文化史長編·魏晉南北朝隋唐卷》〔M〕,青島:中國海洋大學出版社,2013 年。

52. 杜文玉主編,《中國西北地區資源環境與經濟發展的歷史與現實:西北地區歷代地緣政治變遷研究》〔M〕,北京:科學出版社,2015 年。

四、論文

1. 顧銘學,《〈魏志·高句麗傳〉考釋(上)》〔J〕,學術研究叢刊》,1981 年第 1 期。

2. 石曉軍,《唐日白江之戰的兵力及幾個地名考》〔J〕,《陝西師範大學學報》,1983 年第 3 期。

3. 樊文禮,《唐代平盧緇青節度使略論》〔J〕,《煙臺師範學院學報》,1993

年第 2 期。

4. 楊秀祖,《隋煬帝征高句麗的幾個問題》〔J〕,《通化師院學報》,1996
年第 1 期。

5. 譚其驤,《中國文化的時代差異和區域差異》〔J〕,《復旦學報》,1996 年
第 2 期。

6. 孫光圻,《公元 8~9 世紀新羅與唐的海上交通》〔J〕,《海交史研究》,
1997 年第 1 期。

7. 韓昇,《論新羅的獨立》〔J〕,《歐亞學刊》第一輯,中華書局,1999 年。

8. 于賡哲,《貞觀十九年唐對高麗的戰爭及其影響》〔J〕,陝西師範大學碩
士學位論文,2000 年。

9. 王小甫,《8~9 世紀唐朝與新羅關係論》〔J〕,《唐研究》第 6 卷,北京
大學出版社,2000 年。

10. 苗威,《試論隋與高句麗戰爭》〔J〕,《延邊大學學報(社會科學版)》,2000
年第 3 期。

11. 黃永年,《敦煌寫本常何墓碑和唐前期宮廷政變中的玄武門》〔J〕,《文史
探微》,中華書局,2000 年。

12. 張日善,《百濟與中國的關係》〔D〕,延邊大學碩士學位論文,2001 年。

13. 楊軍,《高句麗五部研究》〔J〕,《吉林大學社會科學學報》,2001 年第 4
期。

14. 孫進己,《高句麗歷史研究綜述》〔J〕,《社會科學戰線》,2001 年第 2 期。

15. 熊義民,《從平百濟之役看唐初海軍》〔J〕,王小甫主編,《盛唐時代與東
北亞政局,上海辭書出版社,2003 年。

16. 范恩實,《靺鞨族屬及渤海建國前的靺鞨與周邊關係》〔J〕,《盛唐時代與
東北亞政局》,上海辭書出版社,2003 年。

17. 吳玲,《九世紀唐日貿易中的東亞商人群》〔J〕,《西北工業大學學報》,
2004 年第 3 期。

18. 祝捷,《試論九世紀東亞的海上通交》〔J〕,延邊大學碩士學位論文,2006
年。

19. 張曉，《唐朝與高句麗、百濟關係的惡化及其原因》〔J〕，《北方文物》，2008 年第 2 期。

20. 張國亮，《唐征高句麗之戰的戰略研究》〔D〕，吉林大學碩士學位論文，2008 年。

21. 韓昇，《白江之戰的唐朝兵力》〔J〕，《海東集》，上海人民出版社，2009 年。

22. 趙智濱，《關於唐代熊津都督府的幾個問題》〔J〕，《學問》，2010 年第 6 期。

23. 拜根興，《「唐羅戰爭」關聯問題的再討論》〔J〕，《唐研究》卷 16，北京大學出版社，2010 年。

24. 倪樂雄，《從海權到陸權的歷史必然》〔J〕，《文明轉型與中國海權》，文匯出版社，2011 年。

25. 張曉東，《唐太宗與高句麗之戰跨海戰略──兼論海上力量與高句麗之戰成敗》〔J〕，《史林》，2011 年第 4 期。

26. 張曉東，《唐朝前期的海上力量與東亞地緣政策：以唐新戰爭前後為中心》〔J〕，《國家航海》第四輯，上海古籍出版社，2013 年。

27. 張曉東，《唐代後期的海上力量和東亞地緣博弈》〔J〕，《史林》，2013 年第 2 期。

28. 張曉東，《張保皋的海上活動與唐代東北亞地緣博弈》，《中國社會科學文摘》，2013 年第 10 期。

29. 張曉東，《隋唐東征將帥的才能素質與戰爭成敗──以跨海作戰為中心的考察》〔J〕，《史林》，2014 年第 1 期。

30. 張曉東，《隋唐東北亞的地緣環境與政治博弈──以隋唐東征軍事活動為中心的考察》〔J〕，《軍事歷史研究》，2015 年第 3 期。

31. 張曉東，《隋唐經濟重心南移與江南造船業的發展分布──以海上軍事活動刺激為中心的考察》〔J〕，《海交史研究》，2015 年第 2 期。

32. 金善昱，《隋唐時代中韓關係研究──以政治、軍事諸問題為中心》〔D〕，臺灣大學歷史研究所博士論文，1973 年。

33. 〔日〕池內宏，《高句麗滅亡後遺民的叛亂及唐與新羅關係》〔J〕，馮立君譯，《中國邊疆民族研究》第九輯，北京：中央民族大學出版社，2015 年。

後　序

　　本書的寫作對我而言也是一個艱辛的歷程，反映了個人一段時間學術研究的階段性總結。我自 2008 年於華東師範大學畢業並取得歷史學的博士學位，進入上海社科院工作。男性多有喜歡軍事的，而我自幼更是個軍迷，讀本科的時候在上海師大校內書攤上購買了馬漢的名著《海權對歷史的影響》，因為這本書與軍事史關係太大，讀了覺得很有意思，當時也做了一點點筆記，但是並未領會主旨。本科畢業的那一年，我選修尹玲玲老師的歷史地理學課程，在圖書館看到了麥金德爵士的《歷史的地理樞紐》，便拿來作理論借鑒寫有關新疆和中亞問題形勢的作業論文期末交差。瞭解地緣政治學和國際問題研究的朋友知道，曾處於同時代的馬漢（1840 年 9 月 27 日～1914 年 12 月 1 日）和麥金德（1861 年 2 月 15 日～1947 年 3 月 6 日）是兩位戰略研究的巨匠，分別是海權論和陸權論的代表人，他們都善於通過歷史分析來提出自己的戰略學說，然而當時的我是個把讀書志趣一心撲在歷史學上的大學生，立志研究中國古代歷史，對兩位大師的理論地位和學說思想不是十分理解，遠不能和現在相比，但是麥金德地緣戰略思想的高瞻遠矚已經讓我折服的五體投地，難以自拔。讀了博士以後，第一年的政治公共課程作業論文還是在交給尹老師的那篇文章上繼續發揮的，打分為優，批作業的應該是童世駿老師。（因為當時有三位老師分授課程一部分並批改相應的作業論文）回想起來，儘管在本科讀書期間讀了不少歷史研究著作，受到了各種很大的影響，但是從至今為止的個人學術理路發展來看，除了讀研究生期間前後兩位導師和讀

碩士期間其他二位共同指導的老師的指導，[註1] 馬漢和麥金德才是對我的觀點、思想、方法和方向影響最大的。我喜歡用地理，特別是戰略地理和交通地理去理解和闡釋歷史問題，逐漸形成習慣和愛好，不過讀研究生的時候，「經世致用」什麼的還是真沒想過。

我的博士論文題目是「漢唐漕運與軍事」，因此當時乃至畢業後數年一直認為自己使搞運河史和漕運史研究的，這倒也是事實。在做隋唐漕運史部分的時候，搜集到隋唐東征作戰中的海上運輸史料，意外發現那段對外的海洋軍事史很精彩，就被吸引過去，還發現可以借助海權和制海權的戰略理論視角包括馬漢的觀點去理解一些問題，也讀了國內兩位海權問題研究名家張文木和倪樂雄的著作，吸收了他們的觀點，很快寫了一篇論文《唐太宗與高句麗之戰跨海戰略——兼論海上力量與高句麗之戰成敗》，發表於《史林》2011年第4期。從此我對軍事史、海洋史和軍事問題的探索興趣擴大，也才逐漸明白其實自己早就走上軍事史和軍事理論研究的道路。作為軍事史和海洋史的交叉研究學者，我一開始是借鑒軍事與戰略的理論來研究歷史問題，後來逐漸涉足現實國際問題的研究，也才開始想實踐「經世致用」，前後兩個領域的相互借鑒與啟發使我學術上獲得新的助力。在寫了一系列有關隋唐時期東北亞戰爭史的論文之後，我於2015年申請上海市社科規劃辦發布的一般課題成功，課題名稱為「隋唐時期的海上軍事力量與東北亞周邊關係」，然後就有了這本書。在完成這個課題的過程中，我盡可能運用了地緣政治和戰略地理的視角來理解軍事史和海洋史，消耗以前的積累，做出對歷史的探索。課題項目自2018年申請結項，次年通過結項。然後我傾力完善書稿，期間也獲得交大出版社李陽老師的幫助，在此也表示感謝。

整理書稿，曾斷斷續續花費了2019年的大部分時段。期間我次女瞳瞳在六月出生，那段時間前後我記得自己經常背著一臺蘋果筆記本前去醫院或是返回住處，一坐上車後第一件事就是掏出筆記本修繕書稿，斷斷續續把筆記本背了幾個月，把書稿整理出來。女兒出生很順利，是個健康漂亮的孩子。期間家人給了我很多支持，父親、母親、岳母都在生活上幫了我們很大的忙，

〔註1〕本人的碩士生階段導師為嚴耀中教授，博士生導師為章義和教授，我是在上海師範大學人文學院讀的中國古代史專業的研究生，讀碩士期間，按照老師們的說法，中國古代史學科的三位教授、碩導合帶研究生，即共同指導，開課也是各開一年基礎課，三位教授為嚴耀中教授、虞雲國教授、蕭功秦教授。

　　我夫人也很辛苦，在家人幫助下一邊撫養長女，一邊生育二女。在生活中，我夫人為我做了不少支持。這些都是必須感謝和感恩的。

　　花木蘭文化出版社享譽海內外，出版了很多優秀的文史著作，能獲得資助也是一份榮幸，以往我曾經在其資助下出版了論文集《漢唐軍事史論集》，出版社的編輯老師為上次和本次的書稿修訂付出了辛勤、細緻的勞動，特茲致謝。

張曉東

2020 年 11 月撰於威海兵史齋